어처구니 있는 멘탈 관리

초판 1쇄 찍은날 2022년 9월 28일
초판 1쇄 펴낸날 2022년 10월 5일

글 박준화
펴낸이 박성신 | 펴낸곳 도서출판 쉼
등록번호 제406-2015-000091호
주소   경기도 파주시 문발로115, 세종벤처타운 304호
대표전화 031-955-8201 | 팩스 031-955-8203
전자우편 8200rd@naver.com

text ⓒ 박준화, 2022
ISBN 979-11-87580-63-8 (03180)

어처구니 있는 멘탈 관리

집 나간 어처구니 찾아오는 신박한 멘탈 관리법

박준화 지음

"막내야, 숨 쉬기가 힘들다." 그 말이 마지막이었다.

중환자실로 갑작스레 옮겨진 후 부친의 침상은 인공호흡기를 설치한 특수 침대로 바뀌었고, 부친은 주무시듯 누워 계시다가 마지막 숨을 거두셨다. 팔순을 1년 남겨 둔 연세이셨다. 누구나 겪는 부모님 상을 늦은 나이에 겪었건만, 부친의 빈자리를 받아들이기란 쉽지 않았다. 지진이 난 것처럼 마음이 요동쳤고, 슬픔을 흘려보내려 넋 놓아 울어도 보았건만 마음은 좀처럼 진정되지 않았다.

그렇게 울다가 딸아이와 눈이 마주쳤다. 아빠가 우는 걸 처음 봤는지 아이는 놀란 듯했는데, 그런 딸아이를 보고 있자니 불현듯 걱정이 일어났다. 오십

이 다 된 아빠도 이렇게 휘청거리는데, 아빠가 세상을 떠나면 아이들의 마음은 어떨까. 그 후로 하나의 생각이 계속 마음에서 떠나질 않았다.

'딸들에게 들려줄 말을 미리 남겨 두자. 죽음은 예고 없이 찾아오는 불청객 아니던가. 아빠가 심리학을 전공했으니 아빠가 알아낸 멘탈 관리의 노하우와 지식을 간결하게 정리해 보자.' 멘붕박사 채널은 그렇게 시작되었다.

유튜브 영상 제작은 쉽지 않았지만 놀이동산 같기도 했다. 회전목마처럼 구독자 수와 조회 수가 제자리를 맴돌다가도 몇십 남짓하던 조회 수가 100만 가까이 로켓처럼 솟아오르기도 했다. 그런가 하면 영상에 달린 댓글들은 마음을 들었다 놨다 하는 롤러코스터 같았다.

'왜 불쌍한 동물 실험 얘기를 하느냐?', '효과음이 거슬려 못 들어 주겠다.', '영상이 촌스럽다.' 등 뼈 있는 댓글들도 있었지만, 마음을 울리는 댓글들도 보였다.

오랫동안 괴로웠던 기억을 털어냈다는 댓글, 영상을 반복해 보면서 멘탈을 잡는다는 운동선수, 영상에 담긴 대로 하면서 우울증이 나아졌다는 경험담, 진작 알았으면 삶이 더 나아졌을 것 같다는 글, 왜 이렇게 힘든지 이해가 되고 마음을 다잡을 수 있었다는 댓글 등 10분 남짓한 짧은 영상들이 이토록 도움이 될 수 있다는 것이 영상을 만든 입장에서도 신기할 따름이었다.

여행을 많이 다녀 본 사람일수록 배낭을 가볍게 싼다고 한다. 배낭이 무거울수록, 여행의 즐거움은 반감되기 때문이다. 이 책은 더 이상 뺄 것이 없을 때까지 빼 가면서, 삶의 여정에서 꼭 필요한 핵심만 담긴 멘탈 관리 매뉴얼이 되길 기대하는 마음으로 썼다.

이 책을 다 읽으면 삶이 달라질 것이라는 말은 삼가하려 한다. 멘탈은 쉽게 변하지 않도록 원리가 설정되어 있기에. 하지만 멘탈의 작동 원리를 이해하고 스마트하게 관리한다면 멘탈 2.0으로 업그레이드하는 일은 얼마든지 가능하다.

멘붕박사 박준화

목 차

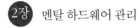

2장 멘탈 하드웨어 관리

3장 멘탈 소프트웨어 관리

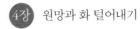

4장 원망과 화 털어내기

모든 준비는 끝났다. 유학을 떠나 큰 학자가 되겠다고 숨 가쁘게 달렸다. 펑크 난 학점을 채우기 위해 초과 수강을 했고, 미국인들도 어려워해 '지랄이'로 불린다는 GRE 영어 점수도 어디든 원서를 넣어도 합격할 정도로 잘 받아 놓았다. 드라마에서는 연애에 실패하면 훌쩍 떠나 버리곤 하는 유학이 나에겐 수년간 힘겹게 달려야 하는 마라톤 코스 같았다. 이제 힘든 과정들이 다 끝나고, 서류 하나만 첨부하면 되었다. 내가 준비할 필요도 없이 그저 부탁만 하면 되는 서류. 그 서류 하나 때문에 수년간의 노력이 수포로 돌아갈 줄은 그때는 몰랐다.

'추천서 좀 써 주시겠어요?' 이 한 마디면 되었다. 지도교수에게 연락해 찾아뵙고 부탁 한 마디만 하면 되는데 이상하게 그게 안 되었다. 지원 마감일은 다가오는데 뭔지 모를 두려움에 차일피일 미루다 보니, 어느 순간 마감일은 지나 버렸다. 어려서부터 꿈꿔 왔고 그 꿈을 향해 수년간 열심히 달려왔건만, 마지막 순간에 스스로 브레이크를 밟은 것이다.

'어처구니가 없다'는 말은 이럴 때 쓰라고 만들어진 말 같았다. 맷돌을 갈아야 하는데 손잡이로 쓰는 어처구니가 없어 아무것도 할 수 없는 황당한 상황.

내가 왜 그랬나 자신을 용납할 수 없었다. 원래 부탁하는 것을 어려워했지만, 그렇다고 평생의 꿈을 날려 버릴 정도로 추천서를 써 달라는 부탁이 그리도 어려운 것이었는지. 소화되지 않는 경험은 체한다고 한다. 나는 체한 것이 뚫릴 때까지 오랜 시간 마음의 감옥에 스스로를 가두고 자책하며 처벌했다.

멘탈이 무너져 내린 건 유학 실패 이후였지만, 그 전에도 내 멘탈은 시원찮았다. 대학에 들어가자마자 대인기피증과 우울증이 시작되어 사람들을 피해 다니곤 했다. 사람들을 피해 그늘진 뒷길에서 바라본 캠퍼스는 다른 세상 같았다. 모두가 자신감에 차 보였고 '인생은 아름다워'를 만끽하는 듯했다. 다들 아무런 문제 없이 잘 사는 것 같은데 나만 힘든 것 같았고, 내 삶만 괴롭고 꼬인 것 같아서 억울했다.

심리학자들은 쉽지 않은 인생살이 때문에 심리학에 관심을 가지는 경우가 많다. 멘탈 흙수저로 시작해 멘탈이 고프다 보니 뭐 먹을 것이 없나 심리학을 뒤지곤 한다. 나도 그랬다. 인생 뭐 있느냐는 푸념에 빠져 무기력과 자책 속에서 한참을 헤맸는데, 어느 순간 스멀스멀 오기 같은 것이 올라왔다. 내 멘탈이 왜 이리 망가졌는지, 원래 그렇게 생겨 먹은 건지, 손써 볼 방법이 있기는 한지 궁금했고, 알아내 봐야겠다는 마음이 차올랐다.

유학 가는 비행기를 놓친 탓에 굽이굽이 먼 길을 돌아 심리학 박사가 되기는 했지만, 나의 관심은 빠르게 멘탈을 잡고 회복하는 방법 찾기 하나에 꽂혀 있었다. 생각보다 심리학 분야는 넓고 다양했다. 심리학 내에서도 심리 상담 전공을 했기에 멘탈잡기 관련 지식을 뒤지기 유리했지만, 정보는 많고 산만했다. 세탁기 하나를 사도 설명서가 딸려 오기 마련인데, 멘탈잡기에 관한 설명서는 없어서 산더미 같은 정보에서 옥석을 가려야 했다. 필요한 정보를 얻기 위해 심리학에서 다루지 않는 범위까지 뒤져야 할 때도 많았고, 무엇보다 실제로 도움이 되는지 검증하기 위해 시행착오도 많이 겪어야 했다.

그로부터 20년이 지났다. 추천서 하나 부탁을 못 해 유학도 포기했던 멘탈 문제아는 매일 사람들의 멘탈 회복을 돕는 일을 하고 있다. 오랜 세월 무기력과 우울의 늪에 빠져 하늘을 원망할 때도 많았다. 하지만 그런 나에게도 하늘이 준 재능이 있는 듯했는데, 그것은 값어치 있는 멘탈 정보를 알아보고 흡수하는 기술이었던 것 같다. 정말 될까? 잔뜩 기대하다 실망하게 하는 정보들도 많았으나 값진 정보를 발견할 때의 기쁨은 오랫동안 여운을 남겼고, 평생 노력하여 알아냈을 수도 있는 지식과 정보를 공개해 준 이들에게 깊은 고마움을 느낄 때도 많았다.

여기 담긴 정보들은 한 심리학자의 오랜 탐색과 검증의 결과물이며, 다른 사람의 도움 없이도 혼자 할 수 있는 멘탈잡기의 노하우들이다. 누군가가 20년 걸려 알아낸 노하우라 할지라도 내 것으로 복사하는 데에는 오랜 시간이 걸리지 않는다. 멘탈 향상이 가능한지 검증해 볼 호기심만 있다면 신발 끈을 동여매고 출발하기만 하면 된다.

자, 이제 멘탈을 다잡으려면 어디서부터 출발하면 좋을까? 시작은 쥐구멍에서부터 하는 것이 좋다. 댐도 무너뜨린다는 쥐구멍이 우리 멘탈에도 있을 수 있는데, 그 구멍을 멘탈 취약성이라 부른다. 멘탈 취약성? 그게 무엇일까?

1장

관리의 시작은 취약성부터

깨진 유리창 하나 때문에
멘탈 취약성의 세트 메뉴
취약성 관리 3단계
애착이 뭣이기에

• 1 •
깨진 유리창 하나 때문에

깨진 유리창 이론

미국 캘리포니아에서 흥미로운 실험을 진행했다. 우리나라로 치면 강남과 같은 지역에 중고차 한 대를 방치해 두는 실험이었다. 처음엔 보닛을 살짝 열어 두고 관찰하니 아무런 변화가 없었는데, 유리창을 살짝 깨트리고 방치하자 자동차의 운명은 일주일 만에 완전히 달라져 버렸다. 유리창이 깨진 자동차에 누군가가 다가와 돈이 될 만한 것을 빼 가기 시작했다. 배터리도 빼 가고 타이어도 빼 가고, 그러다가 빼 갈 만한 것이 없어지자 어디서 뺨을 맞았는지 자동차를 화풀이 대상으로 삼아 두들겨 패는 사람도 등장했다. 한 사람이 자동차를 패기 시작하자 다른 사람들도 거기에 합세했다. 그렇게 유리창에 구멍 하나 났을 뿐 멀쩡하던 자동차는 며칠 만에 폐차로 돌변해 버렸다.

유리창 하나 깨트렸을 뿐인데 자동차의 운명이 왜 이처럼 달라졌을까? 혹자는 자동차 부품을 훔쳐 가고 부순 사람들의 공격성을 탓할 수도 있겠으나, 유리창을 깨기 전까지는 아무도 이 자동차를 함부로 건드리지 않았다. 심지어 보닛을 열어 두고 방치한 자동차에 아무런 변화가 없어 실험자가 자동차

〈깨진 유리창 이론〉

를 치우려 하자 자동차를 훔쳐 간다고 신고하는 이웃도 있었다.

　자동차의 운명이 바뀌기 시작한 건 유리창 하나를 깨트린 직후였다. 유리창은 깨질 수 있다. 깨지면 갈아 끼우면 된다. 그런데 갈지 않고 방치해 두면 문제가 생긴다. 아무도 신경 쓰지 않으니 버려진 것처럼 보이고, 버려진 것은 함부로 다루어도 좀처럼 비난받지 않는다. 그러니 사람들이 맘대로 하기 시작한 것이다.

　유리창이 깨지면 문제가 커지기 전에 바로 갈아 끼웁시다! 정도로 끝날 수 있었던 이 실험은 차후 뉴욕시의 탁월한 응용력으로 유명해졌다. 당시의 뉴욕 시장은 도시의 심각한 범죄율이 깨진 유리창같이 방치된 문제에서 비롯되었을 것이라 가정했다. 그리고 뉴욕시의 범죄율을 낮추기 위해 뉴욕시의 '깨진 유리창'이 무엇인지 찾도록 지시했다. 그 결과, 의외의 사실이 드러났다. 조사 결과가 지목한 곳은 지하철역의 낙서였던 것이다. 낙서를 지우지 않고 방치한 지 오래되었는지 뉴욕시의 지하철역들은 세상의 모든 낙서를 모아 놓은 박물관처럼 화려한 낙서들로 가득했다.

이후 뉴욕시의 공무원들은 지하철역 낙서 지우기에 동원됐다. 시민들은 한심한 짓을 한다고 시장을 조롱했다. 그런데 시간이 지날수록 반전이 일어났다. 그동안 강력 범죄율을 낮추기 위해 경찰력을 강화하고 온갖 방법을 써도 무용지물이었는데, 낙서를 지우기 시작한 지 3달 만에 범죄율이 줄어들기 시작한 것이다. 낙서 지우기 효과는 시간이 갈수록 분명해졌다. 2년 후에는 범죄율이 50% 감소했고, 3년 후에는 무려 80%나 감소했다.

〈뉴욕의 지하철 낙서〉

깨진 유리창은 어디에든 있을 수 있다. 거대한 도시의 지하철에도 있었고, 우리의 멘탈에서도 발견될 수 있다. 단지 있는데도 있는 줄 모르거나, 아니면 알더라도 어떻게 관리할지 몰라 방치되고 있을 수도 있다. 어린 시절의 상처 때문이든 실수나 잘못된 선택 때문이든 사람들의 멘탈에는 깨진 유리창과 같은 취약성이 있다.

스트레스 압력이 커지기 전까지 취약성이 있는지 모르거나, 있어도 별다른 문제 없이 살 수 있다. 하지만 압력이 차오르면 스멀스멀 취약성부터 터지면서 멘탈이 송두리째 흔들리게 될 수 있다.

풍선을 크게 불다 보면 압력을 견디다 못해 펑 하고 터지는 순간이 온다. 풍선이 터질 때는 가장 약한 부위가 찢어지며 터지듯, 사람들의 멘탈도 스트레스 압력이 커지면 가장 약한 부위가 터질 수 있다. 이 약한 부위를 멘탈 취약성이라 하는데, '멘탈이 나갔어.', '멘탈이 붕괴됐어.'라는 표현은 '내 멘탈의 가장 약한 부분이 터졌어.'라고 번역해 볼 수 있다.

풍선과 달리 우리의 멘탈은 한번 터진다고 끝이 아니라 다시 바람을 넣어 재활용할 수 있다. 하지만 압력이 차면 약한 부분이 또 터지기 마련이다. 그렇기에 멘탈을 관리하려면 멘탈 취약성이 무엇인지 알고 수선하는 것이 필요하다.

대가리가 썩었다?!

나에게는 취약성이 터지는 순간이 비교적 일찍 찾아왔다. 대학에 입학하자마자 적응을 못 해 학내 상담소에 다니기 시작했는데, 사람들을 피해 어두운 캠퍼스 뒷길만 배회하던 나에게 심리상담은 신세계와 같았다. 상담 선생님은 내가 어떤 이야기를 하든지 눈을 마주쳐 주며 끝까지 경청해 주었다. 누군가가 내 이야기를 이렇게 잘 들어 준다는 것만으로도 큰 위로가 되었고 강의는 수없이 빼먹었지만, 상담소 출석률은 100%를 자랑했다.

그렇게 상담소에 입학한 건지 대학에 입학한 건지 헷갈릴 정도로 상담소에 들락거리던 어느 날. 인생이 잘 풀리면 안 된다고 도시락 싸 들고 다니며 방해하는 내면의 적이 있었는지 어떻게든 대학 생활에 적응해 보려던 희망이 뭉개지는 순간이 찾아왔다.

그날도 상담 출석 모범생답게 일찍 도착해 상담소 대기실에서 기다리다가 심심해서 손에 잡히는 잡지를 펼쳐 들었는데, 잡지에는 우울증에 빠진 쥐의 뇌 사진이 담겨 있었다. 그때 내 눈엔 분명히 보였다. 반쯤 썩어 문드러진 달걀처럼 썩어 보이는 쥐의 뇌가. '우울증에 빠지면 뇌가 이렇게 썩는구나. 뇌가 이렇게 썩었는데 살아 있는 게 신기하네.'

그러면서 갑자기 모든 것이 이해되는 듯했다. 왜 내가 책을 한 페이지도 다 읽지 못하는지. 왜 수없이 읽다가 읽었던 부분을 잊어버리고 또 읽는지. 왜 온종일 머리가 멍하고 어떻게 하루를 살아내야 할지 갈피를 못 잡겠는지. 왜 사람들을 만나면 당황하면서 인사말조차도 제대로 안 나오는지. '내 대가리가 썩어서 그렇구나. 우울증에 빠진 쥐처럼 내 뇌도 썩어서 되는 게 없구나!'

'뇌가 썩었다.'는 생각의 파워는 강력했다. 뇌가 썩었는데 뭘 하든 무슨 소용이 있겠는가. 심리상담도 받고 뭔가 개선하며 어떻게든 대학 생활에 적응해 보려던 시도들이 다 부질없이 느껴졌다. 일이 조금만 안 되어도 '대가리가 썩어서 안 돼.'라는 생각이 들면서 우울증과 무기력은 점차 심해져 갔다. 그렇게 '뇌가 썩었어!'라는 깨진 유리창 같은 생각을 방치했더니, 대학 생활은 폐차처럼 망가져 갔다.

멘탈 취약성의 세트 메뉴

다쳐서 생기는 병이나 감기가 아니라면 암이나 웬만한 병들은 소리 없이 진행되는 경우가 많다. 별다른 불편도 모르고 지내다가 어느 순간 건강과 생명을 위협하는 상황에 직면한다. 멘탈 취약성도 방치되면 점차 악화되면서 멘탈 건강을 송두리째 흔들 수 있다. 그런데 몸의 병은 건강검진을 받는 방법이라도 있지, 멘탈 취약성은 마음속 이야기인데 어떻게 확인할 수 있을까? 보이지도 잡히지도 않는데 정체를 알아야 관리든 무엇이든 할 엄두라도 나지 않을까?

햄버거 가게에 가면 메뉴판에 이런저런 메뉴들이 많다. 하나하나 고르기가 번거로울 땐 그냥 적당해 보이는 세트 메뉴를 시킨다. 잠시 후 나온 세트 메뉴 봉투를 열어 보면 햄버거도 들어가 있지만 음료수도 있고 감자튀김도 있다. 멘탈 취약성도 취약성 하나만 달랑 있는 게 아니라 세트 메뉴로 되어 있다. 취약성 세트 메뉴 봉투를 열어 보면 자극, 생각, 감정 그리고 행동 4가지 요소가 담겨 있다.

대학생 때의 나는 책을 읽다가 내가 읽던 부분을 잊어버리면 '내 대가리가 썩었어!'라는 생각이 들었다. 그러면 아무것도 못 할 것 같은 기분이 들면서 우울해졌고, 좋지 않은 기분에서 벗어나기 위해 잠을 자곤 했다.

'대가리가 썩었다!'는 취약성을 들여다보면 생각 하나만 있었던 것이 아니라 자극, 감정, 행동까지 담긴 세트 메뉴였다. '대가리가 썩었다!'는 생각을 일으킨 '자극'은 '책을 읽다가 어디 읽고 있었는지 까먹는' 것이다. 그 자극이 있을 때 드는 '생각'이 '대가리가 썩었다'이고, 그 생각의 결과 느끼는 '감정'은 자괴감과 우울감이다. 그리고 그런 감정을 느끼기 싫어 잠드는 '행동'을 했다.

이렇게 구성품 4개가 합해져서 세트 메뉴가 되는데, 사람들이 하는 행동들은 대부분 세트 메뉴로 이루어져 있다. 아무런 자극도 없는데 갑자기 스트레스를 받는 경우는 드물다. 뭔가 스트레스를 유발하는 자극이 있기 마련이다. 그것이 누군가의 빈정대는 말투이거나 위층의 화장실 물 내리는 소리일수도, 설거지할 때마다 생각나는 시어머니와 남편의 야속한 말일 수도 있다.

터치하면 앱이 작동되듯이 일단 자극이 일어나면 취약성 프로그램은 자동으로 실행된다. 스트레스 경험은 사람마다 다르겠지만, 과정은 동일하다. 자극이 일어나면 부정적인 생각이 들고, 그 생각은 화학 공장인 몸에게 오더를 내린다. 불쾌한 감정 화학 물질을 생산해 내라고. 그리고 불쾌감이 느껴지면 사람들은 불쾌감에 조종당하듯 불끈하고 화를 내든지 무언가를 먹어대는 행동을 한다.

세트 메뉴의 태동 배경

멘탈 취약성의 4가지 구성품은 그냥 나온 것이 아니라 오랜 심리학의 연구로 발견되었다. 어려운 발레 동작들도 기본 동작이 다져져야 가능하다고 한다. 취약성 세트 메뉴는 멘탈 관리를 위한 기본 동작이라 잘 다질수록 진가를 발휘하는데, 기본기 다지기를 위해 태동 배경을 알아 두면 도움이 된다.

2022년인 지금까지 심리학이 멘탈을 이해하려고 들여다본 지 140년이 넘었다. 그동안 심리학이 주력한 것은 비정상에 대한 것이었다. 사람들의 멘탈이 고장 나면 어떻게 되는지 진단명을 세분화하고 유형을 나누는 데 주력했다. 그리고 고장 난 멘탈을 고쳐 보려고 왜 멘탈이 고장 나는지 '이래서 고장 났다.', '저래서 고장 났다.' 저마다 원인을 진단하고 제시하는 다양한 시도들이 등장했다. 그러다가 너무 멘탈의 부정적인 부분만 집착한다는 자성의 목소리가 등장하면서 30년 전부터는 멘탈의 긍정적인 부분을 조명하는 긍정심리학 흐름도 이어져 오고 있다.

그간의 심리학 역사는 마치 눈먼 사람이 코끼리를 만지는 것과 비슷했다. 코끼리 다리나 코를 만져 보고 코끼리가 어떻게 생겼는지 단정하듯이, 보이지 않는 멘탈을 그려내 보겠다는 다양한 주장들이 등장했다.

초창기에 가장 큰 파벌을 형성한 건 누구나 들어 본 정신분석이었다. 젊은 시절 프로이트Sigmund Freud는 학구열에 불타는 청년이었다. 당대에 유행하던 최면 치료를 배우겠다고 프랑스로 유학까지 떠났다. 그리고 최면 현상에서 드러나는 인간의 내면 세계에 심취했다. 그런데 1세기 전에 유행하던 최면 유도 기법은 한계가 많았다. 소수의 사람에게만 잘 통했고 프로이트는 그마저도 서툴러 최면 유도에 실패하는 경우가 많았다.

최면을 통한 무의식 탐색이 여의치 않자, 프로이트는 우회로를 개척했다.

멀리 돌아가는 한이 있더라도 퍼즐 조각 같은 무의식 정보들을 하나하나 모아 전체 퍼즐을 맞춰 보려는 시도를 한 것이다. 이는 시간이 꽤 오래 걸리는 방법이었지만 프로이트에게는 총명함과 집념이라는 두 마리 토끼가 있었다. 이를 십분 발휘해 심리학 역사에서 인정받는 최초의 체계적 멘탈 이론을 만들어 냈다. 그 결과, 우리의 행동이 '의식되지 않는 생각과 감정에서 비롯된다.'는 프로이트의 주장이 유행하기 시작했다.

그런데 세상은 더 나은 것을 내놓으라 요구했다. 프로이트의 주장은 그럴 듯했지만 결과물이 시원치 않았다. 수년에 걸쳐 무의식의 퍼즐 조각을 맞춰 봐도 사람들의 멘탈은 별반 달라지는 게 없었다. 가장 유명하던 이론의 성과가 미미하자 심리치료 무용론까지 등장했다. 값비싼 정신분석을 몇 년 동안 받는 것이나 시간이 지나면 저절로 좋아지는 자연치유나 비슷하다는 연구까지 나왔다. 정신분석은 돈 낭비라는 비판이었다.

이런 분위기에서 등장한 것이 행동주의였다. 행동주의는 어느 영화에 나오는 '나는 한 놈만 팬다.'라는 대사처럼 오로지 행동에만 주목했다. 다른 것은 모두 무시하고 오직 행동에만. 사람들의 생각이나 감정은 보이지 않는다. 행동주의에 따르면, 의식할 수 없는 무의식을 포함해 보이지도 잡히지도 않는 것을 가지고 이러쿵저러쿵하는 건 비과학적이었다. 그래서 보이지 않는 것들은 모두 블랙박스에 쓸어 담아 버렸다.

블랙박스 안에는 생각이나 감정, 무의식이나 뭐든 들어 있을 수 있다. 하지만 행동주의자들은 블랙박스의 내용물은 중요하지 않다고 선언했다. 무엇이 들어 있는지 몰라도 블랙박스를 치면 굴러가지 않는가! 치는 자극이 있으면 구르는 행동이 나온다. 그러니 자극과 행동만 보면 된다는 주장이었다.

행동주의는 단순하고 명확했다. 자극과 행동이 연결되는 원리를 밝혀내 많은 일들이 가능해졌다. 종을 치면 강아지가 침을 흘리도록 만들 수 있었고, 기지개를 켜는 순간을 기다렸다가 보상을 주면서 관객들 앞에서 박수 치는 물개까지 훈련해 낼 수 있었다. 이렇게 동물 실험에서 밝혀진 원리는 사람들에게도 적용할 수 있었고, 정신분석과 달리 눈에 보이는 성과들이 드러나자 행동주의의 주가는 치솟기 시작했다. 그렇게 유명해지면서 콧대가 높아지자 행동주의는 급기야 오만한 주장까지 질러 버렸다. '자극'과 '행동'의 연합만 바꾸면 모든 인간의 행동을 다 바꿀 수 있다고!

그런데 동서양을 막론하고 오만은 관용의 대상이 될 수 없는지 행동주의의 콧대를 꺾어 놓으려는 파벌들이 등장했다. '인간은 왜 불안할 수밖에 없는가?', '왜 사는가?'를 고민하던 실존주의 파벌이 인본주의 파벌과 결탁해 행동주의를 협공하기 시작했다. 이들의 주장은 다음과 같았다.

"인간은 동물이나 기계와는 다르다. 자극과 행동만으로 인간의 행동을 다 설명할 수 없다. 자극이 곧바로 행동으로 이어지지는 않는다. 그 사이에 공간이 있다. 그 공간에는 '선택'할 수 있는 힘이 있다."

이들은 행동주의가 '블랙박스'로 이름 붙이고 무시한 그 박스 위에 '선택'이라는 이름표를 달아 주었다. 자극이 들어와도 '선택'에 따라 어떤 행동이든 달라질 수 있다는 주장이었다.

이들의 주장은 나름 인기를 누렸지만 행동주의는 건재했고 주가는 상종가를 쳤다. 하지만 영원히 잘 나갈 것 같던 로마도 무너졌듯이 행동주의 왕국도 쇠퇴하기 시작했는데, 행동주의의 쇠락을 촉발한 것은 인지 혁명이라 불리는 인지주의 파벌의 등장이었다.

행동주의가 유행하던 시기는 1950년대이다. 그때는 기계 장치가 단순했다. 단추를 누르면 세탁기가 돌아가고 자판기 콜라도 나왔다. 자극과 행동 연결이 단순했고, 블랙박스를 무시해도 별다른 문제가 없었다. 그런데 1970년대부터 컴퓨터가 등장하면서 경우의 수가 복잡해졌다. 단추를 누르면 결과물이 바로 나오는 것이 아니라 컴퓨터가 중간에서 계산이라는 것을 했다.

예전과 달리 단추를 누르면 바로 세탁기가 돌아가는 것이 아니었다. 찌든 때 코스로 할지 건조까지 할지 메뉴가 다양해졌고, 각각에 대해 컴퓨터는 프로그래밍 된 대로 계산을 하게 되었다. 그리고 프로그램 계산 결과에 따라 젖은 빨래가 나올지 뽀송뽀송하게 건조된 빨래가 나올지 결과가 달라졌다.

행동주의에서는 '블랙박스'를 완전히 무시했지만, 갈수록 블랙박스 안에 담긴 계산 능력과 프로그램에 따라 똑같은 자극을 주더라도 결과가 달라질 수 있음이 확실해졌다. 이렇게 블랙박스의 중요성이 부각되자 한동안 유배 생활을 하던 블랙박스가 다시금 주목받게 되었다. 그리고 그 가운데서도 컴퓨터의 '계산'이나 '프로그램' 역할을 하는 '생각'이 실세였음이 드러났고 유배 생활하던 '생각'이 왕으로 추대되기에 이르렀다. 그렇게 인지주의 파벌은 혁명을 통해 행동주의 왕국을 몰락시키고 생각을 왕으로 등극시키는 데 성공했다. 그리고 무언가 더 있어 보이게 하려고 생각이라는 단어를 '인지'로 둔갑시켜 인지 공화국을 선포했다.

현재까지도 심리학계는 인지 공화국에서 살고 있다. 인간의 사고와 학습 과정을 면밀히 연구한 결과가 인공지능 알파고 탄생의 밑거름이 되는 세상이다 보니 인지 공화국의 기세는 꺾일 줄 모르는 듯하다. 하지만 새로운 공화국은 이전 왕국과 달리 나만 잘났다고 오만하지 않고 포용 정책을 썼다. 같이 유배 생활하던 블랙박스 동료들도 살뜰히 챙겼다. 뇌 영상 촬영 기술 발전과 함께, 의식하기도 전에 뇌에서 일어나는 정보 처리를 들여다보면서 비과학적이라 무시당하던 무의식 사고의 정체도 밝혀내고 있다. 블랙박스의 단짝인 '감정'과의 관계도 새롭게 정립하고 있고, 자신이 혁명으로 무너뜨린 행동주의 왕국 인재들도 등용해 '인지-행동치료'를 만들어 공화국의 치적을 쌓고 있다.

멘탈의 윤곽

지금껏 살펴본 심리학의 역사는 '뭣이 중한디?'에 대해 다퉈 온 역사라 할 수 있다. 저마다 만져 본 코끼리 부위가 다르기에 내가 만져 본 게 코끼리가 맞다고 우겼다. 그러면서 코, 얼굴, 몸통, 다리가 그려지듯 멘탈의 윤곽도 그렇게 드러났다. 각각의 파벌들이 주장했던 무의식, 자극, 행동, 선택, 생각 그리고 감정은 멘탈을 이루는 부속품이거나 주요 기능을 하는 키워드로 140년간의 심리학 전쟁에서 살아남은 백전의 용사들이다. 이 가운데 자극, 생각, 감정, 행동 4개의 키워드가 엄격한 심사를 거쳐 취약성 세트 메뉴로 뽑혔다.

취약성 세트 메뉴가 어떻게 선택되었는지 배경을 확인했으니 다시금 취약성 이야기로 돌아가 보겠다. 멘탈 관리의 핵심은 첫째도 취약성 관리, 둘째도 취약성 관리, 셋째도 취약성 관리이다. 멘탈을 관리하겠다고 명상을 하거나 책을 읽거나 긍정적인 생각을 하려고 노력할 수 있다. 어떤 방법이든 자신에게 맞으면 도움이 된다. 하지만 아무리 좋은 것을 이것저것 퍼부어 봤자 멘탈 항아리 어딘가에 깨진 곳이 있으면 줄줄 새기 마련이다. 그렇기에 무언가를 퍼붓기 전에 깨진 곳부터 해결하는 것이 좋다.

• 3 •
취약성 관리 3단계

취약성 관리법은 책 전반에 걸쳐 코스 요리처럼 나올 것이므로 입맛에 당기는 것만 골라 먹어도 된다. 이번 장에서는 현대 심리학의 주류인 인지주의 파벌의 방식을 알아볼 텐데, 먼저 한 우울증 환자의 이야기부터 살펴보겠다.

우울증을 겪는 사람이 있었다. 한참 우울증이 심할 때 나는 리모컨을 돌릴 의욕도 없어 온종일 누워 멍하니 TV를 봤는데 이 사람도 그랬나 보다. 방구석을 애인 삼아 밀착 생활을 했는데 생리현상이 일어나면 어쩔 수 없이 누워 있다가 일어나야 했다. 그런데 화장실 갔다 올 때마다 문제가 생겼다. 화장실 갔다 나올 때 신발을 아무렇게나 벗고 나왔는데 흐트러진 신발을 볼 때마다 한심한 생각이 들었다. '신발 정리 하나 제대로 못 하는군. 난 아무짝에도 쓸모없는 존재야.' 이런 생각이 들 때마다 자괴감이 밀려오면서 우울증은 심해져 갔다.

프로이트라면 "당신이 우울한 이유는 흐트러진 신발을 볼 때마다 사소한 것 가지고도 처벌했던 부친에 대한 억압된 분노가 자신을 향하기 때문입니다. 당신의 외디푸스 콤플렉스를 해결해야 합니다."라고 말할지도 모르겠다. 정신분석은 깨진 유리창을 의식도 되지 않는 머나먼 과거 무의식에서 찾곤 하니까.

그런데 인지주의의 초점은 다르다. 프로그램에 에러가 떠서 이상이 생겼는데 누가, 왜, 어떻게 에러를 만들었는지 과거 따위 관심 없다. 일단 에러를 수정해서 고장 난 것을 고치는 것이 중요하기 때문이다. 우울증에 빠지게 된 이유가 있겠지만, 지금 이 사람의 우울증을 악화시키는 깨진 유리창은 '신발 정리를 못 하니 나는 쓸모없는 존재야.'라는 '생각'이다.

만약 '난 쓸모없는 존재야.'라고 생각하는데 지극한 황홀감이 느껴진다면 어떨까? 이상하지 않겠는가? 자극에 대해 부정적 평가를 하면 그와 코드가 맞는 부정적 화학 물질이 쏟아져 나온다. 그러면 기분이 침체되고 행동도 처진다. 그 결과 우울증이 악화된다. 취약성 세트 메뉴 자극-생각-감정-행동은 도미노가 무너지듯 연쇄적으로 진행된다.

방구석 밀착이 심해지던 우울증 환자의 취약성 세트 메뉴를 나눠 보면 이렇다.

자극: 신발 정리를 못 했다.

생각: 나는 아무짝에도 쓸모없는 존재야.

감정: 자괴감

행동: 몸에 힘이 빠지고 드러눕는다.

신발 정리를 못 한다고 모두가 우울해지진 않는다. 자극이 있을 때마다 '쓸모없는 존재야.'라는 생각이 드니 우울해진 것이다. 이 사람은 '쓸모없는 존재'라는 깨진 유리창 틈으로 찬바람이 들어오고 추우니까 뜨끈한 방바닥에 더 눌어붙었다. 정작 깨진 유리창을 찾을 생각은 못 하면서.

그래서 방구석과의 연애는 어떻게 됐을까? 깨진 유리창은 막았을까?

이야기 주인공은 결국 깨진 유리창 암호를 풀고 방 탈출에 성공했는데, 그 암호는 신발 정리에 숨어 있었다. 널브러진 신발을 볼 때마다 '쓸모없는 존재'라는 생각이 드니 다른 건 몰라도 신발 정리만이라도 하자고 마음먹었다. 그렇게 한동안 신발 정리를 하다 보니 '쓸모없는 존재'라는 생각이 덜 들고, 무언가를 스스로 관리하고 통제한다는 느낌이 들면서 우울증이 나아졌다고 한다.

이 사람 이야기를 듣고 보면 깨진 유리창은 막는 게 좋겠다는 생각이 들 순 있다. 찬바람이 솔솔 들어오는 깨진 틈을 내버려 두면 추우니까. 그런데 이 사연은 책 속의 이야기이다. 내 문제나 취약성도 그처럼 한눈에 들어오게 쌈박하게 정리되고 쉽게 해결될 수 있을까? 대부분 경험했겠지만 현실은 드라마와 달리 그렇게 녹록지 않다.

일단 2가지 문제를 꼽을 수 있다.

첫째, 눈은 밖을 보도록 생겨 먹었다. 아내는 내 등에 난 뾰루지를 볼 때마다 기어이 짜내려 한다. 나는 그런 게 있는지도 모르는데 말이다. 다른 사람 등의 뾰루지는 잘 보이지만 내 등 뾰루지는 보이지 않는다. 우리 눈에 보이지 않는 사각지대가 있는데 멘탈도 사각지대에 숨어 있다. 비디오로 찍어 보지 않는 한 화를 낼 때 내 표정이나 동작이 어떤지 알기란 어렵다. 생각과 감정은 말할 것도 없다. 자기 성찰이 몸에 밴 사람이 아닌 한 보이지 않는 취약성을 알아보긴 쉽지 않다.

둘째, 취약성 세트 메뉴는 빠르게 작동한다. 그래서 관심을 가지고 살펴보기 전엔 알아채기 어렵다. 자극은 빠를 수도 있고 느릴 수도 있다. 널브러진 신발은 누가 정돈하기 전까진 계속 거기 있다. 엉망으로 뒤집힌 채. 감정은 어떤가? 자괴감과 우울감은 온종일 지속될 수도 있다. 그렇다면 행동이 빠른가? 우울할 땐 얼마든지 방구석에 누워 있을 수 있다. 그럼 빠르게 작동한다는 것은 무엇을 말할까? 세트 메뉴에서 남아 있는 것은 '생각'뿐이다. 취약성이 작동하려면 인지주의가 왕으로 추대한 '생각'의 명령이 있어야 한다. 생각 왕의 명령이 없으면 아무 일도 일어나지 않는다. 생각의 클릭이 있어야 감정도 행동도 연쇄적으로 일어나며 취약성 앱이 작동된다. 그런데 생각 왕의 말이 너무 빨라 부하들이 받아 적기 어려울 때가 많다.

생각보다 빠른 생각 속도

피아니스트의 현란한 손동작을 본 적 있는가? 어릴 때 피아노를 못 배운 것이 한이 되어 커서 피아노를 배운 적이 있는데, 처음엔 한 손으로만 치다 간신히 양손으로 동시에 치는 데까지 배웠다. 딱 거기까지만. 그런데 한창 피아노에 관심 있을 때 바라본 피아니스트의 손동작은 인간의 손이라 믿기 어려웠다. 어쩜 저렇게 손가락이 빨리 움직일 수 있단 말인가. 그것도 정확하게 원하는 건반을 쳐 가면서!

인간의 생각은 크게 두 종류로 나눌 수 있다. 훈련된 생각과 훈련되지 않은 생각. 훈련된 생각은 피아니스트의 손놀림같이 빠르다. 훈련되지 않은 생각은 왕초보가 건반을 하나하나 신경 써서 찾고 누르는 것처럼 느리다. 우리 뇌에는 피아니스트와 왕초보, 두 종류의 피아노 플레이어가 모두 살고 있다. 책을 쓰고 있는 지금 나의 뇌는 '왕초보 모드'로 작동하고 있다. 무슨 말을 써야 할지 하나하나 쥐어짜야 하고 생각의 속도는 1990년대 PC통신 모뎀보다 느리다.

하지만 대학생 때 나의 뇌는 '피아니스트 모드'를 즐겼다. 조그만 실수라도 하면 '대가리가 썩어서 안 돼!'라는 생각이 들었고, 그 속도는 가히 5G를 능가해 빛의 속도처럼 빨랐다. 원했던 건 아니었지만, 나는 이른 나이에 달인에 등극했던 것이다. 피나는 연습을 통해 누구보다 빨리 기분을 망칠 수 있는 기술을 터득한 달인.

'훈련된 생각'은 반복된 연습을 통해 습관이 된 생각이다. 습관은 의식적으로 신경 쓰지 않아도 처리된다. 화장실에 가기 전에는 '양치해야지' 생각하고 간다. 그런데 양치하면서 위로 세 번 오른쪽으로 세 번 일일이 생각하면서 하진 않는다. 딴생각을 하면서 양치를 끝내는 경우도 많다. 하지만 어려서 처음 양치질을 배울 땐 달랐다. 치약을 얼마만큼 짤지, '위로 세 번', '아래로 세 번' 왕초보 모드에서 하나하나 신경 쓰고 생각하면서 했다. '위로 세 번 닦아.', '아래로 세 번 닦아.'라는 명령을 내가 내리니까 내 손이 움직이는 것이 분명하다. 그러니 양치질할 때 우리는 수많은 생각 명령을 내린다. 그런데 그런 생각들은 의식적으로 신경 쓰지 않아도 알아서 처리된다.

취약성 세트 메뉴의 생각은 대부분 훈련된 생각이다. 그렇기에 피아니스트의 손놀림같이 빠르게 지나가고 내가 무슨 생각을 하는지 알아채지 못할 수도 있다. 방구석 우울증 환자의 경우 화장실만 다녀오면 더 우울해졌는데 처음엔 자신이 그러는지도 몰랐다. 그냥 술 취한 사람처럼 우울하고 무기력한 기분에 취해 널브러져 있었을 뿐. 그러다가 어디서 찬바람이 들어오는지 찾아보겠다고 마음먹은 후에야 자신의 멘탈을 살피기 시작했다.

'난 쓸모없는 존재야.', '내 대가리가 썩었어.' 같은 생각은 알아채기도 전에 순식간에 지나간다. 자동 항법 장치를 틀어놓은 것처럼 저절로 작동하기에 조종사가 신경 쓰지 않아도 비행이 된다. 하지만 무언가 문제가 발생하면 자동 항법 장치에 넘겨주었던 통제권을 조종사가 되찾아와 수동으로 비행기를 조종해야 한다. 취약성 세트 메뉴에 변화를 주려면 일단 취약성에 넘겨주었던 통제권을 찾아와야 한다. 그러려면 일단 자동화된 것을 수동으로 풀어야 한다.

신경 씀의 역설

원수는 외나무다리에서 만난다고 전갈과 지네가 다리 위에서 마주쳤다. 아무도 물러서려 하지 않으므로 결투를 통해 한쪽이 쓰러져야만 하는 상황이다. 독이 오를 대로 오른 전갈과 지네는 한 번의 일격으로 상대를 제압하려고 동태를 살피고 있었다. 긴장감이 흐르던 순간 제갈공명이 접신했는지 전갈에게 좋은 아이디어가 떠올랐다. 손쉽게 전투를 끝낼 수 있는 묘수가.

전갈이 지네에게 물었다.

"넌 어쩌면 그리 수많은 발을 가지고 있으면서도 엉키지 않고 잘 걸을 수 있니? 참 대단하다!"

뜻밖의 칭찬에 지네는 갑자기 머쓱해졌다. 그리곤 한 번도 생각한 적 없었던 자신의 발동작에 대해 신경 쓰기 시작했다.

'듣고 보니 그렇네. 나는 어떻게 이토록 많은 발이 꼬이지 않게 움직일 수 있지?'

지네는 자기의 발 하나하나의 움직임에 신경을 쓰고 의식하면서 걷기 시작했다. 그러자 스텝이 꼬여 움직일 수 없게 되었고, 전갈은 코 한번 안 풀고 쉽게 전투를 끝낼 수 있었다.

자동화된 것을 수동으로 풀려면 의식적으로 신경을 쓰면 된다. 그러면 자동 항법 장치는 꺼지고 수동 조작 모드가 된다. 의식적으로 신경을 쓰면 쓸수록 자동화되었던 동작의 흐름은 더 엉망이 된다.

운동선수들은 이런 '신경 씀'으로 인해 고생하는 경우가 많다. 수없는 연습을 통해 자동으로 되던 동작이 시합만 나가면 잘 안 된다는 선수들이 있다. 시합에 나가면 긴장하니까 잘해 보려고 자동으로 되던 동작을 의식적으로 신경 쓰기 시작한다. 그러면 잘되던 동작이 꼬이면서 터무니없는 실수를 하게 된다. 그러면 실수를 만회하기 위해 더 긴장하면서 동작에 극도의 신경을 쓰게 되고 그럴수록 동작은 더 엉망이 된다.

신경을 쓰면 쓸수록 자동화가 망가지는 신경 씀의 역효과 법칙은 누군가에겐 피하고 싶은 지뢰밭이겠지만 취약성 관리에서는 비장의 무기가 된다. 이 법칙을 활용해 멘탈 취약성을 관리하려면 몇 가지 단계가 필요하다.

첫째, 자동화되어 있는 깨진 유리창을 찾는다.

둘째, 신경을 써서 자동화를 망가트린다.

깨진 유리창 찾기

먼저 깨진 유리창을 찾는 방법부터 알아보자. 취약성은 반복된다. 우리가 의식하든 의식하지 못하든 반복을 통해 습관이 되고 자동 항법 프로그램이 된다. 그러니 취약성을 찾으려면 반복되는 스트레스부터 찾아보면 좋다.

취약성을 찾겠다고 10년 전이나 어린 시절 기억까지 모조리 뒤질 필요는 없다. 인지 공화국에서는 과거를 신경 쓰지 않는다. 과거가 중요하지 않다는 것이 아니다. 과거에 어떤 상처를 겪었든 과거는 지나갔다. 과거의 상처가 중요하다면 그것은 지금의 나에게 좋지 않은 영향을 끼치고 있기 때문일 것이다. 현재의 나에게 부정적 영향을 끼치는 과거가 있다면 취약성 세트 메뉴에 압축되어 있을 수 있다. 그러니 조사 범위를 과거가 아니라 오늘 또는 최근으로 한정하는 것이 좋다.

방해받지 않는 시간과 장소를 마련해 눈을 감고 오늘 하루만 돌아본다. 그리고 기분이 나빴던 순간을 3개만 찾아본다. 스트레스를 많이 겪었거나 자존감이 떨어졌던 순간이 있었는지. 그것이 특정한 사람과의 관계일 수도, 운전하면서 겪은 스트레스일 수도, 누군가가 무심코 내뱉은 말이거나 반복되는 실수일 수도 있다. 또는 기분이 다운되는 시간이나 장소일 수도 있다. 오늘은 기분이 좋아 딱히 스트레스가 없었다면 1주일 내로 조사 범위를 넓혀도 좋다.

오늘의 스트레스 3개를 찾았다면 생각으로만 하지 말고 어딘가에 적어 둔다. 어느 스튜어디스가 비행기 일등석에 타는 승객들에게 공통점이 있다는 것을 발견했다. 이들 대부분은 갑자기 아이디어가 떠오르면 적어 두기 위해 수첩이나 노트를 가지고 다녔다.

적는 것은 3가지 정도의 이득을 준다.

첫째, 기억을 뒤지는 수고를 덜어 준다. 수첩을 지니고 다니며 스트레스를 받을 때 마다 적어 두면 차후 기억을 짜낼 필요가 없어진다. 요즘은 디지털 세상이니 스마트폰 메모장을 활용해도 된다. 머리가 워낙 비상해 머릿속으로 모든 것이 정리되고 사진처럼 또렷하게 기억되는 사람이라면 예외이다. 그런 경우가 아니라면 적는 것이 좋다.

둘째, 글로 쓰면 객관화된다. 눈은 밖을 보도록 생겨 먹었다고 했다. 적으면 사각지대에 있던 멘탈이 눈으로 볼 수 있는 곳에 나타난다. 하루 중 우리가 처리하는 정보의 80%가 눈으로 들어오는 자극이다. 우리는 보이는 것에 익숙하다. 머릿속에 있는 것보다 내 눈에 보이는 것을 통제하기가 더 쉽다고 느낀다. 그리고 눈으로 확인할 수 있으면 자기 객관화가 가능해진다. 우리 뇌에는 자신을 객관화해 바라볼 수 있는 고급 기능이 탑재되어 있다. 내면을 기록하는 행위 자체로 뇌 속의 고급 기능을 켤 수 있게 된다.

마지막으로, 적어 두면 기록으로 남는다. 오늘 3개, 내일 3개 이렇게 일주일만 적어도 데이터가 늘어 가고, 그럴수록 깨진 유리창의 윤곽이 드러난다. 이걸 매일 반복하다 보면 내가 취약한 순간이 뭔지 감이 잡혀 간다. 취약성이 여럿인 경우도 있는데, 하다 보면 비슷한 것끼리 모이면서 반복 패턴이 드러난다.

의욕이 넘친다면 3개 이상 많이 찾아도 좋다. 하지만 새해를 맞아 운동하겠다고 헬스장 1년 끊었다가 3일 가고 포기하느니 꾸준히 매일 할 수 있는 정도가 좋다. 해 봤더니 하루 3개가 벅차면 1개만 해도 된다. 한 개라도 좋으니 처음 할 때는 가급적 매일 하는 것이 좋다. 자신의 멘탈 탐색은 급하게 다녀오는 당일치기 여행이 아니다. 그보단 시간을 두고 만끽하는 배낭여행에 가깝다.

취약성 기록지

인지 공화국에서는 누구든 취약성을 쉽게 적을 수 있는 기록지를 개발했다. 43페이지에 있는 취약성 기록지는 인지 공화국의 최초 원본과 다른 업그레이드된 버전인데 하나하나 살펴보자.

'자극' 칸에는 오늘 찾아낸 스트레스 사건이나 순간을 적는다. '화장실 슬리퍼가 널브러진 것을 보았다.', '옆집 아줌마가 인사를 안 받고 지나갔다.', '아이가 방을 어지럽혀 놓았다.' 등등. 자신이 보면 알아볼 수 있을 정도로 간단히만 적으면 된다.

그리고 '생각' 칸에 그때 들었던 생각을 적는다. 이 부분이 가장 어려울 수 있다. 아이가 어질러 놓은 방을 보자마자 화가 났는데, 무슨 생각이 들어 화가 났는지 잘 모를 수 있다. 그런데 희소식이 있다. 무슨 생각이 들었는지 정확히 알 필요는 없다. 몇십 개나 되는 지네 다리가 어떻게 일사불란하게 움직이는지 정확히 알 필요가 없는 것처럼. 우리의 목적은 '신경 씀' 무기를 사용해서 자동화를 망가트리는 데 있다. 무슨 생각이 들어 화가 났을까? 질문하고 신경을 많이 써 보는 것으로 족하다. 모르겠으면 추측한 내용을 적어도 상관없다. 추측도 반복하다 보면 맞을 확률이 높아진다. 무언가 그럴듯

한 생각을 적었으면 그 생각이 얼마나 강렬하게 느껴졌는지 100점 중에 알아서 점수를 준다.

그다음 '감정' 칸에 그때 들었던 기분이나 감정을 적는다. 무력감, 우울, 분노, 짜증, 불안 등등 기분을 표현하는 단어가 들어가면 된다. 뇌 영상 촬영 장치로 확인해 보면 자신이 느끼는 기분을 단어로 표현하는 것만으로도 기분이 달래지는 효과가 있다. 생각과 마찬가지로, 이 또한 내가 느꼈던 기분이 뭔지 정확할 필요는 없다. 10점짜리 표적의 한가운데를 맞히는 것이 목표가 아니다. 1점짜리 끄트머리에 맞아도 된다. 정확하지 않더라도 감정을 적거나 표현할수록 그때그때 자신이 경험하는 감정과 접촉하는 힘이 강해진다. 감정이 어땠는지 적었으면 감정의 강렬한 정도를 100점 가운데 점수로 매긴다.

마지막 '행동' 칸에는 내가 어떤 반응을 보이거나 행동했는지를 적는다. 기록지에 적는 행동에는 겉으로 명확히 드러나지 않는 반응도 포함시킨다. 남편이 아무 말 없이 밥 먹는 것을 보고 '또 날 무시하네?'라는 생각이 들어 화가 났다면 자극, 생각, 감정까지 적을 것이 명확하다. 그런데 화가 난다고 숟가락을 집어던지거나 소리를 지르는 행동이 없었다면 무엇을 적어야 할까? 만약 화가 나는데 그냥 참고 삼켰으면 '참았음'이라고 적어도 된다. 참는 것도 누르는 행동이다. 만약 화가 나면서 머리가 아팠으면 '머리가 아팠음'이라고 신체 반응을 적는다. 행동을 적는 이유는 기분이 안 좋을 때 내가 어떻게 대처하는지 확인하기 위함이다. 행동이나 반응을 적었으면 강도가 100점 중에 얼마였는지 적는다.

이렇게 자극, 생각, 감정, 행동을 적으며 멘탈 항아리의 깨진 구멍이 어딘지, 몇 개인지 조사하는 것이 취약성 관리 1단계이다. 그런데 43페이지 표를 보면 [취약성] 칸 아래에 [수정] 칸들이 비어 있다. 이 칸들은 2단계에서 풀 암호들이다. 방 탈출을 하려면 첫 암호부터 풀어야 다음 암호가 나타난다. 그렇기에 처음에는 일주일이 걸리든 한 달이 걸리든 1단계 깨진 유리창 찾기

■ 취약성 기록지

일시	자극		생각	감정	행동(반응)
	화장실 신발이 엉망으로 널브러져 있음	취약성	신발 정리 하나 못 하네. 난 쓸모없는 존재야. 90%	자괴감 90% 무력감 80%	꼼짝없이 누워 있었음 90%
		수정			
	책을 읽다가 까먹고 읽은 부분을 또 읽음	취약성	대가리가 썩었어. 뭘 해도 안 돼. 95%	우울 80% 열등감 80%	괴로운 기분을 피하려 잠듦 80%
		수정			
	저녁 식사 내내 남편이 아무 말 없이 밥만 먹음	취약성	또 날 무시하네. 나에게 관심이 없어. 80%	화남 70% 비참함 80%	참았음 80% 머리 아픔 70%
		수정			

에만 전념하면 된다.

지금껏 인지 공화국 계보의 취약성 기록지 작성법을 살펴봤는데, 이 방법을 잘만 활용하면 취약성 조사가 한결 수월해질 수 있다. 그런데 취약성 조사를 하다 보면 빗장을 채운 문과 맞닥뜨리게 되는 경우가 있다. 어떤 이들은 판도라의 상자를 열게 될까 봐 이 문을 건드리기를 주저하기도 한다. 왠지 모를 두려움에 열어 볼 시도조차 못 하고 피하는 이들도 더러 있다.

유리창이든 항아리든 괜히 깨지진 않는다. 갑작스레 사고를 겪든 누가 고의로 던졌든 감정적 충격이 담긴 돌멩이를 맞으면 멘탈 항아리에 구멍이 생긴다. 취약성은 이렇게 과거에 겪은 상처나 미해결 감정에서 비롯되는 경우가 많다. 상처받은 과거 감정을 마주하기가 두려우면 당장 문을 열 필요는 없다. 책에 소개된 다른 취약성 관리 코스들을 둘러본 후 마음 내킬 때 열어가도 된다.

자동화 망가트리기

하루 3개 스트레스 찾기를 통해 취약성이 확인되면 2단계로 넘어갈 차례이다. 2단계 목표는 신경 쏨 무기를 사용해 취약성의 자동화를 망가트리는 것이다. 1단계에서 작성한 취약성 기록지를 잠시 살펴보자.

화장실 신발을 아무렇게나 벗을 수도 있고, 책을 어디까지 읽었는지 까먹을 수도 있는 일이다. 그런데 이에 대해 생각 왕은 '난 쓸모없어.', '대가리가 썩었어.'라고 이상하게 받아들인다. 왕이 자극을 오버해서 받아들이면 나라는 뒤숭숭해진다. 멀쩡한 밥에 독약을 탔다고 엄한 사람 잡을 수도 있는 일이다.

생각 왕이 오버하면 감정과 행동이 생고생한다. 왕이 명을 내리면 부당해도 부하들이 따라야 한다. 생각 왕이 호들갑을 떠니 감정과 행동도 어쩔 수 없이 칼춤을 춰야 하는 것이다. "독약을 탄 것이 아니옵니다!"라고 직언해 봤자 왕이 쉽사리 믿을 리 없다. 사실이라 굳게 믿고 있을 테니까. 자칫하면 왕의 심기를 거슬러 목이 달아날 수도 있는 일이다. 그러니 왕의 생각과 맞서 싸우기보단 전갈처럼 현명하게 접근하는 것이 좋다.

전갈의 전략은 지네가 발동작에 대해 스스로 신경 쓰게 만드는 것이었다. 생각 왕에게도 같은 방식으로 접근할 수 있다. 자신의 생각에 의문을 던지고 신경 쓰게 만들면 된다. 대가리가 썩었다고 믿는 왕에게는 이렇게 질문할 수 있다. "대가리가 썩으면 바로 죽지 않겠사옵니까? 몇 분만 뇌에 산소가 끊겨도 뇌 신경이 죽으며 사망한다고 하옵니다."

취약성에 빠져 있을 때는 자신의 생각에 스스로 의문을 던지기가 어렵다. 그 생각이 사실이라 굳게 믿고 있기 때문에. 그래서인지 공화국에서는 상담사가 질문 던지는 역할을 대신한다. 그런데 1단계를 통해 취약성을 적어 놓았다면 혼자서도 할 수 있다. 기록지를 검토할 때는 객관화가 가능하다. 다른 사람의 문제를 바라보듯 한 발짝 떨어져 바라볼 수 있게 되는 것이다. 그렇기에 자신의 생각에 의문을 제기할 수도 있고, 다른 생각의 가능성도 검토해 볼 수 있다.

기록지를 검토할 때 검토하는 나는 전갈이 되고 적혀 있는 '생각'은 지네가 된다. 어떻게 하면 지네가 자신의 다리에 대해 신경 쓰게 할지 고민해 본다.

처음부터 기막힌 질문이 떠오르지 않아도 괜찮다. 지네가 다리에 계속 관심을 가지고 신경 쓰게 만들기만 하면 된다. 그러려면 취약성을 지속시키는 생각에 계속 의문을 제기하면 된다.

'정말 그런가?', '신발 정리를 못 하면 내가 진짜 쓸모없는 존재인가?', '신발이 몇 도 각도로 틀어져 누워 있어야 정리를 못 하는 건가?', '우울해서 신발 정리까지 신경 못 쓰고 있는 것 아닌가?', '신발 정리를 못 하는 다른 사람들은 다 쓸모없는 인간인가?', '신발만 잘 정리하면 난 쓸모 있는 존재가 되나?' 무슨 질문을 던지든 자유이다. 취약성을 지속시키는 생각이 타당한지 계속해서 질문을 던져 본다. 그러다 보면 '난 쓸모없는 존재임이 틀림없어!'라던 확신이 점차 떨어져 갈 수 있다.

취약성 세트 메뉴를 다스리는 생각 왕은 독재자와 같다. 자신의 생각만 맞다 고집하고 반대자는 탄압하고 숙청한다. 독재를 무너뜨리는 건 민주주의를 향한 갈망이다. 다양한 의문을 제기하며 생각 왕이 신경 쓰고 헷갈리게 만들다 보면 생각 왕이 한 발짝 물러나는 순간이 올 수 있다. '신발 정리를 못 하는 것이 그렇게 큰일이 아닐지도 모르겠네.' 여기까지 이르면 기록지의 [취약성] 아래 [수정] 칸에 민주적인 검토를 거친 대안적인 생각을 적는다. '우울해서 신경을 좀 못 쓴 것뿐이야.'

상상 속의 선포식

1, 2단계를 통해 취약성을 확인하고 자동화 망가트리기를 했다면 마지막 3단계를 적용할 차례이다. 마지막 단계는 부적응적인 취약성 세트 메뉴를 대

신할 적응적인 새로운 세트 메뉴를 만드는 절차이다. 독재자가 헛갈리는 틈이 절호의 기회이다. 정신 차리기 전에 독재자를 몰아내고 민주 대통령을 선출한다.

대중의 지지를 가장 많이 받는 사람이 대통령이 되듯 취약성 세트 메뉴에서도 그렇다. 2단계를 통해 의문을 제기하고 검토했던 다양한 '대안 생각'이 있었다. 그 가운데 대중의 지지를 가장 많이 받았던 합리적 생각을 [수정] 칸에 적어 놓았다. 이제 마지막 단계에서는 [수정] 칸에 적었던 생각을 대통령으로 선포하기만 하면 된다. 대통령 선포식은 성대한 의식을 거친다. 하지만 우리는 상상 속의 간소한 의식을 거칠 것이다.

생각은 그에 걸맞은 감정과 행동을 만들어 낸다고 했다. 상상 속의 생각도 마찬가지이다. 기분 좋은 상상을 하면 기분이 좋아지지 않는가? 구체적으로 상상하면 상상 속의 생각은 그와 코드가 맞는 감정과 행동을 만들어 낸다. 그런데 상상에도 종류가 있다. 공상은 허황한 꿈이라 치부되고 행동에도 거의 영향을 미치지 않는다. 반면, 경기력 향상을 위해 엘리트 선수들이 훈련하는 상상은 이미지 트레이닝이라 불린다. 새로운 대통령을 선포하는 상상 의식은 이미지 트레이닝처럼 감정과 행동에 변화를 주기 위한 멘탈 훈련이다.

상상 속의 선포식을 하려면 미리 준비할 것이 하나 있다. 바로 이완이다. 자동화를 망가트릴 때는 신경 씀을 무기로 썼다. 하지만 이것저것 신경을 많이 쓰고 있을 때에는 마음이 산만해 상상에 방해가 된다. 이완하는 방법을 모르더라도 걱정할 필요가 없다. 책의 다른 코스에서 빠르고 쉽게 이완하는 방법을 접할 수 있다.

당장은 천천히 10번 정도 깊은 심호흡을 하며 이완해 본다. 얼추 이완되면 이제 대통령 선포식을 할 차례이다. 눈을 감고 취약성 기록지에 적은 '자극' 상황을 떠올려 본다. 화장실 신발이 널브러져 있다. 이때 독재자의 생각이

■ 수정 취약성 기록지

일시	자극		생각	감정	행동(반응)
	화장실 신발이 엉망으로 널브러져 있음	취약성	신발 정리 하나 못 하네. 난 쓸모없는 존재야. 90%	자괴감 90% 무력감 80%	꼼짝없이 누워 있었음 90%
		수정	우울해서 신발 정리에 신경을 못 썼네. 70% 신발 정리라도 잘해 보자.	자괴감 15% 통제감 60%	오랜만에 외출 준비했음 50%
	책을 읽다가 까먹고 읽은 부분을 또 읽음	취약성	대가리가 썩었어. 뭘 해도 안 돼. 95%	우울 80% 열등감 80%	괴로운 기분을 피하려 잠듦 80%
		수정	대가리가 썩으면 죽어. 우울할 땐 머리 속도도 같이 느려질 수 있어.	우울 30% 안도감 20%	빠르게 걸으며 기분 전환 70%
	저녁 식사 내내 남편이 아무 말 없이 밥만 먹음	취약성	또 날 무시하네. 나에게 관심이 없어. 80%	화남 70% 비참함 80%	참았음 80% 머리 아픔 70%
		수정	회사 일이 잘 안 풀리나? 넌지시 말을 걸어 봐야겠네. 55%	화남 20% 궁금함 40%	먼저 말을 건네 봄 70%

아닌 민주주의 대통령의 생각으로 바라본다. '우울해서 신발 정리에 신경을 못 썼네.', '한동안 신발 정리만이라도 잘해 보자.'

이렇게 대안적 생각으로 자극을 평가하면 기분이 달라질 수 있다. 적어도 독재자 생각으로 바라볼 때의 무력감, 자괴감과는 같지 않을 것이다. 그럼 다른 기분을 느낀 결과 행동은 어떻게 달라질지 상상해 본다. 방구석에 눕지 않고 다른 행동을 한다면 새로운 감정과 행동을 기록지의 [수정] 칸에 적는다. 그리고 상상 속에서 경험한 생각, 감정, 행동의 강렬한 정도를 100점 중에 점수를 준다.

이렇게 마지막 3단계까지 하면 새로운 민주 공화국 시대가 열린다. 화장실 신발이 널브러진 것을 보더라도 전과는 사뭇 다른 생각으로 바라볼 수 있게 된다. 그에 따라 화장실 다녀온 후 경험하는 기분과 행동도 달라져 갈 수 있다. 만약 상상 속의 선포식을 반복해 훈련해 간다면 새로운 세트 메뉴는 자

■ 취약성 관리 3단계

1단계: 깨진 유리창 찾기	취약성 기록지 활용. 하루 3개씩 스트레스 적으며 취약성 조사
2단계: 자동화 망가트리기	세트 메뉴의 '생각'에 계속 의문을 제기하며 자동화를 수동으로 풀기 대안적인 생각 탐색
3단계: 상상 속의 선포식	대안적 생각으로 자극 상황을 새롭게 평가하며 상상 체험 부적응적인 세트 메뉴를 대체할 적응적 세트 메뉴를 자동화되게 만들기

동화되어 가게 된다.

취약성 관리 3단계는 운전 스트레스도 줄여 줄 수 있다. 운전할 때 갑자기 끼어드는 차가 있으면 나는 화가 나 클랙슨을 눌러 대곤 했다. 그런데 아이들이 타고 있을 땐 신경이 쓰였다. 아이들이 놀랄까 봐. 그래서 차가 갑자기 끼어들면 무슨 생각이 드는지 조사를 시작했다. 곰곰이 검토해 보니 '이기적인 것은 나빠.'라는 생각이 드는 것 같았다. 독재자를 확인했으니 이제 의문을 제기할 차례이다. '갑자기 끼어들면 몽땅 다 이기적인가?', '이기적이면 다 나쁜가?', '얼마나 빨리 끼어들어야 이기적인 건가?'

그렇게 한창 의문을 제기하며 자동화 망가트리기를 할 무렵이었다. 폭주족 관련 기사를 읽는데 댓글 하나가 눈에 들어왔다. '난 트럭 운전을 하는데 폭주족이 갑자기 끼어들면 똥이 마려운가 보다 생각하고 비켜 준다. 그 덕에 30년간 무사고였다.'

이 글을 보는 순간 독재자를 무너트릴 강력한 대통령 후보를 발견한 듯했다. 그 후론 운전하다 누가 갑자기 끼어들어도 그냥 넘기기가 한결 수월해졌다. 아빠가 훈련한 대통령 생각을 들었는지 아이들도 따라 할 때가 있다. "아빠, 저 차는 화장실이 급한가 봐."

지진이 났을 때 어떻게 대처할지 모르면 패닉에 빠진다. 하지만 대피 훈련을 통해 대처 매뉴얼이 숙지되어 있으면 실제 상황이 터졌을 때 빠른 대처가 가능해진다. 상상 속의 선포식을 통해 새로운 세트 메뉴 상상을 반복하면 머릿속에 매뉴얼이 형성된다. 자극이 있을 때 건강하게 대처할 새로운 대응 매뉴얼이.

지금까지 인지 공화국의 취약성 관리 3단계를 알아보았다. 꾸준히 기록지를 작성해 가다 보면 취약성 세트 메뉴가 달라지는 경과를 비교할 수 있다. 처음 작성할 땐 높은 점수가 매겨졌던 취약성 생각, 감정, 행동 점수가 점차 낮아져 갈 수 있다. 또는 수정 칸의 새로운 세트 메뉴 점수가 높아지는 것을 확인할 수도 있다.

그런데 아는 것과 해 보는 것은 다르다. 기법을 적용하다 보면 예상치 못한 난관에 봉착하는 경우가 있다. 생각보다 취약성이 빨리 고쳐지지 않으면 자책하는 사람들이 있다. '안 그런다고 해 놓고 또 그랬네. 난 구제불능이야.'

취약성을 검토할 때마다 바로 고쳐지지 않는다고 스스로를 비난하면 깨진 유리창 구멍이 더 커질 수 있다. 자책은 스스로를 혼내는 것이다. 문제를 고치려고 노력하고 있는데 빨리 안 고친다고 비난하며 재촉하는 상사가 있다면 어떨까? 하기 싫어질 것이다.

자기를 돌아보는 순간이 괴로운 시간이 된다면 아무도 하고 싶지 않다. 그렇기에 취약성 관리를 할 때는 마음속에 등을 켜 놓고 하는 것이 좋다. 기다리고 허용하는 자기 수용의 따스한 등을.

• 4 •
애착이 뭣이기에

또 그 순간이 왔다. 아기를 재워야 하는 시간. 오늘도 잘 버텨 보자 마음을 다지며 아기 띠를 동여매지만 쉽게 잠들어 줄지 걱정부터 앞선다. 염려했던 대로 아기는 쉽게 잠들지 못한다. 언제 잠을 잘지 기약하기가 어렵다. 조바심이 나고 짜증이 올라온다. 시간이 흐를수록 이 작고 어여쁜 아기가 나를 괴롭히는 악당으로 보이기 시작한다. 피곤함에 지친 틈을 타 과거의 유령이 비집고 나오려 하는 것 같다. 터져 나올 것 같은 고함과 함께. '나는 자고 싶어도 맨날 싸우는 소리에 못 잤는데, 넌 재워 줘도 안 자냐!'

이 주체할 수 없는 분노와 억울함을 어디에 쏟아야 하나. 이 작은 아이는 잘못이 없다. 그저 쉽게 잠들지 못하는 날일 뿐. 칭얼댄다고 아빠가 고함을 질러 대면 어떻게 될까? 스펀지처럼 자극을 흡수하는 아기의 뇌리에 평생 남을지 모를 일이다. 그런 위험을 감수할 순 없다. 애착이 뭔지 아는 심리학자 아빠 아니런가. 과거 유령이 충동질할수록 이를 악물고 고함을 삼켜 낸다. 전투화를 벗어 던진 날이 왔듯이, 아기 포대기와도 작별할 날이 오리라 믿으며.

어렸을 때 나의 소원은 통일이 아니었다. 깨지 않고 푹 자 보는 것이었다. 너무도 사이가 좋으셨던 부모님은 잠자는 시간도 아껴 가며 싸우셨다. 하루가 멀다고 새벽 동이 틀 때까지. 커 가며 소원을 성취해 맘껏 잘 수 있었는데, 아기가 태어난 후 상황은 급반전됐다. 다 끝난 줄 알았던 잠과의 전투가 다시 시작된 것이다.

과거의 스트레스나 상처는 불청객같이 불쑥 찾아올 수 있다. 원치 않는 순간에 예상치 못한 방식으로. 쫓아냈다 싶었는데 집요하게 다시 돌아오는 경우도 있다. 인지 공화국에서도 불청객은 문젯거리였다. 해결했나 싶었던 취약성이 재발하는 사례가 쌓여 가자 공화국 관계자들은 골머리를 앓았다. 아무리 잘라 내도 다시 자라는 잡초처럼 생명력이 끈질기니 그 이유를 찾아봐야 했다. 그래서 특단의 조치를 내렸다. 레이더의 탐색 범위를 과거까지 넓힌 것이다.

공화국은 시종일관 현재의 생각만 들여다봤기에 과거에 대해서는 별반 아는 것이 없었다. 그래서 공화국의 장점인 포용력을 발휘해 전문가를 모색해 대책반을 구성했다. 다양한 파벌에서 전문가를 파견했는데, 과거와 무의식 전문가인 애착 이론과 정신분석 파벌에서 많이 참여했다.

심리학자들 세계에서는 어지간해선 다른 파벌과 합의가 쉽지 않다. 작은 디테일을 두고 끝없이 싸우기에. 그런데 의외로 대책반에서 큰 틀의 합의가 이루어졌다. 재발하는 취약성의 제조 시기가 3세 내외로 특정된 것이다. '3살 버릇 여든까지 간다'의 심리학 버전이 등장한 것이다. 제조 시기뿐만 아니라 어떤 성분이 들어가 재발이 잘되는지의 윤곽도 드러났다. 분류를 좋아하는 심리학자들은 디테일한 작업을 통해 18개 성분을 추출해 냈다. 그리고 쉽게 재발하는 취약성의 이름을 '심리 도식'이라 지었다.

굵직하게 묶어 보면 주요 성분은 4개의 키워드로 추릴 수 있다. 학대, 버림받음, 무시 그리고 거부. 3세 내외 아주 어린 시절부터 이런 체험을 반복적으로 겪으면 멘탈 유리창에 구멍이 커다랗게 뚫릴 수 있다. 찬바람이 많이 들어와 추울 뿐만 아니란 구멍이 커서 수선도 쉽지 않다. 이런 아이들은 추위에 떨며 정서적으로 불안정할 수 있고 사람들을 잘 믿지 못하기도 한다. 마음속에 늘 허전하고 결핍된 느낌을 안고 살거나 자신에게 무언가 문제가 있다는 수치심에 시달리기도 한다.

공화국에서는 재발 취약성의 정체를 밝히고 유형까지 자세히 분류한 대책반의 업적을 칭송했다. 그런데 대책반의 발표가 있기 훨씬 전부터 이미 재발 취약성의 정체를 주야장천 주장해 온 파벌이 있었다. 누구나 들어 본 '애착 이론'이었다. 디테일한 분류를 하진 않았지만, 이들의 주장은 단순하고 명확했다. '아이들은 밥만 준다고 자라지 않습니다. 감정적 허기를 채워 줘야 자랍니다!'

애착 이론은 아기 때부터 감정적 충족을 경험해야 멘탈이 건강하게 자리 잡는다고 일찌감치 주장해 왔다. 하지만 한동안 행동주의와 인지주의 기세에 눌려 기를 펴지 못했었다. 그러다가 인지 공화국 대책반의 조사 결과가 발표되자 주가가 상승하기 시작했다. TV를 틀면 '똑똑한 아이'만 나오더니 어느 순간부터 '정서적으로 안정된 아이' 이야기가 자주 등장하기 시작한 것이다.

접촉 위안

1940년대 북미의 보육원에서 진행된 연구가 있다. 당시 보육원들은 복지의 사각지대에 있었다. 위생 상태도 좋지 않았고 먹는 것도 부실해 영양실조나 병에 걸려 사망하는 아이들이 많았다. 연구자들은 양육 환경을 개선하면 사망률을 낮출 수 있을지 알아보려고 몇 개의 보육원을 지정했다. 원생들에게는 충분한 음식이 제공되었고 병에 걸리지 않도록 위생 관리도 철저히 했다. 그런데 1년이 지나기 전에 기대를 무너뜨리는 결과가 나타났다. 잘 먹고 병에 덜 걸렸는데도 불구하고 3분의 1이나 되는 아이들이 사망한 것이다. 그뿐만이 아니었다. 살아남은 아이들 가운데 멘탈에 이상이 나타나는 경우도 많았다.

깨끗한 곳에서 잘 먹이고 키웠는데 도대체 뭐가 문제였을까? 현재 보육원의 아이들은 그때 아이들과 무엇이 다르기에 사망률이 낮아진 것일까? 애착 이론은 그에 대한 해답의 실마리를 들고 등장했다. 현재 보육원과 그때 보육원의 큰 차이는 접촉감에서 찾을 수 있다고 주장했다. 접촉감? 그게 무슨 말일까?

마사지를 통한 접촉감이 인큐베이터 안의 미숙아들에게 어떤 영향을 주는지 알아보는 연구가 있었다. 미숙아들을 두 그룹으로 나누어 한 그룹의 아기들에게는 통상적인 병원 치료만 했다. 그리고, 다른 그룹의 아기들에게는 병원 치료 외에 10일 동안 하루 45분간의 마사지만 추가했다. 미숙아들은 아주 작기에 어른 손가락으로 온몸을 부드럽게 만져 주는 정도의 마사지였다.

10일 동안의 마사지 효과는 강력했다. 마사지를 통해 접촉감을 받은 아기들은 비교 그룹보다 50% 이상 몸무게가 증가했다. 그뿐만 아니라 더 활동적이었고 발달 속도도 빨랐다. 체중이 빨리 늘어나니 비교 그룹보다 퇴원도 빨리할 수 있었다.

접촉감을 받은 아기들은 몸무게도 빨리 늘고 안정적으로 성장한다. 왜 그럴까? 접촉감은 위안을 준다. 아기들은 피부 접촉을 통해 사랑을 느끼며 보호받는다고 느낀다. 접촉감을 통해 감정적 필요를 충족할 수 있는 것이다. 과거 보육원 아이들은 밥 먹여 줬으면 됐지 무슨 감정 타령이냐고 구박을 받았을지도 모른다. 하지만 아기들은 살아남으려면 배고픔뿐만 아니라 감정적 허기도 채워야 한다는 걸 본능적으로 안다. 그래서 감정의 필요를 채워 주는 대상에게 집착하는데, 이를 애착이라 부른다.

애착은 보통 아기 때의 이야기이지만 감정의 충족이 필요한 건 아기들뿐만이 아니다. 아기들만 배고픔을 느끼진 않는다. 어른들도 평생 배고픔을 경험하고 산다. 감정적 허기도 마찬가지이다. 감정의 허기는 언제든 경험할 수 있고 그때마다 채워 줘야 한다.

아기 땐 말을 못 하기에 안아 주거나 쓰다듬으며 감정의 허기를 채워 줄 수 있다. 놀라서 우는 아이에게 '괜찮아, 울지 마.'라고 아무리 말해 봐야 소용없다. 꼭 안아 주는 것이 빠르다. 하지만 아이가 자라며 말을 하기 시작하면 점차 무게 중심이 신체 접촉에서 말로 기울어지기 시작한다. 놀랄 때 안아 주는 대신 "괜찮아? 놀랐겠다."라고 말만 해 줘도 위안이 될 수 있다.

아이가 커 가면서 말을 잘하게 될수록 애착 대상은 달라진다. 처음엔 엄마

였겠지만 어느 순간 단짝으로 바뀐다. 좀 더 커서 사춘기가 되면 이성과의 관계에서 감정 허기를 채우려 한다. '내꺼'라 부를 수 있는 이성을 찾아 감정 배터리를 충전한다.

그러다 성인이 되어 결혼에 골인하면 애착 대상은 배우자로 바뀐다. 다행히 권태기를 잘 넘기면 검은 머리 파 뿌리 되도록 애착 대상에 안착할 수 있다. 하지만 사이가 시원찮으면 다른 얘기가 된다. 감정 허기를 엉뚱한 데서 채우려 한다. 빈 술병만 쌓여 가거나 옷장이 명품들로 채워져 갈 수도 있다. 또는 제법 말이 통하기 시작한 자식에게 집착하는 경우도 있다. 그러다 자식이 결혼해 둥지를 떠나면 어떻게 될까? 마지막 애착 대상이 될 손주의 탄생을 눈 빠지게 기다리게 된다.

포유류들은 무리 지어 살기에 관계가 중요하다. 인간도 그렇다. 애착 대상은 바뀔 수 있지만 평생 감정의 필요를 채워 줄 대상과의 관계를 필요로 한다. 그런데 사람들마다 애착 대상과 관계 맺는 방식이 다르다. 조용한 집이 있는가 하면 밤새 싸우느라 시끌시끌한 집도 있지 않은가. 어려서부터 김치를 먹고 살았으면 커서도 김치 없는 밥상은 허전하다. 감정의 필요를 채우는 방식도 그렇다. 어려서부터 형성되고 식성처럼 웬만하면 잘 바뀌지 않는다.

애착의 종류

애착은 생후 6개월부터 24개월 정도에 형성된다. 태어난 직후의 아기 뇌는 3분의 1밖에 발달하지 않은 상태이다. 이후 다양한 자극을 겪으며 뇌는 폭발적으로 발달한다. 애착이 형성되는 3살까지 성인 뇌의 80%까지 성장하는데 가장 빨리 발달하는 건 감정을 처리하는 감정 뇌이다. 학대받고 방치된 아이의 뇌를 스캔해 보면 정상아의 뇌보다 작다. 감정의 충족을 못 느끼면 뇌도 잘 자라지 못하는 것이다.

애착 형성기는 평생의 감정 농사를 다 짓는 시기로 볼 수 있다. 이 시기에 돌봄을 잘 받지 못하면 감정 뇌가 위축되어 감정의 충족을 못 느끼는 아이가 될 수 있다.

아기가 세상에 태어나 처음 접하는 사람은 의사나 간호사일 수 있다. 하지만 잠시뿐이다. 잠깐 만나는 사람은 별 영양가가 없다. 인간관계를 지속해서 처음 맺는 사람은 엄마이다. 아기들은 엄마와의 첫 경험을 통해 인간이 어떤 종족인지 판단한다. 물론 할머니나 아빠가 키운다면 첫 경험이 엄마가 아닐 수 있다. 그게 누가 되었든 첫 인간관계가 중요하다.

처음 감정적인 관계를 형성하는 사람이 우호적이면 아기는 인간을 우호적인 종족으로 느낀다. 그러면 이후의 인간관계에서도 마음을 열기 좋다. 그런데 첫 경험이 엉망이라면 어떨까? 잔뜩 긴장한 채로 사람들을 대하게 될 수 있다. 애착 이론에서는 이런 아기들의 첫 경험을 크게 3종류로 나누었다.

엄마와의 첫 경험이 어떤지 알아보기 위해 연구자는 특별한 방법을 고안했다. 아기들은 말을 못 하니까 행동을 관찰하는 방법을 택했다. 엄마와 아기를 한 쌍씩 방에 두고 관찰했다. 연구자가 방에 들어가 아이와 인사하면 엄마는 미리 약속된 대로 갑자기 사라진다. 아기는 낯선 사람과 둘이 있게 되고 엄마는 보이지 않는다. 이때 아이가 보이는 반응이 제각각이었다. 잠시 후 엄마가 방에 돌아온다. 사라졌던 엄마가 다시 나타났을 때 엄마를 반기는 방식도 아이들마다 달랐다.

이 실험에서 주목한 건 엄마가 사라졌을 때와 다시 나타났을 때 반기는 반응이었다. 2가지 반응을 관찰해 보니 아기들은 크게 3가지 유형으로 나누어졌다.

첫 유형은 안정 애착으로 60% 정도이다. 이 아이들은 엄마가 안 보이니까 울거나 잠시 두리번거렸는데 곧 돌아오리라 믿는지 다시 장난감을 가지고 놀며 기다렸다. 그러다 엄마가 나타나자 반갑게 뛰어가 안겼다. 언뜻 봐도 엄마와 관계가 괜찮은 듯 보였다.

다음 유형의 아이들은 쿨한 반응을 보였다. 엄마가 안 보여도 잠시 둘러보다 아무 일 없었다는 듯 장난감을 가지고 놀았다. 그러다 엄마가 나타나자 잠시 쳐다봤다가 이내 놀던 장난감을 가지고 계속 놀았다. 사라졌다 나타났는데 아이가 이방인 보듯 무시하니 엄마는 난감해했다. 연구자가 봐도 엄마와 아이의 관계가 썩 좋아 보이진 않았다. 이 아이들은 왠지 엄마를 피하는 것 같아 회피성 애착이라 이름 붙였다.

마지막 아이들은 반응이 역동적이었다. 엄마가 사라지자 울고불고하며 엄마를 찾고 난리가 났다. 달래도 달래지지 않고 엄마가 올 때까지 울어 댔다. 그렇게 울며 찾던 엄마가 나타나자 엄마에게 달려가 안겼는데, 잠시 후 이상한 반응이 나왔다. 그렇게 찾던 엄마에 안기사마자 엄마를 때리며 발버둥 치는 것이었다. 이 아이들은 저항하는 모습을 보인다고 해서 저항 애착이라 불렀다.

회피성 애착과 저항 애착을 합치면 얼추 30%가 넘는다. 둘 다 엄마와의 관계가 안정된 것 같지 않아 불안정 애착이라고도 부른다. 공교롭게도 인지행동치료의 재발률도 30% 정도이다.

불안정 애착이 모두 재발 취약성을 가지게 된다고 말할 순 없다. 애착은 3살 아기 때 이야기이고 재발 취약성은 다 큰 어른들 이야기이다. 아기가 성장해 가면서 드라마 같은 극적인 반전과 해피엔딩을 겪을지도 모를 일이다. 하지만 첫 경험은 강력하다. 불안정 애착 아이들의 사연을 살펴보면 미루어 짐작할 수 있다.

불안정 애착의 속사정

포유류들은 천적을 만나면 3가지 반응을 보인다. 도망치거나 죽은 척하거나 또는 도망갈 곳이 없으면 맞장 떠 덤빈다. 쥐도 궁지에 몰리면 고양이를 문다지 않나. 인간도 마찬가지 반응을 보인다. 멘붕이 올 때는 3가지 반응을 보인다. 피하거나 얼어붙거나 또는 맞서 싸우거나.

피하는 사람들은 스트레스 자극이 올 때 나 몰라라 도망치고 본다. 손자병법에도 나오지 않나. 삼십육계 줄행랑이 상책일 수 있다. 얼어붙는 사람들은 동물들이 죽은 척하듯 온몸이 경직되거나 정지된다. 큰애가 3살 때 놀이터에서 다른 아이에게 뺨 맞는 모습을 본 적이 있다. 그때 나는 순간적으로 얼어붙어 꼼짝을 못 했다. 너무 놀라 세상이 정지된 것 같았다. 맞서 싸우는 사람들은 사뭇 다른 반응을 보인다. 싸움닭처럼 돌변해 화를 내며 공격한다. 자식이 뺨 맞는 것을 본다면 놀이터는 순식간에 전쟁터로 변할지도 모른다.

한 사람이 꼭 하나의 반응만을 보이는 것은 아니다. 괴롭힘을 당할 때 얼어붙어 꼼짝없이 당하기만 하다 빡치면 갑자기 벽돌을 들고 공격하는 사람도 있다. 하지만 보통은 습관적으로 보이는 주된 대처 반응이 있기 마련이고, 이런 습관은 아주 어렸을 때부터 형성되곤 한다.

회피성 애착 아이들은 얼어붙는 아이들이다. 배고프거나 불안할 때 아기들은 운다. 그런데 아무리 울어도 누가 와서 달래 주지도 고픈 배를 채워 주지도 않으면 지쳐 울음을 그친다. 이런 일이 반복되면 아기는 더 이상 울지 않는다. 울어 봐야 소용없으니까. 도와 달라고 외쳐 봤자 무시되고 거절당할까 봐 세상과 담을 쌓으며 마음을 닫는다.

겉으로 보면 울지도 않고 조용하니, 착하다는 소리를 들을 수도 있다. 그런데 엄마가 사라졌을 때 회피성 아기들이 보이는 쿨한 반응은 겉모습일 뿐이다. 생리 반응을 측정해 보면 불안 수치가 치솟는다. 무섭고 떨리지만, 내색하지 않는다. 얼어붙어 있기에. 그래서 위로받을 기회가 더 줄어든다. 우는 애 떡 하나 더 준다는데 울만 한 때에도 울지 않으니 관심을 더 못 받는 것이다.

엄마가 돌아왔을 때 아기는 안도감을 느낀다. 기대해 봤자 상처뿐이니 기대를 접으려 했지만 그래도 엄마 아닌가. 엄마가 와서 안심되지만, 한편으론 화가 난다. 불안한 나를 혼자 내버려 둔 엄마에게. 그래서 나름 화가 난다는 표현을 한다. 내가 거절당하고 무시당했던 대로 엄마를 외면하면서. 이렇게 하는 나도 속상한데 이런 내 맘도 엄마가 알아 주길 바라면서.

애착은 보통 대물림 된다. 아기가 회피성이면 엄마도 회피성인 경우가 많다. 아이를 어떻게 키울지 배우지 않아도 몸에 익은 대로 하기 마련이다. 기억도 나지 않는 까마득히 먼 아기 때 엄마가 나를 어떻게 키웠나 내 몸은 신기하게 기억한다. 그래서 아기가 울어도 달래 줄 생각을 하지 못한다. 방금 우유 먹고 기저귀도 갈아 줬는데 왜 우는지 모르겠다고 한다. 아기 울음이 귀찮고 짜증스럽게 들리기도 한다. 울 때마다 안아 주면 손 탄다는 잘못 알려진 행동주의 교리를 되뇌기도 한다.

접촉 위안을 경험하지 못하면 아기에게 접촉감을 주기 어려울 수 있다. 동물 실험에서는 접촉감을 못 받고 자란 어미들이 새끼가 보챌 때 물어 죽이는 경우도 있다.

회피성 애착이라고 다 똑같지는 않다. 무지개의 한쪽 끝은 빨강이고 다른 끝은 보라색이다. 심한 회피성 애착도 있고 경미한 회피성도 있다. 심한 회피성 애착 엄마들의 경우 거절당한 화가 피부에 쌓였는지 아기와 피부가 닿으면 징그러운 느낌이 든다며 아기를 밀쳐 낸다. 팽개쳐진 아이는 더 심하게 울지만 그런 아기를 엄마는 달랠 줄 모른다.

저항 애착 아기들의 속사정은 어떨까? 이 아기들은 맞서 싸우는 투사들이다. 저항 애착 엄마들은 기분파인 경우가 많다. 기분이 좋을 때는 '금쪽 같은 내 새끼' 하며 아기를 물고 빤다. 그런데 기분이 좋지 않으면 사정이 달라진다. 별것 아닌 일에도 아기에게 화를 내거나 방치한다. 엄마의 기분 일기예보에 따라 아기의 기분도 널뛰기한다.

일관성 없는 엄마의 태도를 겪으며 아기는 혼란스러워지고 양가감정이 생긴다. 마음 한쪽엔 예뻐해 주는 엄마에 대한 사랑이 자란다. 하지만 다른 한편엔 화가 쌓여 간다. 공격하고 방치하는 엄마에게 맞서 싸울 반격 에너지가 응축되어 가는 것이다.

같이 있던 엄마가 사라지면 저항 애착 아기는 울고불고 난리가 난다. 엄마가 날 버리고 갔나 싶어 불안에 휩싸인다. 잠시 후 사라졌던 엄마가 나타나면 반가워 엄마에게 달려간다. 엄마 찾아 삼만 리를 헤매지 않아도 사랑하는 엄마가 나를 위해 돌아와 주었다. 여기까진 마음 한쪽에 있던 엄마에 대한 사랑이 나를 이끌었다. 그런데 이건 좀 아닌 것 같다. 왜 또 방치해서 날 불안하게 했나 화가 솟구쳐 오른다. 아기는 '다시는 나를 버리지 말라.'고 경고하듯 엄마를 때리며 몸부림치기 시작한다.

애착은 대물림 된다고 하지 않았나. 아기가 저항 애착이면 엄마도 같을 수 있다. 아기가 울면서 달려오니 아기에 대한 사랑이 느껴져 엄마도 아기를 안았다. 거기까진 좋았다. 그런데 아기가 때리며 공격하니 엄마도 똑같이 화내며 아기를 공격하기 시작한다. 저항 애착들은 불꽃이 튀듯 자극에 반응한다. 눈에는 눈, 이에는 이로.

아기는 감정을 체험할 뿐 무슨 감정을 느끼는지 스스로 알아채기 어렵다. 기분이 좋지는 않은데 무슨 기분인지 모르겠다는 어른들도 있지 않은가. 자신이 경험하는 감정을 알아챌 수 있으면 감정 조절 능력이 자연히 키워진다. 하지만 아기 때는 감정을 알아채는 뇌의 하드웨어도 준비되지 않았고 소프트웨어도 깔려 있지 않다. 하드웨어는 커 가면서 알아서 발달하고 준비된다. 하지만 소프트웨어는 자동으로 깔리지 않고 주로 부모가 설치해 준다.

만약 아기가 때리고 몸부림칠 때 엄마가 안정 애착으로 변신할 수 있다면 상황은 달라진다. "엄마가 와서 좋지만 왜 두고 갔나 불안하고 화도 났었쩌!" 이렇게 엄마가 아기의 양가감정을 읽어 주면 아기의 뇌에 소프트웨어가 설치되어 간다. 자신의 감정을 알아채는 프로그램이.

엄마의 변신이 없다면 아기는 저항 애착 그대로 자라날 가능성이 높다. 그렇게 어른이 되면 연애할 때도 같은 양상이 펼쳐진다. 남자친구가 연락 없이 10분만 늦어도 불안하고 걱정되어 난리가 난다. '사고라고 난 건가?', '내가 싫어서 떠난 건가?'

그러다 남친이 나타나면 달려가 안긴다. 그리고 안기자마자 갑자기 남친을 때리며 화를 퍼부어 댄다. 만약 남친이 가만히 맞고만 있으면 여친은 자신을 사랑해서 받아 주는 것으로 생각한다. 하지만 남친은 회피성 애착이라 갑작스러운 공격에 얼어붙은 것일 수 있다.

애착 그 이후

아기 때의 애착 유형은 성인이 된 후의 연애에도 영향을 미칠 수 있다. 회피성 애착은 먼저 다가가는 것이 어렵기 때문에 자신처럼 감정적으로 닫혀 있는 파트너는 피하곤 한다. 그래서 회피성 애착끼리 짝이 되는 경우는 드물다. 저항 애착도 마찬가지이다. 저항 애착은 자신처럼 변덕스러운 파트너는 피한다. 그래서 저항 애착끼리도 짝이 되긴 어렵다.

저항 애착은 안정 애착과도 심리 궁합이 어울리는 편이 아니다. 저항 애착 여성이 안정 애착 남자를 만나면 사람은 좋은데 왠지 끌리지 않는다고 한다. 서로 잘 끌리는 관계는 저항 애착과 회피성 애착이다. 특히 저항 애착 여자와 회피성 애착 남자 간의 짝이 흔하다.

애착 유형에 따라 사랑에 대한 생각도 사뭇 다르다. 안정 애착은 진실한 사랑이 있다고 믿곤 한다. 일단 사랑이 찾아오면 지속된다고도 믿는데, 실제로 관계 지속 기간이 가장 긴 것으로 나타났다. 회피 애착은 낭만적인 사랑을 냉소적으로 보기도 하고 애인의 결점을 수용하기 어려워한다. 다른 유형에 비해 사랑에 빠지는 경험도 가장 적다. 저항 애착은 성적 끌림이나 질투 때문에 사랑에 강박적으로 집착하는 경향이 있다. 상대와 하나가 되고 싶은 열망이 강하고 첫눈에 사랑에 빠지는 경험도 가장 많다.

애착 방식은 연애뿐만 아니라 스트레스에도 영향을 미친다. 사람들은 태어날 때 비슷한 개수의 스트레스 유전자를 가지고 태어난다. 그런데 그 가운데 스위치가 켜진 것도 있고 꺼져 있는 것도 있다.

스트레스 유전자 스위치가 많이 꺼져 있으면 같은 자극에도 스트레스를 덜 받는다. 연구에 따르면 아기 때 돌봄을 잘 받을수록 스트레스를 유발하는 유전자의 스위치가 적게 켜진다고 한다. 그러면 아기의 뇌 회로는 스트레스 반응을 감소시키는 방향으로 형성된다. 아기 때의 돌봄 방식이 스트레스 예민성에도 영향을 미치는 것이다.

어려서 돌봄을 잘 받지 못한 사람들은 어떻게 될까? 스트레스에 취약한 멘탈 흙수저로 성장할 확률이 상대적으로 높아진다. 하지만 어려서 흙수저였다고 평생 흙수저로 살란 법은 없다. 최신 연구에 따르면 성인이 된 후에도 유전자 스위치를 끄거나 켤 수 있는 것으로 나타났다. 애착 이론에서도 유전자 스위치를 스스로 바꾼 사람들의 사례가 보고되는데, 이들을 획득형 안정 애착이라 부른다. 이들은 부모에게 안정 애착을 대물림 받은 것이 아니라 스스로의 부단한 노력을 통해 애착 성향을 셀프로 바꾼 사람들이다.

핵심 감정

아기를 키우는 집에서는 안정 애착이 중요할 수 있다. 자신의 어렸을 때 상처가 아기에게 대물림 되지 않게 하려고 부단히 노력하는 부모들이 많다. 그런데 애착은 아기를 키우는 집만의 전유물일까? 꼭 그렇지만은 않다. 애착은 멘탈 관리에 관심 있는 사람들이 들러 보는 각광받는 코스 가운데 하나이다. 기억도 나지 않는 아기 때 이야기인데 무엇 때문에 애착에 주목하는 것일까? 그건 취약성 세트 메뉴 가운데 핵심 멤버인 감정의 뿌리가 애착으로 연결되는 경우가 많기 때문이다.

회피성 애착의 예를 들어 보자. 회피성 애착은 거절당할 때 느끼는 감정적 고통에 취약하다. 이들은 아기 때부터 무언가를 요구해도 거절되는 쓰라린 감정을 경험했다. 거절당할 때마다 깨진 유리창 틈으로 찬바람이 쌩쌩 들어와 춥다. 그래서 거절당할 만한 상황은 피한다. 자연스레 부탁하는 일도 잘 하지 못한다. 부탁하는 순간 거절당할 위험이 크지 않은가.

나는 회피성 애착으로 자랐다. 어려서부터 덮던 이불이 포근한 접촉감을 주는 애착 대상이었는데, 그 이불을 결혼 후에도 싸 들고 와서 덮고 잤다. 큰애가 이불에 오줌을 쌌을 땐 솜을 틀어 어떻게든 이불을 살려 냈다. 그런데 둘째가 오줌을 쌌을 땐 도저히 살릴 수 없어 눈물을 머금고 떠나보내 줘야 했다. 이불을 떠나보낸 후 한동안 얼마나 허전했나 모른다. 그게 뭐라고.

불안정 애착이 심리학계에는 꽤 많다. 심리상담사들 워크숍에 가보니 무작위로 소그룹을 나누었는데 내가 속한 그룹의 6명 가운데 5명이 회피성 애착이었다.

불안정 애착이 뭐든 그렇게 살아왔고 삶의 방식 가운데 하나일 수 있다. 그런데 그로 인해 손해를 보는 건 다른 얘기였다. 내가 회피성 애착이라는 것은 일찍이 어렴풋이 알고 있었다. 그런데 지도교수에게 추천서 부탁을 하지 못해 유학의 기회를 통째로 날려 버릴 때까지도 모르고 있었다. 내 멘탈 항아리에 거절에 대한 두려움이 그렇게나 큰 구멍으로 뚫려 있었을 줄은.

스마트폰을 별로 쓰지도 않는데 배터리가 빠르게 닳는다면 사용자가 모르는 앱이 작동되고 있을 가능성이 크다. 재발하는 취약성의 세트 메뉴를 들여다보면 어렸을 때부터 깔린 감정 앱이 발견되는 경우가 많다. 이 앱은 핵심 감정이라 불리기도 하는데 느끼고 싶지 않은데도 수시로 켜지면서 멘탈을 사정없이 흔들어 댈 수 있다. 대부분 용량도 커서 커다란 자리를 차지하며 멘탈 배터리를 빠르게 방전시키기도 한다.

배터리를 잡아먹는 앱이 무엇이든 사용자가 알아야 끄거나 삭제할 수 있다. 감정 앱의 경우도 그렇다. 사용자가 정체를 알아야 관리가 가능하다. 인지 공화국의 방식대로 취약성 관리를 해도 해소되지 않는 불쾌한 감정이 있다면 별개로 작동되고 있는 감정 앱이 깔려 있나 의심해 볼 만하다. 앞서 소개한 취약성 기록지 작업을 하다 보면 해소되지 않고 반복되는 감정의 정체가 자연스레 드러난다. 이런 감정들은 특별한 관심을 기울일 필요가 있기에 책의 다른 코스에서 관리법을 알아볼 것이다.

그에 앞서 애착 이론의 발견 가운데 살펴볼 것이 하나 더 있다. 성인을 대상으로 애착 인터뷰를 해 보면 애착 유형이 바뀔 사람과 계속 유지될 사람이 나뉜다고 한다. 이들을 나누는 기준은 의외로 간단하다. 어린 시절의 영향을 인정하고 수용하는지가 관건이다.

애착 유형이 유지되는 사람들은 부모에 대해 질문 받으면 이렇게 대답하곤 한다. "인간 같지도 않은 그 인간 얘기는 왜 묻습니까? 나랑 상관없는 인간입니다. 연락 끊고 산 지 오랩니다. 더 할 말 없으니 그만 물으세요."

이들은 부모나 불행했던 과거가 자신에게 어떤 영향을 끼치는지 돌아보길 힘들어한다. 그러면서 부친이 그랬듯 자신도 똑같이 스트레스를 받을 때마다 술에 의존하며 알코올중독자가 되어 간다.

애착 성향이 바뀌는 사람들은 다른 방식으로 대답한다. "어린 시절은 끔찍했어요. 생각하기도 싫었고요. 엄마처럼 살지 않겠다 그렇게 다짐했건만, 어느 순간 엄마와 똑같아져 가는 나를 발견하곤 소스라치게 놀란 적도 있어요. 엄마를 참 많이도 원망했었는데 그래도 어쩌겠어요. 미우나 고우나 내 엄마인데. 나라도 내 딸에게 조금은 더 나은 엄마가 되어 주려 노력하고 있어요."

이들은 과거가 현재의 자신에게 어떤 영향을 끼쳤는지 들여다보고 끌어안는 마음을 내곤 한다. 그러면서 자신이 관리할 수 있는 것에 집중하는 자기 통제력을 발휘한다.

반복되는 힘든 감정이 있다면 자신의 감정 패턴에 관심을 기울일 필요가 있다. 이런 감정들은 뿌리가 깊어 관리가 쉽지만은 않을 수 있다. 하지만 잡초가 자란다고 손 놓고 있으면 언젠가 정원은 잡초로 가득한 황무지가 되고 만다. 아무리 잘라 내도 또 자라더라도 관리하기만 한다면 적어도 내 집 정원은 가꿀 수 있다. 내가 원하던 나의 정원으로.

이번 장에서는 멘탈 취약성에 대해 알아보았다. 인지 공화국에서는 깨진 유리창을 '생각'에서 찾았다. 자동화된 생각을 바꾸어 취약성 세트 메뉴의 감정과 행동을 바꿔 보려 한다. 그런데 애착 이론의 관점은 다르다. 인지 공화국에서 주목하는 생각은 아주 어려서부터 시작된 것이라 주장한다. 상처받은 감정의 토양에 뿌리를 깊게 내리면서 자라난 거라고. 그렇기에 깨진 유리창은 '감정'이라고.

깨진 유리창을 생각에서 뒤지든 감정에서 찾든 취약성은 반복되며 작동한다. 무언가가 작동하려면 실체가 어딘가에 저장되어 있어야 한다. 보이지 않는 멘탈이지만 허공에서 작동하는 것은 아니지 않겠는가.

멘탈 취약성은 우리 몸 어딘가에 하드웨어와 소프트웨어로 저장되어 있다. 다음 장에서는 뇌 하드웨어부터 살펴보려 한다. 뇌는 사람마다 호불호가 갈린다. 좋아하거나 어렵다고 관심 끄거나. 멘탈은 좋으나 싫으나 평생 써야 할 도구 아니런가. 뇌에 대해 알아 갈수록 멘탈 관리 능력치가 전반적으로 업그레이드될 수 있다.

2장

멘탈 하드웨어 관리

• 1 •

다이어트 싫어하는 신경 세포

머리에 환한 등이 켜진 느낌이었다. 시험 준비를 하던 책상 위의 형광펜, 연습장, 쥐고 있는 볼펜과 책의 글자들이 선명하게 의식되기 시작했다. 그러다 갑자기 책의 글자들이 눈에 빨려 들어오는 듯했다. 지금까지 살아오면서 이렇게 몰입된 적이 있었나 싶었다. 3년 전만 해도 책을 반 쪽도 못 읽고 '대가리가 썩었어.'를 연발했는데 도대체 무슨 일이 벌어진 것일까?

대학 2학년이 끝나고 도망치듯 간 군대는 숨구멍을 터 주는 곳이었다. 대학 생활의 무한 자유가 일시에 사라졌건만 오히려 그것이 나에겐 위안이었다. 누리지 못하는 자유는 짐이자 고통이었을 뿐이다. 더 이상 누구와 밥을 먹을지 고민할 필요가 없어졌다. 정해진 시간에 주는 대로 짬밥을 먹으면 되니까. 나만 힘들고 이상한 사람 같던 자괴감도 사라졌다. 모두가 힘들어 보였으니까. 무엇보다 대가리가 썩었다는 생각도 들지 않았다. 책을 읽지 않아도 되었으니. 게다가 군에 가면 멀쩡하던 머리도 녹슨다지 않는가.

제대하고 나니 내 머리는 더 이상 썩어 있지 않았다. 여느 복학생들처럼 녹슬어 있었을 뿐. 나만 녹슨 것도 아니니 억울할 것도 없었다. 마음을 굳게 먹고 학자의 꿈을 위해 대학원 시험 준비를 해야 했다. 입대 전 펑크 났던 학점들이 태산이라 재수강도 많고 하루가 빡빡하게 돌아갔다. 매일 같은 시간, 도서관의 같은 자리에 앉아 머리를 쥐어짜며 녹슨 머리에 기름칠을 해 보려고 몇 달을 낑낑대고 있었다. 고3은 연습이었나 싶게 느껴질 정도였다.

머리에 불이 켜진 것은, 그렇게 반복되던 날의 어느 순간이었다. 그렇게 머리가 환해지는 경험은 잠시뿐이었다. 하지만 모든 것이 온전히 의식되는 체험은 강렬했다. 아주 잠시뿐이었지만 그 순간만큼은 자욱하던 안개가 갑자기 걷히고 온 세상이 선명해지는 느낌이었다. 한때 썩었다 믿었던 내 머리가 어떻게 이럴 수 있나 의아했고 무슨 일이 일어났는지 알고 싶었다. 자연히 대학원에 간 후에도 나의 관심은 뇌에 대한 정보로 향했다.

빠르게 발전하는 IT 기술에 비하면 멘탈 정보의 발전 속도는 거북이걸음 같다. 하지만 이 분야에서도 엄청난 속도로 정보를 쏟아 내는 파벌이 하나 있다. 바로 신경과학이다. 멘탈은 보이지 않기에 하늘에 떠다니는 뜬구름같이 느껴질 수 있다. 분명히 있기는 한데 실체가 잡히지 않고 막연할 수도 있기에. 뇌에 대한 지식은 멘탈에 대한 느낌을 바꿔 줄 수 있다. 가까이 있을 뿐만 아니라 손에 잡힐 만한 구체적인 것으로. 우리에게 필요한 것은 엄청나게 많은 정보와 해박한 뇌 지식이 아니다. 내 멘탈에서 무슨 일이 일어나는지 이해하고 관리할 수 있는 정도의 정보면 충분하다.

스피드는 나의 힘
'뇌국'이라는 나라가 있다. 한국이나 미국처럼 지구 위에 존재하는 나라는 아니다. 이 나라에는 세포들이 모여 살고 있는데 인구는 1,000억이나 된다. 엄청 많은 인구에 비해 나라 크기는 정말 작다. 무게는 1.5kg 정도로 사람 머리 반보다도 작다. 이 작은 나라에 바글바글 모여 사는 종족은 신경이라 불린다. 영어로는 뉴런이라 부르는데 '아이 신경질 나!' 할 때의 그 신경이 아니다. 대한민국에 사는 사람들을 한국인이라 부르는 것처럼 뇌국 국민을 부르는 호칭이 신경이다.

뇌를 이해하려면 뇌국에서 살아가는 신경에 대해 먼저 알아 두는 것이 좋다. 신경은 뇌를 이루는 가장 작은 단위의 지능을 가진 세포이다. 신경들의 생업은 통신업으로, 대부분의 신경은 정보를 주고받으며 생계를 유지한다. 신경들의 세상에선 시간이 돈이 아니라 스피드가 곧 돈이다. 얼마나 빠르고 정확하게 정보를 전달할 수 있느냐에 따라 생존뿐만 아니라 출세도 보장된다.

인간 세상에서는 출세하기 위해 외모나 스펙에 집착하곤 한다. 신경들도 마찬가지이다. 출세하겠다고 외모에 집착한다. 단지 외모에 집착하는 이유가 사람들과 다를 뿐.

사람들은 외모가 출중하면 성격도 좋고 능력도 뛰어날 것이라고 착각하는 경향이 있다. 실제로 빼어난 외모 덕에 출세하는 경우도 있기에 후광효과라는 용어도 생겨났다. 그런데 신경들의 나라에서는 외모가 빼어나면 실제로 능력이 좋다. 이들에겐 외모가 착각이 아닌 진짜 스펙이다.

신경의 생김새를 살펴보면 외모가 어떻게 스펙이 되는지 짐작할 수 있다. 하나의 신경 세포는 민들레처럼 생겼다. 민들레와 싱크로율 45% 정도랄까?

민들레 꽃 부위를 신경의 머리로, 뿌리를 신경의 발가락쯤으로 보면 된다. 그리고 민들레 줄기가 신경의 허리인데, 허리 길이는 신경들마다 다양하다. 어떤 신경은 허리가 1mm도 안 되게 짧고, 사람 팔 하나 길이만큼 허리가 긴 신경도 있다.

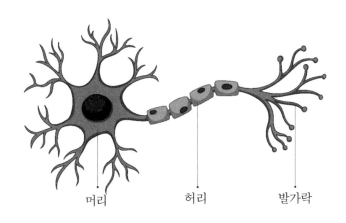

머리　　　　　　허리　　　　　　발가락

허리 길이가 길든 짧든 신경들은 별로 개의치 않는다. 이들에게 중요한 건 허리 두께이다. 신경들의 허리는 대부분 S라인이다. 사람들 세상에선 날씬하게 빠진 S라인 허리를 선망한다. 하지만 신경들은 다르다. 다이어트를 해 허리가 얇아질수록 폭망한다. 허리가 얇을수록 정보 전달 속도가 느려지기 때문이다. 이들의 세상에선 스피드가 돈이라 했다. 스피드가 떨어질수록 돈을 못 버니 생계가 어려워진다.

　그런데 다이어트한 신경의 얇은 허리는 왜 스피드가 떨어지는 것일까? 굶어서 힘이 없어서 그럴까?

전기가 흐르는 S라인 허리

심장마비가 온 사람에게 응급조치하는 장면을 본 적이 있는가? 의사가 다급하게 다리미같이 생긴 기기 두 개를 가슴에 대고 전기충격을 준다. 전기충격을 받은 환자의 몸은 새우처럼 휘며 출렁인다. 그래도 심장이 뛰지 않으면 전기충격의 강도를 높인다. 충격이 강할수록 환자의 몸은 더 심하게 출렁대지만 그러다가 멈춘 심장이 갑자기 뛰는 경우가 있다.

그렇게 전기충격을 주어 심장이 다시 뛰면 다행이지만, 멈춘 심장을 뛰게 하기 위해 왜 굳이 전기충격을 주는 것일까? 잘못하면 감전될 수도 있을 텐데 말이다.

심장은 혼자 뛰지 못한다. 심장근육에 연결된 신경에서 '움직여'라는 정보를 전해 줘야 꿈틀댈 수 있다. 이 '움직여' 신호가 오지 않으면 심장은 뛰지 못하고 가만히 기다려야 한다. 신호 대기 받고 정지해서 기다리는 차들처럼 말이다. 파란불이 켜져야 출발할 수 있는데 신호등 불이 나가 차들이 출발하지 못하고 있다. 이때 신호등에 전기충격을 주면 불이 들어오는 경우가 있다. 불이 들어와 '움직여' 신호가 전달되면 심장도 다시 뛸 수 있게 된다.

요즘은 보기 어렵지만, 예전엔 수동 펌프가 많았다. 한동안 안 쓰던 수동 펌프는 말라 있어서 펌프질해도 물이 나오지 않는다. 이때 마중물을 붓고 나면 물이 잘 나온다. 전기충격은 멈춘 심상이 다시 뛰게 하는 마중물 역할을 한다. 전기충격을 주면 심장에 연결된 신경에 다시금 전기가 흐를 수 있다.

멈춘 심장에 마중물 역할로 전기충격이 필요한 이유는 신경에서 전기가 흐르기 때문이다. 신경에 전기가 흐른다는 사실이 밝혀진 지는 그리 오래되지 않았다. 처음 이를 발견한 사람들은 궁금해했다. 신경은 구리나 금속으로 되어 있지 않다. 몸의 피부와 같은 유기물로 되어 있다. 그런데 어떻게 유기물인 세포에서 전기가 흐르는데 까맣게 타지 않을까? 구리선에서 전기가 흐르는 것과는 다른 방식으로 전기가 흐르는 것일까? 이를 밝혀내기 위해 많은 연구가 진행되었는데 특이한 실험 하나만 살펴보자.

신경에서 전기가 얼마나 빨리 흐르는지 궁금했던 연구자가 있었다. 그가 고안한 실험은 간단했다. 지렁이의 똥꼬를 핀셋으로 찌른 후 얼마 만에 지렁이가 꿈틀대는지 시간을 재기만 하면 되었다. 똥꼬가 찔렸다는 정보는 신경의 S라인 허리를 통해 지렁이의 머리까지 전달된다. 그러면 지렁이 머리에서 '찔렸으면 피해야지.'라는 정보를 온몸에 전달한다. 움직이라는 정보가 전달되면 지렁이의 몸은 꿈틀댄다.

여기서 실험자가 알아보려 한 것은 똥꼬를 찔리고 나서 지렁이가 꿈틀댈 때까지 걸리는 시간이었다. 만약 구리선에서 전기가 흐르는 것처럼 신경 안에서 전기가 빠르게 흐른다면 지렁이는 찔리자마자 꿈틀댔을 것이다. 구리선에서는 전기가 엄청 빠르게 전달되기 때문이다. 그런데 지렁이의 반응 속도는 예상보다 꽤 느렸다. 이 간단한 실험을 통해 신경에서 흐르는 전기는 구리선과는 다른 방식으로 전달된다는 것이 확인되었다. 이후 신경에서 정보가 어떻게 전달되는지 밝혀내려는 연구가 쏟아졌고 이 분야의 연구들은 노벨상을 쓸어 담았다.

신경의 정보 전달 과정은 복잡하다. 정보가 전기로 흐르다가 화학 물질로 바뀌기를 반복한다. 하나의 신경 세포에서는 정보가 전기로 흐르다가 다른 신경과 연결되는 발가락 부분에 가서는 화학 물질이 쏟아져 나온다.

신경의 발가락에서 나오는 화학 물질의 정체가 뭔지, 어떤 역할을 하는지 알게 되면서 우울증과 불안장애 약도 개발될 수 있었다. 신경에서 만들어지는 화학 물질이 의욕과 감정을 조절한다는 사실이 밝혀진 덕분이다. 그런데 관련 분야 종사자가 아니라면 복잡한 정보 전달 과정을 다 알 필요는 없다. 멘탈 관리를 위해서는 신경들의 외모만 기억해도 족하다. 특히 S라인 허리.

집에서 쓰는 전깃줄의 굵기가 가늘든 굵든 전기의 전송 속도는 거의 차이가 없다. 그런데 신경의 경우는 다르다. S라인 허리 굵기에 따라 전송 속도 차이가 꽤 많이 난다. 하수도에 물을 부을 때 수도관이 좁은 것과 넓은 것 중 어느 쪽 물이 더 잘 내려갈까? 당연히 넓은 수도관이다. 신경도 그렇다. S라인 허리가 굵을수록 전기가 더 빨리 전달된다. 어떻게 해서든 살이 쪄 허리 둘레가 두꺼워지는 신경들이 금수저를 물게 된다.

어떤 신경들은 허리둘레가 엄청나게 불어난 나머지 더 이상 맞는 옷이 없을 때까지 뚱뚱해지는 것들도 있다. 이런 신경에게는 포상으로 나라에서 수초라 불리는 특별한 옷을 선사해 준다. 이 옷에는 특수한 기능이 장착되어 있어 허리에 수초 옷을 걸치는 순간 스피드가 넘사벽 수준으로 점프한다. 수초 옷을 입은 신경들은 귀한 몸이라 그런지 때깔도 좋아 현미경으로 들여다보면 보통의 신경들과 색도 다르다.

누군가가 환생하여 신경들의 세상에 살게 된다면 궁금할 것이다. 금수저를 문 신경들은 도대체 어떻게 해서 허리둘레를 그렇게 키울 수 있었는지.

게다가 어떻게 해서 때깔 좋은 수초 옷까지 입을 수 있게 되었는지. 마치 인간 세상에서 부자들이 어떻게 돈을 벌고 성공했는지 비결이 궁금한 것처럼 말이다.

신경들 세상의 달인

한때 유행하던 생활의 달인이라는 프로가 있다. 달인들의 빠른 손놀림을 보고 있자면 인간이 어떻게 저렇게까지 할 수 있나 탄성이 나오는 장면들이 많았다. 그 가운데서도 특히나 내 시선을 사로잡은 달인이 있었는데 오토바이로 신문을 배달하는 분이셨다. 예전에 알바로 신문 배달을 한 적이 있는데 가장 피하고 싶은 지역이 연립 주택 단지였다. 연립 주택은 대부분 엘리베이터도 없어서 3~4층 계단을 몇 번만 오르락내리락해도 땀이 흐르고 다리에 힘이 풀리곤 했다.

마침 달인도 그런 연립 주택 단지를 오토바이를 타고 지나가고 있었다. 그런데 이분은 오토바이를 타고 달리는 중에 멈추지도 않고 비닐에 담긴 신문을 공중으로 휙 하니 던지는 것이었다. 이후의 광경은 눈으로 보고도 믿기 어려웠다. 날아간 신문은 연립 주택 3층의 조금 열려 있는 창문 틈으로 쏙 들어갔다.

한두 번이면 우연이다 싶었을 것이다. 그런데 신문을 던지는 족족 마치 코앞에서 던져 넣은 것처럼 그 많은 빌라들의 창문 틈으로 신문들이 정확하게 골인해 들어갔다. 오토바이를 타고 달리다가 대충 보고 막 던지는 것 같은데 어떻게 그렇게 정확히 골인이 되냐고 누군가가 묻자 달인이 대답했다. "많이

해 봤기 때문에 감이 생겨서 그래요."

무슨 감을 얼마나 많이 먹으면 그렇게 될 수 있을까? 달인의 짧은 대답에는 뇌국에 사는 신경들이 간절히 알고 싶어 하는 비밀이 담겨 있다. S라인 허리를 뚱뚱하게 만들 수 있는 최고의 비결. 너무도 간단해서 잔뜩 기대했던 마음을 단방에 허탈하게 만들 수 있는 대답. 수능 만점자에게 공부 비결을 물어볼 때마다 반복되는 '교과서 위주로 철저히 공부했어요.' 같은 대답.

그 비결은 이렇다. "많이 해 봐서." 한 단어로 요약하자면 '반복'이다.

무언가를 반복하면 그 일을 담당하는 신경의 S라인 허리는 뚱뚱해진다. 달인의 팔과 손동작을 담당하는 신경들도 한때는 얇은 S라인 허리였을 것이다. 그런데 달인이 매일같이 반복해서 신문을 공중으로 날리자 신경의 허리는 점차 두꺼워져 갔다. 하지만 어정쩡한 두께로는 달인 축에 끼기 어렵다. 달인은 신경의 허리가 더 이상 뚱뚱해지기 어려워질 때까지 신문 던지기를 반복했을 것이다. 그리고 헐크로 변신할 때 옷이 찢어지는 것처럼 허리 두께가 한계를 돌파할 정도로 뚱뚱해진 순간 뇌국으로부터 수초 옷을 하사받았을 것이다.

수초 옷을 두르면 신경은 금수저를 물게 된다. 하지만 사람은 다른 경험을 한다. 자신의 신경이 수초 옷을 둘렀는지 전혀 관심이 없다. 사람들 세상에서 그딴 옷은 중요치 않다. 그저 왠지 던지면 쏙 골인할 것 같은 느낌이 든다. 아무런 의구심 없이 당연히 될 것 같은 느낌이. 달인들에게 어떻게 그렇게 잘하냐고 물으면 대수롭지 않다는 듯 비슷한 대답을 한다. "감으로 하는 거예요.", "감이 생겨서 그래요."

감이 생긴 달인들의 신경은 엄청난 속도로 정보를 처리하며 계산해 낸다. 어떤 각도로 손가락을 틀어 얼마만큼의 힘으로 신문을 던지면 저 연립 주택 3층 창문 틈으로 신문이 쏙 들어갈지. 그리고 그 정밀한 계산은 매번 정확한 결과물을 만들어 내곤 한다. 초고속 정보 처리 속도가 뒷받침해 주기에.

반복하면 잘하게 된다. 자전거 타기도 처음엔 자꾸 넘어지고 뒤뚱거린다. 하지만 계속 반복해 타다 보면 어느 순간 감이 생기고 잘 타게 된다. 어떻게 잘 타게 되었는지 모르면서도 말이다. 우울증에 빠지는 것도 반복의 결과이다. 좌절이 반복되다 보면 '난 뭘 해도 안 돼.', '대가리가 썩었어.', '난 루저야.' 같은 생각을 반복하기 마련이다. 같은 생각을 반복하면 그 일을 담당하는 신경의 허리는 점차 두꺼워진다.

반복하면 S라인 허리가 두꺼워진다는 발견은 뇌국에서는 뉴턴의 제1법칙 같은 대발견이었다. 그런데 반복만으론 설명되지 않는 것이 있다. 적당히 우울한 사람이 있는가 하면 엄청나게 빨리 우울해질 수 있는 우울증 달인도 있다. 20년 동안 매일 반복해 신문을 던져도 적당히 잘 던지는 실력자도 있고 던지는 족족 정확히 골인시키는 달인도 있다. 반복하면 잘하게 된다고 해도 적당히 잘하는 사람과 달인 사이에는 엄연한 실력 차이가 존재한다. 달인에게는 반복 외에도 실력이 더 점프할 수 있는 다른 비법이 있는 게 아닐까?

바짝 주의를 기울이기

거위는 알에서 깨자마자 처음 본 움직이는 물체를 엄마로 받아들인다. 이 사실을 알고 거위들이 알에서 깨어날 때를 기다렸다가 거위 엄마가 된 남자가 있다. 화장실에 갈 때도, 차를 타고 마트에 갈 때도 거위들은 그 남자가 엄마인 줄 알고 따라다녔다.

거위의 뇌신경에는 엄마를 알아볼 수 있는 입력 시간이 정해져 있다. 본인 인증 문자 입력에 제한 시간이 있는 것처럼 말이다. 이 정해진 입력 시간을 임계기라 한다. 임계기가 지나면 신경이 닫히는데 입력 시간 이후 진짜 엄마 거위가 뒤늦게 나타나도 엄마로 인식하지 못한다.

거위와 다르긴 해도 사람들도 어렸을 때 임계기를 거친다. 임계기의 뇌는 매우 민감하다. 아주 작은 자극에 노출되기만 해도 변화가 일어난다. 그래서 어려서 말을 배울 때 부모가 말하는 걸 듣기만 해도 소리나 문법을 쉽게 배울 수 있다. 마치 만능 학습 기계가 온종일 켜져 있으면서 자극을 스펀지처럼 흡수하는 것과 같다.

아기의 뇌는 살면서 뭐가 중요하게 될지 알 도리가 없다. 경험도 없고 자신이 살아갈 세상에 대한 정보도 부족하기에. 그래서 임계기 동안에는 모든 것에 주의를 열어 놓고 닥치는 대로 흡수한다. 밤새 싸워 대는 엄마 아빠의 고함도, 보들보들한 강아지 털의 촉감도, 코를 시큼하게 찔러 대는 묵은지 김치 냄새도 말이다. 오감을 통해 어떤 정보가 들어오든 차별을 두지 않는다.

그렇게 모든 것에 주의를 기울이는 시절은 오래 지속되지 않는다. 아이는 곧 차별에 익숙해진다. 스마트폰의 화려한 영상에는 푹 빠져들고 엄마의 잔소리는 듣는 둥 마는 둥 한다.

'뭣이 중헌디?'를 판단할 수 있는 나이가 되면 주의를 기울일 가치가 있는 것과 없는 것을 구분하기 시작한다. 이때쯤 되면 만능 학습 기계는 꺼지고, 임계기 신경은 닫힌다. 이후에는 자신이 관심 있는 것에 주의를 기울이고 애써야 하는 노력의 학습 시대가 열린다.

임계기가 지난 신경들은 더 이상 아무거나 쉽게 학습하지 않는다. 한국말은 애쓰지 않고도 쉽게 배웠는데 영어 단어는 죽어라 외워야 한다. 외우는 게 힘들다 보니 시험공부 할 때 자기 머리를 마구 때리는 사람도 있다. '야 이 돌대가리야. 이거 중요하니까 외워, 제발 좀 외우라고!!' 아무리 책상에 머리를 박으며 중요하다 외쳐 봤자 신경은 못 알아듣는다. 중요한 게 뭔지 알려 주려면 신경들의 언어로 알려 줘야 한다.

신경 나라 뉴턴 제1법칙은 신경과 대화할 수 있는 가장 쉬운 방법이다. 신경이 알아듣게 만들려면 그저 반복하면 된다. 반복하면 신경이 점점 관심을 둔다. '이걸 자꾸 반복하네. 이게 중요한 거였어? 이걸 잘하면 되는 거야?'

제1법칙은 때와 장소를 가리지 않고 언제나 통한다. 하지만 그걸로 충분하진 않다. 달인이 되고 싶다면 제2법칙도 터득해야 한다. 제2법칙은 중요한 게 뭔지 신경에게 더 확실히 알려 주는 방법이다. 제1법칙보다 엄청나게 길어서 무려 3단어나 되는데, 그 법칙은 '바짝 주의를 기울이기'이다.

달인들이 뭔가를 배울 때는 대충하면서 반복하지 않는다. 바짝 주의를 기울이면서 배운다. 대충 주의를 기울여서는 그게 얼마나 중요한지 신경이 알아채기 어렵다.

뭔가에 바짝 주의를 기울인다는 게 이를테면 어떤 것일까? 돼지꿈을 꿔서 로또를 샀다. 당첨 번호를 발표하는데 6개 숫자 중 5개가 맞았다. 1개만 더 맞으면 오징어 게임 1등 상금에서 0 하나 뺀 거금을 얻는다. 그 순간에 저녁 반찬으로 뭘 할지, 내일 눈이 온다는데 출근길이 막히지 않을지 걱정할 사람이 있을까? 온 신경이 남은 숫자 하나에만 온통 쏠릴 것이다. 그렇게 무언가에 바짝 주의를 기울이는 순간 신경 나라에서는 큰 변동이 일어난다. 닫혀 있던 임계기 신경이 열리는 것이다.

신경 나라 특제 영양제

히말라야 석청이라는 것이 있다. 3,000미터 이상 높은 산 절벽에만 집을 짓는 벌들이 있는데 그 벌집에서 딴 꿀이 석청이다. 이 꿀은 산삼같이 효능이 탁월하고 귀해 왕실에서나 먹을 수 있었다. 그 귀한 석청을 예전에 히말라야 갔을 때 거금 주고 산 적이 있다. (나중에 알고 보니 설탕물을 석청인 줄 알고 속아 샀음을 알고 갖다 버렸지만.)

신경 나라에는 가짜 아닌 진품 석청같이 효능이 탁월한 영양제가 있다. 매우 귀하기에 1,000억 마리 신경 세포 모두에게 다 먹일 순 없다. 어떤 신경에게 이 영양제를 먹일지는 사람이 정해야 한다. 바짝 주의를 기울임으로써.

신경 나라의 특제 영양제는 수십 년 전에 발견되었다. 이 발견도 역시 노벨상을 탔다. 이 영양제는 임계기의 뇌가 빠르게 달라질 수 있도록 촉진하는 역할을 한다*. 손수레에 연탄을 잔뜩 싣고 비탈길을 낑낑대며 올라가고 있는데 지나가던 학생들이 우르르 몰려와 뒤에서 밀어 준다고 해 보자. 손수레의 스피드는 갑자기 빨라진다. 서로 모르던 사람들이 한 팀이 되어 어우러지는 훈훈함도 경험할 수 있다.

특제 영양제는 손수레를 밀어 주는 학생들과 같은 역할을 한다. 저명한 신경학자 머제니치^{Michael Merzenich}는 이 특제 영양제의 기능을 크게 3가지로 정리했다. 첫째, 임계기 신경이 계속 열려 있게 하여 모든 것에 주의를 기울이게 한다. 둘째, 신경들의 S라인 허리가 빨리 두꺼워지게 돕는다. 그래서 전기의 전송 속도를 높여 준다. 마지막으로 신경들의 계 모임 연결을 돕고 팀워크를 강화해 준다.

신경들은 계 모임을 좋아한다. 혼자 지내지 않고 다른 신경들과 연결되어 정보를 주고받는다. 사람들도 자주 들어가 소통하는 지역 맘 카페나 인터넷 커뮤니티가 있지 않나? 신경들도 그렇다. 주로 왕래하는 계 모임이 여럿 있다. 어느 영업의 천재가 이런 말을 했다. '고객 한 사람 뒤에는 250명이 있습니다. 한 명을 만날 때 250명의 잠재 고객을 만나는 겁니다.' 신경들은 사람들보다 인맥이 훨씬 넓다. 적게는 천 개에서, 많게는 10만 개의 신경들과 연결될 수 있다.

아까 소개했던 신문 배달의 달인은 여러 계 모임들이 연합회로 똘똘 뭉친 경우이다. 3층 창문 틈 사이로 신문을 정확히 골인시키려면 손만 잘 써서는

---

* 임계기 뇌 신경의 영양인자로 BDNF라 불림. brain derived neurotrophic factor

안 된다. 신문을 던지는 순간 오토바이가 흔들리지 않게 균형을 잡아 주는 신경들도 실수가 없어야 한다. 조금만 흔들려도 명중률이 떨어진다. 눈의 신경들은 표적과 같은 창문 틈까지 거리가 얼마나 떨어져 있나 정확히 세산해야 한다. 정밀한 작전이 성공하려면 혼자 잘한다고 되지 않는다. 팀원 모두 실수 없이 맡은 바 임무를 잘 해내야 한다.

달인이 되려면 서로 다른 역할을 하는 신경의 계 모임들이 연합회로 똘똘 뭉쳐 팀워크를 이뤄야 한다. 이런 신경들의 연합회를 신경 회로라고 부른다. 전자 기기의 회로는 여러 기능을 하는 부속들이 연결되어 작동할 수 있게 배선되어 있다. 달인이 공중에 신문을 던질 때마다 따로 놀던 신경의 계 모임들은 서로 연결되며 배선되어 간다. 신경 나라 특제 영양제는 이런 신경 회로의 연결과 배선이 빠르게 일어나게 돕는 역할을 한다.

다시 열리는 임계기

임계기 때는 신경 나라 특제 영양제가 무상급식처럼 공급된다. 묻지도 따지지도 않는다. 아무런 조건도 없다. 하지만 임계기가 지나면 무상급식은 끝난다. 그와 동시에 임계기 신경도 닫힌다. 이후부터는 특별한 조건이 갖춰질 때만 영영제가 공급된다.

아기 때는 어른들이 알아서 다 해 주지만 자랄수록 조건이 붙는다. 말을 잘 들어야 칭찬도 받고 용돈도 얻는다. 특제 영양제를 얻을 때도 그렇다. 바짝 주의를 기울여야 한다. 그런 순간에만 임계기가 잠시 열리고 영양제가 나온다.

사람들은 어떨 때 바짝 주의를 기울일까? 뭔가에 바짝 주의를 기울이는 순간은 크게 3가지로 나눌 수 있다. 놀랐을 때, 새로운 경험을 할 때, 또는 중요한 일을 겪을 때.

뇌의 최우선 목표는 사람들의 바람과는 달리, 행복이 아니라 생존이다. 감동을 받아서든 충격을 받아서든 놀랄 때는 생존에 큰 변화가 일어날 수 있다. 그래서 신경들이 알아서 바짝 주의를 기울인다. 큰 실수를 해 놀랐을 때 비난의 말을 듣는다면 그 말은 뇌리에 깊이 박히곤 한다. 임계기가 열린 신경은 자극을 스펀지처럼 흡수하기에.

새로움을 겪을 때는 어떨까. 매일 반복되는 익숙한 환경에서는 신경들이 살아남는 방법을 잘 안다. 전에 학습했던 대로 살아도 생존에 문제가 없다. 그런데 이민을 가거나 어학연수를 떠나 새로운 언어나 환경에 처한다면 어떨까? 달라지는 것들이 너무나 많다. 생존하려면 새롭게 학습을 시작해야 한다. 이럴 땐 신경들이 살아남기 위해 새로운 자극에 바짝 주의를 기울인다. 물론 다른 나라에 가서도 방구석에서 온 종일 한국 드라마를 본다면 얘기가 달라지겠지만.

다른 나라에 가지도 않고, 크게 놀랄 일도 없이 매일 반복되는 일상이라면 어떨까. 바짝 주의를 기울이는 순간이 없을까? 현대인이라면 누구나 겪어 본 순간이 있다. 시험이나 보고서 데드라인이 코앞에 다가왔을 때이다. 미리미리 시험 공부를 하고 보고서 진도도 빼고 싶지만, 발동이 잘 걸리지 않는다. 공부 좀 할라치면 생전 안 하던 책상 정리를 갑자기 하고 있고, 시험 끝나고 하고 싶은 버킷리스트 작성이 공부보다 훨씬 중요하게 느껴진다. 그러다가 시험 전날이 되면 상황이 돌변한다. 갑자기 눈에서 레이저가 발사된다. 진작부터 이렇게 공부했으면 서울대는 따놓은 당상일 거라는 생각까지 든다.

마감 시한이 다가오면 그게 뭐든 갑자기 중요해진다. 데드라인을 넘기면 겪게 될 고통이 피부로 다가오기 때문이다. 이때부터는 좋고 싫고를 따질 틈이 없다. 지금 이 순간 가장 중요한 것은 보고서를 끝내는 일이다. 온 우주에 존재하는 것은 오직 나 자신과 보고서 데드라인까지 남은 시간뿐이다. 그렇게 무언가가 중요해지는 순간에는 누가 시키지 않아도 바짝 주의를 기울이게 되기에 신경 나라 특제 영양제가 쏟아진다.

닫혀 있던 임계기는 언제든 열 수 있다. 중요한 것이 있고 그것에 바짝 주의를 기울일 수 있다면 말이다. 내 머리에 환한 등이 켜졌던 순간도 시험을 앞두고 죽어라 공부하던 때였다. 그때는 그 시험이 매우 중요했다. 고3 때보다 더 간절히.

보통 사람들은 중요한 일이 있을 때라야 바짝 주의를 기울인다. 그런데 달인들은 다르다. 시험이나 보고서 데드라인이 없어도 바짝 주의를 기울일 수 있다. 자신이 선택한 것을 중요하게 만들 수 있는 멘탈 기술이 있기 때문이다. 접시를 하루 500개 닦든 1,000개 닦든 받는 돈은 같은데 달인은 바짝 주의를 기울인다. 접시를 아무리 잘 닦아 봤자 대수냐고 대충 하라고 누가 빈정대도 개의치 않는다. 달인에게는 지금 접시를 빠르게 잘 닦는 것이 무엇보다 중요하기 때문이다.

잘 해내는 것이 꿈이나 목표를 이루는 데 도움이 되기 때문일 수도 있다.

빠르게 잘하니까 칭찬도 받고 사람들의 부러움을 받는 게 좋기 때문일 수도 있다. 아니면, 빠르게 잘하는 것이 그저 재미있기 때문일 수도 있다.

이유야 어쨌든 달인은 보통 사람과는 다른 멘탈 기술을 발휘한다. 무언가를 중요하게 여기는 마음을 지속시킬 줄 안다. 하루 이틀 하다가 관심이 딴데로 출장 가게 하지 않고 한곳에 계속 마음을 쏟아부을 수 있다.

만약 달인처럼 자신의 멘탈 관리 목표가 매 순간 중요한 것이 되도록 유지할 수 있다면 어떨까? 그것이 멘탈을 강하게 하는 것이든, 우울과 무기력 극복이든, 감정 조절이든, 새로운 목표에 계속해서 바짝 주의를 기울일 수 있다면 어떨까? 신경 회로의 S라인 허리는 점점 두꺼워져 갈 것이다. 그럴수록 기존의 부정적 생각과 감정의 S라인 허리는 점점 얇아져 가게 된다. 안 쓸수록 강제 다이어트를 당하게 되니까.

물은 높은 데서 낮은 데로 흐르고, 생각은 저항이 작은 쪽으로 흐른다. 기존 방식보다 새로운 목표의 S라인 허리가 더 두껍게 되는 순간 멘탈 관리는 한결 쉬워진다. 두꺼워진 신경의 허리 쪽으로 새로운 생각이 흐르면서 강물의 흐름이 바뀌기 때문이다. 그럴수록 부정적인 생각보다 내가 원하는 생각을 선택하고 누리기가 수월해진다. 관건은 새로운 신경 회로가 두껍게 배선될 때까지 새로운 목표에 마음을 바짝 붙들어 둘 수 있는가 하는 것이다.

● 2 ●

시방 뭣이 중헌디?

　지금 가장 중요한 것 3개만 말해 보라고 한다면 얼마나 빨리 대답할 수 있 겠는가? 달인에게 물으면 곧바로 대답이 튀어나온다. '접시 빨리 닦는 거요.', '깨끗하게 닦기요.', '더 빠르고 깨끗하게 접시 닦기요!' 그런데 옆에 있는 사람 은 고민한다. '음... 일이 언제 끝날까?', '일 끝나고 저녁에 무슨 영화를 볼까?', '음... 남자친구에게 100일 선물 뭐 사 달라고 할까?

　크리스마스가 다가오면 아이들의 관심은 온통 선물에 꽂힌다. 둘째 딸은 아침에 물어 놓고 점심 먹고 또 묻는다. "몇 밤 자면 선물 받아?" 중요한 것이 있을 때는 저절로 주의가 기울여진다. 그런데 딱히 중요한 게 없는 날이라면 어떨까? 바짝 주의를 기울일 것이 없으면 뇌에서도 임계기가 열릴 필요가 없 다. 그러면 신경 나라에 아무런 변화도 일어나지 않는다.

　중요한 것의 우선순위는 사람마다 다르다. 그런데 우선순위가 정리된 사 람이 있고 그렇지 않은 사람이 있다. 우선순위가 정리되어 있을수록 빠르게 반응한다. 한 걸음도 더 걷기 힘들 정도로 급하게 화장실 찾는 사람에게 물 어보라. 뭐가 중요한지. 총알같이 대답이 나올 것이다. '화장실 어디예요!'

　만약 매 순간 어디에 주의를 기울일지 정리된 우선순위가 있다면 어떨까?

다른 데 신경이 팔렸다가도 빠르게 돌아올 수 있다. 보고 싶은 채널을 정해놓았다면 언제든 채널을 되돌릴 수 있는 것처럼 말이다.

우선순위 정리를 잘해서 많은 이들에게 영향을 끼친 사람이 있었다. 그는 무언가에 초점을 맞추고 주의를 기울이는 연습을 했다. 그러다가 멘탈 리모컨 달인에 등극할 수 있었다. 언제든 리모컨을 돌려 자신이 정한 우선순위에 초점을 맞출 수 있게 되면서.

리모컨 달인

멘탈 리모컨 달인에 등극한 사람은 암 선고를 받은 미국인 가장이었다. 의사는 데스노트를 봤는지 6개월밖에 못 산다고 선고했다. 폐암 4기였다. 처자식도 먹여 살려야 하는데 병원비 청구서는 쌓여만 갔다. 설상가상으로 들어놓은 보험도 없었다. 직업이 보험설계사였는데 말이다. 우리나라는 암에 걸리면 치료비의 5%만 내면 되지만 미국은 다르다. 가입된 보험이 없으면 병원비 청구서가 폭탄 급으로 날아온다.

소식을 들은 친구가 위로 차 방문했다. 그런데 말기 암 환자라 하기에는 너무도 명랑해 보였다. 한 마디 불평불만도 없었을뿐더러 자신이 얼마나 행운아였는지에 대해 거듭 말했다. 이상하게 여긴 친구가 물었다. "말기 암에 병원비 폭탄에, 게다가 몇 달밖에 살지도 못한다는데 이런 상황에서 어떻게 불평 한 마디 안 할 수 있는 거지?" 예상한 질문이라는 듯 그는 대수롭지 않게 대답했다.

"생각보다 쉬워. 오늘은 그날이 아니니까." 의아한 대답에 친구는 그게 무슨 뜻이냐고 다시 물었다. 그러자 달인은 암 선고를 받았을 때의 경험을 털어놓았다.

말기 암 진단을 받은 순간 그는 앞으로 남은 삶이 쉽지 않을 것임을 직감했다. 그의 앞에는 두 가지 갈림길이 놓여 있었다. 하나는 하늘과 세상을 원망하면서 분노와 비탄에 빠져 남은 인생을 사는 길이었다. 다른 하나는 지금까지 살면서 겪은 좋았던 순간을 회상하며 사는 길이었다.

그는 후자를 선택하기로 마음먹었다. 그 대신 한 달에 하루는 마음껏 불평할 수 있는 날을 자신에게 선물하기로 했다. 불평하고 싶은 것이 생길 때는 맘속으로 '아직 그날이 아니야. 그때까지 기다리자.'고 말하며 미뤘다고 한다.

"그럼 그날엔 굉장히 힘들어지지 않겠어?" 친구가 걱정스럽게 물었다.

"그렇지도 않아. 그날이 되면 뭐 때문에 불평하려 했었는지 다 까먹거든."

의사의 데스노트가 틀렸는지 달인은 2년이나 더 살 수 있었다. 갈수록 수척해지기는 했지만, 친구가 보기에 그는 암 투병 중에도 기쁨을 누리며 살다 갔다.

달인의 암 투병 과정을 목격했던 친구의 이름은 보웬이다. 달인이 세상을 떠난 후 보웬은 하나의 캠페인을 시도했다. 마을 사람들에게 21일간 불평 없이 살아 보기를 제안한 것이다. 이 캠페인은 지역 방송을 타며 알려졌는데 반응이 좋았다. 불평 없이 21일을 살아 보니 의외로 효과가 좋았다는 보고가 쌓여 갔다. 만성 스트레스가 사라졌다는 사람도 있었고, 인간관계가 좋아졌다거나 두통이 사라졌다는 보고들도 잇따랐다.

캠페인은 간단했다. 21일 동안 연속으로 불평 없이 살아 보는 것이다. 고무줄을 한쪽 팔에 차고 있다가 불평하는 것을 알아채는 순간 다른 쪽 손으로 옮긴다. 고무줄을 다른 팔로 옮기지 않고 21일을 지낼 수 있으면 미션 성공이다. 불평이 생길 경우 21일 이후로 미루면 된다. 달인이 그랬듯 말이다. 고무줄이 없으면 한쪽 주머니에 동전을 넣고 시작해도 된다.

캠페인의 인기는 갈수록 높아졌고 급기야 전국 방송과 오프라 윈프리 쇼에까지 소개되었다. 방송 이후 오프라 윈프리는 자신의 홈페이지에 이런 글을 남겼다. 매일 아침 일어나자마자 감사할 일 다섯 가지를 찾는다고. 자신도 불평 없이 살아 보기 신봉자가 되었다고. 이 캠페인은 이후 1,000만 명이 넘는 사람들이 참여하는 거대한 움직임이 되었다. 절망적인 순간에 한 사람이 내렸던 선택이 세상에 큰 울림으로 퍼져 나간 것이다.

멘탈 리모컨 기술

타고난 소질과 능력은 사람마다 다를 수 있다. 그런데 대부분의 멘탈 관리 기술은 복사가 가능하다. 배우고 익힐 수 있는 기술이기 때문이다. 리모컨 달인의 멘탈 기술 역시 복사가 가능하다. 무엇이 중요한지 우선순위를 정하고, 복사를 위해 바짝 주의를 기울일 수 있다면 말이다.

신경 나라 속사정을 감안해 보면 리모컨 달인이 접근했던 방식은 탁월했다. 달인의 방식이 효과적이었던 이유는 3가지를 꼽을 수 있다.

첫째, 목표를 명확히 했다. 성취하고자 하는 목표가 명확하고 데드라인까지 정해져 있으면 신경 나라는 바빠진다. 리모컨 달인은 6개월 남은 인생을 불평과 한탄 속에 살지 않고 기쁨 속에서 살겠다고 결심했다. 확고한 목표가 있었고, 의사의 잘못된 데스노트였지만 6개월로 데드라인도 정해져 있었다.

둘째, 어디에 바짝 주의를 기울일지 분명히 했다. 불평이 아닌 살면서 겪은 좋았던 순간에 초점을 두겠다고 목표 과녁을 명확히 했다.

셋째, 우선순위를 정리했다. 달인의 접근 방식이 특히 탁월했던 이유는 우선순위 정리에서 찾아볼 수 있다.

무언가 목표를 이뤄 내기 위한 목표 성취 과정과 멘탈 관리는 비슷한 점도 있고 차이점도 있다. 목표 성취와 멘탈 관리 모두 목표를 설정하고 어디에 주의를 기울일지를 분명히 해야 한다는 점은 비슷하다. 그런데 우선순위 설정에서는 접근법이 사뭇 달라진다.

목표 성취에서는 목표에만 집중하면 된다. 자격증 취득을 목표로 공부하는데 '못 따면 어떡하지?' 하는 걱정이 들 때, 불안을 달래려고 '못 따면 딴 거 하면 되지. 그거 못 딴다고 인생이 끝나나?' 등으로 플랜 B를 마련하는 경우가 있다.

이런 플랜 B가 있으면 실패에 대한 두려움은 완화될지 몰라도 목표를 이루겠다는 확고함은 떨어진다. 강을 건넌 뒤 배를 불사르지 않으면 언제든 도망칠 퇴로가 남게 된다. 그래서 여차하면 도망칠 태세를 하고 싸움에 임하게 될 수 있다. 그렇기에 목표 성취 과정에서는 딴 길로 가라고 유혹하는 마구니 같은 플랜 B는 가능한 한 없애는 것이 좋다.

그런데 멘탈 관리에서는 이미 작동하고 있는 신경 회로들이 플랜 B에 해당한다. 그것이 우울이나 불안 등의 멘탈 취약성이든 불평이든 말이다. 터줏대

감처럼 자리를 잡고 있는데 없애려 한다고 쉽사리 없어지지 않는다.

목표 성취는 허허벌판에 새로운 건물을 올리는 것과 비슷하다. 명확한 설계도와 계획이 있다면 난관을 돌파하며 건물을 올리면 된다. 멘탈 관리는 이와 다르다. 아파트 재건축 쪽에 가깝다. 아무것도 없는 곳에 새로 건물을 짓는 것이 아니다. 건물도 있고 오랫동안 살아온 사람들도 있다. 이미 있는 건물을 갑자기 허물고 새로 지을 순 없다. 거주하고 있는 사람들과 협상 하에 재건축을 진행해야 한다.

리모컨 달인은 우선순위를 명확히 정리함으로써 재건축에 성공할 수 있었다. 일단 어디에 바짝 주의를 기울일지 최우선 목표를 정했다. 30일의 데드라인을 정해 그때까지는 최우선 순위에만 주의를 기울였다. 그리고 거주민들의 원성을 듣고 협상하는 날은 다음 순위로 미루었다.

달인은 없앨 수 없는 불평을 없애려는 부질없는 노력 대신 우선순위를 떨어트리는 실용적 접근을 택했다. 그리고 불평불만에 주의를 뺏기려 할 때마다 최우선 순위로 채널을 돌리기 위해 멘탈 리모컨을 바짝 쥐었다.

그렇게 달인이 바짝 주의를 기울이며 30일간 리모컨 사용을 반복해 연습하는 동안 신경 나라에서는 많은 일들이 일어났다. 특제 영양제가 쏟아지며 임계기가 열리고 리모컨 신경의 S라인 허리는 헐크처럼 돌변해 갔다.

달인이 리모컨 달인에 등극할 수 있었던 건 불평불만이 사라져서가 아니다. 단지 리모컨을 돌리는 신경의 S라인 허리가 뚱뚱해졌기 때문이다. 우선순위에 초점을 두는 동안 불평이나 취약성은 관심을 덜 받게 된다. 관심을 못받을수록 사용 빈도는 떨어진다.

사용하지 않는 신경 회로는 어떻게 될까? 강제 다이어트를 당해 S라인 허리가 얇아진다. 허리가 얇아질수록 스피드는 떨어지고 장사는 파리가 날린다. 신경 나라에서 장사를 못 하면 오래 버티기가 힘들다. 언젠가 방을 빼야 하는 순간이 올 수도 있다.

한 컷의 공들인 이미지

누군가의 기술을 내 것으로 복사하려면 그 기술의 핵심을 파악하는 것이 필요하다. 달인의 리모컨 기술의 핵심은 2가지로 정리할 수 있다. 하나는 알아차리는 것이고 다른 하나는 돌이킬 탈출구를 정해 놓은 것이다.

주의를 뺏긴 것을 알아차리지 못하면 계속 취약성이나 불평에 빠져 있게 된다. 찬물이 담긴 냄비에 개구리를 넣고 가열하면 미지근해지는 물에 적응해 익어 버린다는 이야기가 있다. 뜨거워지는 걸 알아챌 수 있다면 '앗 뜨거!' 하고 곧바로 튀어나올 텐데 말이다. 알아차릴 수 있어야 선택할 수 있는 기회를 얻는다. 도망칠지 계속 있다 익어 버릴지.

뜨거워지는 걸 알아챘다 하더라도 어디로 뛰쳐나갈지 모르면 우왕좌왕하다 익어 버린다. 탈출구를 미리 지정해 놓아야 빠르게 대피할 수 있다. 영화 상영 전에 비상구 위치부터 상영하는 데에는 다 이유가 있다.

달인은 리모컨을 돌려 맞출 채널을 미리 정해 놓았었다. 과거의 '좋았던 순간 채널'로. 달인의 목표가 '지금까지 자기의 삶이 얼마나 좋았나?'를 돌아보는 것이었으니 자신의 목표에 맞는 채널을 선정했다고 볼 수 있다.

좋았던 순간이 별로 없거나 잘 기억나지 않는다면 어떡할까? 자신의 목표가 무엇인가에 따라 그에 맞는 탈출구를 미리 정해 놓으면 된다. 감사한 순간들에 초점 맞추기를 탈출구로 삼아도 되고, 멘탈 관리 최종 목표를 이뤄 낸 미래의 모습을 한 컷의 이미지로 담아 탈출구로 삼아도 된다.

한때 중학교 국어 교과서에도 실렸던 '큰 바위 얼굴'이라는 단편 소설이 있다. 평생 큰 바위 얼굴을 닮은 사람을 동경하다 자신이 큰 바위 얼굴이 되는 주인공의 이야기이다. 주인공은 언젠가 마을에 있는 커다란 얼굴 모양의 바위를 닮은 위대한 인물이 나타날 거라는 전설을 믿었다. 그는 매일 큰 바위를 보며 생각했다. 큰 바위 얼굴을 닮은 사람은 어떤 성품일지. 얼마나 인자할지. 그렇게 커다란 바위를 보며 매일 같은 생각을 하던 주인공 얼굴은 점차 큰 바위 얼굴을 닮아 갔다.

매일 무언가를 바라보며 같은 생각을 한다면 그 생각의 S라인 허리는 뚱뚱해져 간다. 엄마와 매일 싸우면서 '나는 커서 절대로 엄마 같은 사람 안 될 거야!'라고 외치는 사람이 있다. 그런데 이상하게 갈수록 엄마를 닮아 간다. 매일 닮기 싫은 엄마 이미지를 떠올리며 싫은 감정을 느끼면 신경 나라는 바빠진다. '이 이미지대로 되면 되는 거야?'

신경들은 내 맘을 몰라 준다. 그저 원리대로 작동할 뿐이다. 나는 싫다는데 신경들은 다르게 받아들인다. 커다란 감정은 유쾌하든 불쾌하든 생존에 큰 영향을 끼치기에 중요하다고 받아들인다. 엄마를 떠올릴 때마다 감정 에너지도 크게 느껴지고, 같은 이미지를 반복하는 것을 보니 중요한 것임에 틀림없다. 그래서 그 이미지를 열심히 복사한다. 그 이미지에 나오는 대로 싫은 엄마 역할을 잘 해내기 위해서.

엄마처럼 되기 싫다면 신경들이 알아들을 수 있게 알려 주는 게 좋다. 싫은 엄마 이미지가 떠오를 때마다 알아채고 곧바로 자신이 닮고 싶은 엄마 이미지로 채널을 돌리는 것이다. 그리고 자신이 닮고 싶은 엄마가 된다면 어떤 느낌일지 기분을 체험해 보는 것이다. 이 작업이 가능하려면 탈출구로 쓸 한 컷의 이미지가 필요하다. 미리 공들여 준비한 내가 닮고 싶은 엄마의 이미지가.

손가락 한 번의 튕김

탈출구로 쓸 이미지를 정했으면 이제 거의 다 왔다. 리모컨 기술의 핵심은 알아차림과 탈출구라 했다. 원치 않는 생각이나 감정에 주의를 뺏기고 있을 때 알아차릴 수 있어야 멘탈 리모컨을 사용할 수 있다.

알아차림은 근육처럼 훈련으로 키울 수 있다. 쓸수록 강해지고 반응 속도도 빨라지는데 훈련을 위해서는 자신만의 시그널을 만들어 두면 좋다.

불평하고 싶거나 잔소리하는 엄마 생각이 날 때는 손가락을 튕겨 본다. 타노스의 손가락처럼 한 번의 튕김으로 온 우주를 바꿔 버릴 수는 없겠지만, 스스로에게 시그널을 줄 수는 있다. 지금이 멘탈 리모컨을 바짝 쥘 때라고.

알아차림 훈련용 시그널은 손가락 튕김 말고 무엇이든 가능하다. 축구 경기 심판처럼 마음속으로 '타임!'을 외칠 수도 있다. 심판이 경기를 중단시키는 것처럼 마음속에서 진행되는 것을 일단 중지시키는 것이다. 만약 불쾌한 감정에 빠져 있다면 심호흡 10번을 시그널로 활용하는 것도 좋다. 깊은숨을 내쉬면서 감정을 진정시킬 수도 있고, 탈출구 이미지로 리모컨을 돌릴 마음의 준비도 할 수 있다.

어떤 사람은 자기 허벅지를 꼬집기도 하고, 양 주먹을 불끈 쥐는 사람도 있다. 불평 없이 21일 살아 보기 캠페인처럼 손목 밴드를 활용해도 된다. 어떤 시그널이든 자신에게 의미 있게 다가오고 해 볼 만하다 싶은 것으로 정하면 된다.

마음에 드는 시그널까지 정하면 실전 준비는 끝난다. 이제 주의가 흐트러지는 순간을 기다리기만 하면 된다. 곧 멘탈 리모컨 달인 되기 도전을 시작할 수 있을 것이다.

눈앞의 풍경과 마음 스크린에 담긴 풍경이 늘 일치하지는 않는다. 멍하니 앞을 바라보면서 딴생각하는 경우도 있지 않은가. 내가 보고 싶은 쪽을 바라보는 건 내 맘이다. 내 눈이니까. 마음의 눈도 마찬가지이다. 내가 보고 싶은 장면이나 이미지를 바라볼 자유가 있다. 마음 스크린에 불평이나 걱정, 상처 받은 기억이 담기더라도 계속 그것만 쳐다볼 필요는 없다. 리모컨을 쥐고 있는 건 바로 자기 자신이기에.

• 3 •

두 개의 마음

술을 마시면 사람들이 달라진다. 물론 다 그런 건 아니지만. 말이 많아지고 흥분하는 사람도 있고, 개가 되는 사람도 있다. 했던 소리하고 또 하면서 진상을 부리기도 하고 갑자기 우는 사람도 있다. 취중 진담이라는데 술 마시고 하는 말과 행동이 그 사람의 진심인 걸까? 술을 마시면 사람이 왜 그렇게 달라지는 걸까?

술을 마시면 흥분하며 싸우는 사람들도 있다 보니 술이 사람들을 감정적으로 만드는 흥분제라 생각할 수 있다. 그런데 술은 흥분제가 아니라 진정제이다. 마구 흥분해서 날뛰는 코끼리도 진정제를 듬뿍 주사하면 조용해진다.

그렇다면 좀 이상한 점이 있다. 술이 진정제라면 술 마시고 흥분하는 사람들은 어떻게 된 걸까?

앞서 신경 나라에 사는 신경들은 계 모임을 좋아하고, 여러 계 모임이 연합회를 결성한 것을 신경 회로라고 부른다고 했었다. 연합회 중에는 생각하는 기능을 담당하는 신경들이 뭉쳐 있는 신경 회로가 있다. 간단히 생각 뇌라 불러 보자. 그런가 하면 감정을 담당하는 신경들이 뭉쳐 있는 감정 뇌도 있다. 내 마음은 내 껀데 내 마음이 크게 둘로 나뉠 수도 있다는 얘기이다. 생각하는 마음과 느끼는 마음으로.

생각 뇌는 컨트롤타워이다. 그래서 평소엔 생각 뇌가 감정 뇌를 통제한다. 누가 밉다고 물불 안 가리고 냅다 때리면 감옥에 끌려가지 않겠는가. 밉고 화나도 참아야 할 때가 있다. 평소엔 생각 뇌가 상황을 살펴 가며 감정 뇌를 누른다. 사고 치지 않도록.

그런데 술을 마시면 생각 뇌가 먼저 취한다. 생각 뇌는 술이 약하고 감정 뇌는 술이 쎈 편이다. 생각 뇌가 먼저 취하면 어찌 될까? 감정 뇌를 누르지 못한다. 그럼 감시가 약해진 틈을 타 감정 뇌는 물 만난 물고기처럼 활개를 친다. 고삐 풀린 감정 뇌의 폭주가 시작되는 것이다.

뇌 속의 아몬드

쥐, 고양이 그리고 인간은 생김새도 다르고 크기도 다르다. 그런데 공통점이 있다. 모두 다 포유류이다. 포유류는 곤충이나 식물과 달리 뇌의 모양과 기능이 비슷하다. 인간의 뇌가 다른 동물의 뇌와 다른 점은 생각 뇌가 엄청 크다는 것이다.

할 일이 많다 보니 생각 뇌는 신경 나라에서 꽤 넓은 자리를 차지한다. 생각 뇌가 커진 덕분에 똑똑해졌고 만물의 영장이라 자처하지만, 감정 뇌는 그리 똑똑하지 않다. 인간의 감정 뇌는 쥐나 고양이와 별반 차이가 없다.

뇌 깊숙한 곳에는 2개의 특별한 아몬드가 박혀 있다. 좌뇌와 우뇌에 한 개씩 총 2개가. 아몬드를 옛날엔 편도라 불렀다. 그래서 뇌 속에 있는 아몬드를 편도체라 부른다. 이름이 좀 어려워 거시기하지만, 편도체는 지하에 있는 감정 세계를 평정한 보스라 잘 대우해 드려야 한다. 보스의 심기를 잘못 건드리면 국물도 없다. 술 취한 사람이 난리 부르스를 추고 있다면 누군가가 보스의 심기를 건드렸다고 보면 된다.

요즘은 실험 윤리가 엄격해 동물 실험을 함부로 못 한다. 그런데 예전에는 심하다 싶은 실험들도 진행된 적이 있다. 한 무리의 원숭이 집단에서 가장 힘이 센 대장 원숭이의 편도체를 잘라 내는 실험이 있었다. 편도체를 잘라 내고 보니 대장 원숭이의 신변에 변화가 일어났다. 당당해 보였던 대장 원숭이가 구석으로 쫓겨나 빌빌거리고 있었던 것이다. 다른 원숭이들이 툭툭 건드려도 대장 원숭이는 별다른 대응을 하지 못했다.

편도체는 분노와 공포 등 생존에 필수적인 감정을 담당한다. 생존에 가장 중요한 감정을 담당하다 보니 감정 세계에서 보스로 군림하는 것이다. 그런데 편도체가 사라지면 어떻게 될까? 대장 원숭이는 편도체 제거 후 화를 느낄 수 없게 됐다. 화를 못 느끼면 평화롭고 좋기만 할까? 화를 낼 수 없게 되자 다른 원숭이가 기어올라도 맞대응하지 못했다. 분노는 맞서 싸울 수 있는 에너지이다. 힘이 있는데 안 쓰는 것과 없어서 못 쓰는 것은 차원이 다르다. 힘이 없으니 빌빌거리다가 구석으로 밀려날 수밖에 없었던 것이다.

실험자들은 대장 자리에서 쫓겨난 원숭이를 정글에 방류해 보았다. 화를 못 내니 넓은 세상에 나가 평화롭게 살라고. 그런데 평화주의자 원숭이는 얼마 살지 못하고 죽었다. 대장 자리에서 쫓겨난 것도 서러운데 왜 금방 죽었을까?

편도체가 제거되자 이 원숭이는 화를 못 느낄 뿐만 아니라 공포감도 느끼지 못하게 되었다. 천적을 봐도 두려움을 모르는 용맹한 원숭이가 된 것이다. 그래서 사자가 나타나도 도망치지 않고 친하게 지내자고 다가가다 잡아먹혀 버렸다.

인간의 편도체도 대장 원숭이의 편도체와 같은 역할을 한다. 공격받으면 화를 내게 하고, 사자가 다가오면 공포감을 일으켜 도망치게 한다. 편도체가 맡은 일을 잘해 줘야 생존 확률이 높아진다. 그런데 인간 세상은 원숭이 세상과 사뭇 다르다. 어떻게 보면 편도체가 할 일이 별로 없어 보이기도 한다. 정글과 달리 사람들이 사는 도시에 갑자기 사자가 나타나는 경우는 거의 없다. 웬만해서는 천적에게 공격당할 위험이 없는 것이다.

사람들의 세상에서는 편도체로 인해 오히려 손해를 보는 경우도 많다. 무서움을 잘 느끼면 겁쟁이 취급을 받는다. 화를 잘 내면 성질머리 더럽다는 소리도 듣는다. 남자아이들은 넘어져 피 나고 아파도 울면 안 된다. 아프니까 화나고 피가 나서 무서울 수도 있는데 울면 뭐라 한다. 사내자식이 질질 짠다고. 게다가 울면 산타할아버지가 선물도 안 주신다지 않는가.

편도체 말대로 했다가 낭패를 보게 되면 점차 편도체를 무시하거나 누르게 될 수 있다. 어떤 면에서 사람들 세상은 편도체를 깔보며 집단으로 따돌리는 경향이 있다. 공격성이나 모든 폭력의 중심엔 편도체가 빠지지 않고 등장하니 따돌림 당할 만한 이유가 있긴 하다. 하지만 나름 감정 세계에서는 보스인데 이런 취급을 받느니 차라리 없어져 버리는 게 나을까? 필요 없어 흔적만 남고 퇴화된 꼬리뼈처럼 편도체도 사라져야 할 퇴물일까?

민감해진 센서

며칠만 지내게 해 달라고 하고선 친구가 한 달이 지나도 나갈 생각을 안 한다. 방세는커녕 밥값도 안 내려 한다. 어차피 먹는 밥에 순가락 하나 더 얹는 것뿐인데 친구 좋은 게 뭐냐고 한다. 편도체가 없다면 평생 친구의 숙식을 해결해 줘야 할지도 모를 일이다. 화를 낼 수가 없으니까. 다행히 지하 세계에서 편도체 보스가 소리쳐 준다. 가만두면 안 된다고. 따끔하게 선 넘지 말라고 화내고 쫓아내야 한다고!

편도체는 정글뿐만 아니라 문명화된 인간 세상에서도 생존을 위해 중요한 역할을 한다. 한 발짝만 더 디뎌도 떨어지는 낭떠러지 앞에 서 있는 사람이 전망이 좋아 기분 좋다고 정신줄 놓고 싸이 말춤을 춘다면 어찌 될까? 추락하는 것엔 날개도 없다는데. 편도체 보스가 무섭게 호통쳐 주어야 겁을 집어먹고 뒤로 물러설 수 있게 된다.

분노와 공포 말고도 편도체가 하는 일은 또 있다. 편도체는 보스라 감정 세계의 의사 결정에서 중요한 역할을 한다. 사람들은 하루 2만 개 정도의 자극을 겪는데 편도체는 자극을 두 종류로 구분한다. 불쾌감과 유쾌감으로. 불쾌감에는 곰한테 쫓기며 느끼는 죽음의 공포도 있겠지만, 카톡을 읽씹 당해 신경 거슬리는 정도의 자극도 있다.

불쾌감의 정도가 얼마나 큰지는 상관없다. 일단 자극이 불쾌감으로 분류되면 편도체에 불이 들어온다. 보스의 심기가 건드려진 것이다. 불이 들어온 편도체는 생존에 불리한 상황이 계속된다고 받아들인다. 그래서 안전이 확인될 때까지 꺼지지 못하고 계속 켜져 있게 된다.

이렇게 편도체에 불이 들어와 있을 때 사람들은 어떤 경험을 할까? 심장이 쿵쾅거리며 무서울 수 있다. 속에서 뭐가 치밀어 오르며 화가 날 수도 있다. 마음이 상하며 기분이 영 좋지 않을 수도 있고, 입술 쪽에 힘이 쏠리며 입이 튀어나오기도 한다. 또는 말하고 싶지도 않고 누가 건드리면 폭발할 것만 같을 수도 있다. 뭔가 계속 신경이 거슬리거나 좋지 않은 생각이 머릿속에 맴돌며 잠 못 드는 밤이 이어질 수도 있다.

불이 나면 화재경보기가 시끄럽게 울리며 화재가 발생했다고 알려 준다. 편도체도 위험이 감지되면 불이 들어온다. 그러다 불을 다 끄면 경보기가 꺼지듯, 편도체도 안전이 확인되면 불이 꺼진다. 편도체가 이렇게 정상적으로 작동하기만 한다면 보스는 존재감을 인정받을 수 있다.

그런데 만약 편도체가 오작동을 일으키면 어떻게 될까? 불을 다 껐는데도 경보기가 계속 울리거나 불도 안 났는데 수시로 경보기가 울린다면? 고등어 굽는 연기에도 화재경보기가 빽빽 울려 대면 시끄럽고 짜증나지 않을까.

에너지 절약을 위해 웬만한 아파트나 건물에는 센서 등이라는 것이 달려 있다. 센서 등은 등과 센서의 결합으로 되어 있다. 센서는 사람이나 물체가 다가오는 것을 감지한다. 사람이 오면 등에 신호를 준다. 사람 오니까 켜지라고. 그러면 등은 켜진다. 사람이 지나가고 나면 센서가 또 신호를 준다. 사람 지나갔으니 이제 꺼지라고.

이렇게 정상적으로 잘 작동하면 좋겠지만 센서가 민감해지면 어떻게 될까? 파리 한 마리가 주위에서 맴도는데 사람이 다가온다고 잘못 파악한다면? 센서는 등에게 사람이 다가오니 켜지라고 잘못된 신호를 줄 것이다. 그러면 등은 켜진다. 그런데 이놈의 파리는 어디 가지도 않고 계속 같은 자리에서 맴돈다. 밤새도록. 그럼 센서는 계속해서 등에게 신호를 준다. 사람이 근처에 있으니 계속 켜져 있으라고.

파리가 근처에서 맴도는 한 등은 꺼지지 못하고 밤새 켜져 있어야 한다. 센서가 예민해진 편도체도 센서 등처럼 민감하게 반응한다. 별것 아닌 자극에도 수시로 불이 들어오기도 하고, 오랫동안 꺼지지 못하고 켜져 있기도 한다.

불 끄는 S라인

편도체 센서가 정상적으로 작동하는 한 보스가 욕먹을 일은 없다. 진짜 불이 났을 때 화재경보기가 울린다고 시끄럽다 짜증 낼 사람이 있겠는가? 편도체 보스가 왕따를 당하는 이유는 간단하다. 센서가 예민해져 상황에 맞지 않게 반응하기 때문이다. 낄 때 끼고 빠질 때 빠질 수 있으면 잘 어울릴 수 있다. 그런데 센서가 예민한 편도체는 현실과 상관없이 자신만의 사연으로 작동한다. 별것 아닌 일에 버럭 화를 내기도 하고 갑자기 서운하다고 엉엉 운다. 영문을 모르는 주변 사람들의 어처구니를 순식간에 가출시켜 버리면서.

갓난아기들을 보면 온종일 수시로 우는데 그때마다 편도체에 불이 들어온다. 오줌을 싸서 기저귀가 축축해도 불이 들어오고 배가 고파도 불이 들어온다. 꿈을 꿔서 놀랐을 때도, 심심할 때도 불이 들어온다. 불쾌한 자극이 감지되면 곧바로 편도체에 불이 들어오고 아기는 울음으로 불쾌감을 표현한다.

편도체에 불이 들어오면 누군가가 불을 꺼야 하는데, 아기의 뇌는 스스로 불을 끄지 못한다. 아직 불을 끌 수 있는 생각 뇌가 발달하지 않았기 때문이다. 그래서 불을 대신 꺼 줄 누군가가 올 때까지 계속 울어 댄다. 이때 엄마나 어른이 달려가 빨리 조치를 취해 주면 편도체 불은 금방 꺼진다. 우유를 주든, 지저귀를 갈아 주든, 안아 주며 달래 주든 말이 안 통하니 엄마는 뭐든 한다. 그러다가 편도체 불이 들어온 사정이 해결되면 불은 꺼지고 아이는 울음을 멈춘다. 불이 꺼지면 자지러지게 울던 아이도 금방 방긋 웃는다.

편도체 불이 자주 들어와도 빨리 꺼질 수만 있다면 편도체 센서는 안정적으로 발달한다. 불이 들어왔다가도 빨리 꺼지는 상황이 반복되면 신경 나라 제1법칙이 적용된다. 제1법칙이 무엇인지 기억하는가? 반복이다. 반복하면 잘하게 된다. 불이 빠르게 꺼지는 경험이 반복되면, 편도체 불을 끄는 신경의 S라인 허리가 뚱뚱해지면서 불이 꺼지는 속도는 빨라진다. 그럴수록 아기는 울다가도 금방 잘 달래지는 아이가 된다.

반대로 편도체 불이 빨리 꺼지지 않는 경우에는 어떻게 될까? 아기가 우는데 아무도 오지 않고 오랫동안 불이 켜져 있는 경험이 반복된다면? 역시 신경 나라 제1법칙이 적용된다. 편도체 불이 오랫동안 켜지도록 하는 신경의 S라인 허리가 뚱뚱해진다. 동시에 불을 끄는 신경의 S라인 허리는 강제 다이어트를 당해 얇아진다. 이런 경험이 반복되면 편도체 센서는 예민해지면서 작은 자극에도 쉽게 불이 들어오고 잘 꺼지지도 않는다. 그럴수록 달래도 잘 달래지지 않는 아기가 되어 간다.

지치도록 울어도 아무도 달래 주지 않고 오랫동안 방치될 경우 아기는 화가 난다. 이 불쾌한 기분과 고통을 해결해 주지 않는 어른들과 세상에 대해 불신도 생긴다. 아기이니까 기억하지 못하리라 생각하는 사람들이 있다. 한 편으론 맞다. 똥오줌 못 가리던 때를 기억하긴 어렵다. 그런데 편도체는 그 고통을 기억한다. 생각 뇌가 발달하기 이전인 아기 때 쌓이는 분노는 고약하다. 어른이 된 후에도 다듬어지지 않은 원석처럼 거칠게 화가 올라올 수 있다. 이렇게까지 화낼 필요가 있나 싶을 정도로 과도하거나 또는 오랫동안 지속되기도 한다.

생각 뇌의 정부 내각

편도체는 애착이 형성되는 3살까지 빠르게 발달한다. 3살 이후에도 아이는 계속 성장해 어른이 된다. 하지만 편도체는 영원히 자라지 않는 피터팬처럼 4살 정도 지능으로 평생 살아간다. 편도체가 4살 아기라면 보스 베이비가 다스리는 감정 세계도 아기들 세상이다. 화나면 서로 때리고 밀치고 울고불고하다가도 금방 까르르 웃는 세상. 감정 뇌는 그렇게 아기 뇌로 계속 살아간다.

어렸을 때는 어른들이 아기의 감정 뇌를 대신 돌봐 주었다. 하지만 아이가 커 가면서 스스로 돌볼 수 있는 능력이 생겨난다. 생각 뇌가 자라기 때문이다. 생각 뇌는 어른의 뇌이다. 어른 뇌는 화재경보기가 울리면 진짜 불이 났는지 확인한다. 불난 게 아니고 애들 장난이면 경보기를 끈다. 편도체에 불이 들어올 때도 왜 들어왔는지 생각 뇌가 상황을 파악한다. 악몽을 꾼 것뿐이면 꿈이니까 괜찮다고 자신을 달래며 불을 끈다.

생각 뇌는 생각 왕의 궁전이 있는 곳이다. 그래서 그런지 위치도 좋다. 감정 뇌는 기생충 가족이 사는 반지하보다 깊은 지하 세계에 있지만 생각 뇌가 있는 곳은 햇볕 잘 드는 지상이다. 그것도 이마 바로 뒤쪽 명당자리다. 눈 바로 위쪽에 자리하고 있어 전망도 좋을뿐더러 온 나라를 통치하기에 지정학적으로도 좋다.

좋은 자리에 있는 만큼 맡은 역할도 막중하다. 나라를 다스리는 컨트롤타워 역할을 해야 하는데 할 일이 꽤 많다. 그 많은 일을 생각 왕 혼자 해낼 수 없기에 정부 내각이 꾸려져 있다. 여러 부서들이 있지만 중요 부서만 소개하자면 대충 이렇다. 먼저 내각이 들어선 생각 왕궁 1층 가운데 자리에 동기활성화부가 있다. 이 부서는 동기를 관장하는데 여기서 문제가 생기면 백성들의 의욕이 전반적으로 떨어지고 나라에 우울증 역병이 돌 수도 있다.

동기활성화부와 같은 1층 가운데 자리에 감정통제부도 들어서 있다. 감정통제부는 편도체를 직접 관리한다. 편도체 보스가 알리는 위험을 평가하고 불을 끄는 역할을 맡고 있다. 또한 청와대 국민청원처럼 백성들의 민원과 고충을 듣기도 하고, 감정 세계에서 올라오는 희로애락을 경청하며 감정 민심을 두루 살핀다. 같은 층 바깥쪽에는 충동과 통증을 조절하는 충동조절부도 자리하고 있다.

왕궁의 2층으로 올라가면 바깥쪽에 총리실이 있다. 총리실 산하에는 기획재정부, 문제해결부 그리고 정보부가 직속 부서로 모여 있다. 총리실에서는 나라의 장기적인 안녕을 생각하며 정책을 계획하고 실행한다. 그뿐만 아니라 곳곳에 산적한 문제의 해결책을 찾고 대처하는 일도 맡는다. 총리실 업무는 뇌국 바깥세상에 대한 정확한 정보 수집과 명료한 판단이 요구되기에 인재들이 많이 모여 있는 편이다.

컨트롤타워로서 생각 뇌가 담당하는 가장 중요한 역할에는 의사 결정도 있다. 장관들이 모이는 각료 회의에서 주요 현안을 생각 왕에게 보고하고 각료들이 난상토론을 벌인다.

각료들의 정치색은 저마다 다르다. 과거의 상처와 실수를 굴삭기처럼 집중해 파야 한다는 과거굴삭파도 있고, 일어나지 않은 미래를 끊임없이 걱정하며 대비해야 한다는 미리걱정파도 있다. 그밖에 복수응징파나 남탓비난파, 지금즐겨파, 내일하지파도 있고 목표 달성을 중시하는 목표몰두파도 있다. 생각 왕은 각료들의 의견을 듣고 무엇에 우선순위를 두고 집중할지 심사숙고해 최종 결정을 내린다.

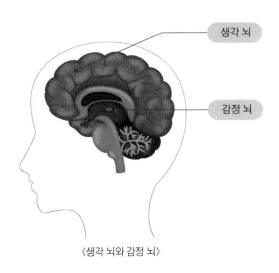

〈생각 뇌와 감정 뇌〉

멘붕에 빠지는 뇌

예전에 아무도 없는 산속에서 한 달 동안 혼자 지낸 적이 있다. 낮에는 새소리 들으며 심심함도 달래고, 밤에는 멧돼지 뛰노는 소리를 자장가 삼아 듣다 잠드는 타잔 흉내 내는 생활이었다. 그러던 어느 날 식료품이 떨어져 산밑에 내려갔다가 다시 산속으로 들어가고 있었다. 마침 비가 부슬부슬 내리기 시작해 발길을 서둘렀다. 그렇게 부지런히 산길을 오르고 있는데 저만치 앞에 커다란 뱀이 또아리를 틀고 있었다. 낮이었지만 비가 와 어둑어둑했다. 아무도 없는 산길에서 뱀을 맞닥뜨리니 등골이 오싹해지고 머리털이 곤두서는 것 같았다.

무서워 도망치고 싶었지만, 숙소로 가는 길은 그 길뿐이었다. 시간 지나면 뱀이 지나갈까 싶어 멀찌감치 비켜서 기다렸다. 그런데 한참이 지나도 뱀이 그 자리에 꼼짝없이 그대로 있는 것이다. 이상하다 싶어 살금살금 다가가 보니 뱀이 아니라 엄청나게 큰 응가였다. 누가 그렇게 큰 응가를 그리 잘 말아 놓았는지 감쪽같이 속아 버렸다.

저만치 앞에 보이는 또아리 튼 뱀의 모습은 2갈래 길로 나뉘어 생각 뇌와 편도체에 각각 전달된다. 생각 뇌로 가는 길은 멀고 국도처럼 구불구불 돌아가야 해서 시간이 오래 걸린다. 반면 편도체로 가는 길은 짧을뿐더러 뻥 뚫린 고속도로 같아 정보가 빠르게 전달된다. 뱀인지 웅가인지 제대로 구분하려면 컨트롤타워인 생각 뇌가 정확한 판단을 내려 줘야 한다. 그러려면 생각 뇌에 빠르게 보고가 되어야 할 것 같은데 왜 편도체로 가는 길이 더 빠를까?

편도체가 작동하는 최우선 기준은 생존이다. 뇌 깊숙한 곳 지하 세계에 있기 때문에 밖에서 무슨 일이 일어나는지 잘 모른다. 감각 정보가 빠르게 전달되긴 하지만 해상도는 떨어진다. 지능이 4살 수준이라 자극을 자세하게 분별할 능력도 딸리는 편이다. 뱀인지 웅가인지 잘 모르겠지만 뱀 같아 보이는 게 있으면 일단 빠르게 경계 경보를 발령한다. 뱀이 아니면 다행이지만 만약 뱀이라면 편도체의 빠른 호들갑 덕분에 도망칠 시간을 벌 수 있게 되는 것이다.

편도체의 모토는 '빨리빨리'다. 일단 살고 봐야 하니까 정확성은 나중 문제이다. 반면 생각 뇌는 느리더라도 정확한 분석과 대처를 중요시한다. 편도체로 가는 정보가 X레이라면 생각 뇌로 가는 정보는 CT나 MRI 급이라 할 수 있다. 시간이 좀 걸리더라도 X레이보다 해상도가 훨씬 높다. 편도체가 '저기 뱀 있다'라고 호들갑을 떨면 생각 뇌는 검증에 착수한다. 진짜 뱀이 맞는지. 자세히 분석해 본 결과 뱀이 아니라 웅가로 판정되면 생각 뇌는 편도체에 판독 결과를 알린다. 뱀이 아니라 타잔이 싼 웅가라고. 그러면 편도체의 불은 꺼진다.

불신의 대가

어둠 속에 뭔가 있는 것 같아 무서워 울었는데 엄마 아빠가 달려와 확인하고 괜찮다고 해 주면 아이는 울음을 멈추고 안심한다. 엄마 아빠의 판단을 신뢰하니까. 자신보다는 어른들이 훨씬 아는 것도 많고 판단력이 좋다고 생각하니까. 편도체가 볼 때 생각 뇌는 엄마 아빠 같은 어른이다. 해상도 높은 정확한 정보를 가지고 있고 자신보다 훨씬 좋은 판단력을 가지고 있다 믿는다. 그래서 생각 뇌가 괜찮다고 판단해 주면 편도체의 불은 꺼진다.

편도체가 생각 뇌를 신뢰할 경우에는 불을 금방 끌 수 있다. 그런데 사이가 좋지 않으면 어떻게 될까? 감정 뇌는 느낌으로 말하는데 생각 뇌가 감정 뇌의 말을 듣지도 않고 무시한다면? 기분이 좋지 않다는데도 딴생각하거나 자꾸 누르기만 한다면? 그럼 생각 뇌를 신뢰할 수 없게 된다. 불신이 계속 쌓이게 되면 생각 뇌가 괜찮다고 판독 결과를 알려 줘도 편도체 불이 잘 꺼지지 않을 수 있다. 무시당해서 화도 나고 믿지도 못하겠으니까.

생각 뇌와 감정 뇌의 관계는 정부와 백성 간의 관계와도 비슷하다. 생각 뇌 정부의 감정통제부가 평소 편도체나 감정 뇌에서 호소하는 민원이나 고충을 잘 듣는다면 신뢰 관계가 생긴다. 정부에서 하는 일이 다 마음에 들지 않더라도 백성들은 정부의 판단을 신뢰한다. 왜냐하면 불만이 있을 때 얘기하면 정부가 듣고 소통하려고 노력할 것이라 믿기에. 그런데 정부와 백성 간에 신뢰 관계가 없는 경우에는 어떻게 될까?

정부가 백성의 말을 듣지 않고 강압적으로 누른다면 백성들의 불만은 높아져 갈 것이다. 만약 생각 뇌의 폭정이 계속된다면 백성들은 좌절하고 지하의 감정 세계 어딘가에 반정부 세력을 키울 수 있다. 편도체 보스를 중심으로 정권을 정복하기 위한 쿠데타를 준비하는 것이다.

쿠데타 성공을 위해 편도체 보스는 생각 뇌 내부와 내통할 수도 있다. 생각왕을 몰아내고 새로운 정부 수립을 꿈꾸는 복수응징파나 비난남탓파 등 내각의 불만 세력과 접선을 시도한다. 그리고 때를 기다린다. 생각 뇌 정부가 스트레스를 받아 혼란에 빠지는 디데이가 오기를.

편도체 납치

운전할 땐 편도체에 불이 들어오는 경우가 많다. 갑자기 앞에 누가 끼어들기라도 하면 놀라면서 편도체에 불이 들어온다. 대부분 운전자들은 툴툴대거나 클랙슨을 누르는 정도에서 넘어가고 제 갈 길을 간다. 그런데 다 그렇게 넘어가는 것은 아니다. 갑자기 세상에서 가장 중요한 미션이라도 생긴 것처럼 쫓아가 보복 운전을 하는 사람도 있다. 심지어 몇십 킬로미터를 쫓아가기까지 한다. 화난다고 보복 운전을 했다간 치러야 할 뒷감당이 클 텐데 보복 운전자들은 그걸 모르는 걸까? 흥분해서 쫓아가는 사람들의 뇌에서는 무슨 일이 벌어지는 걸까?

평상시의 생각 뇌라면 보복 운전의 대가를 알고 있을 것이다. 경찰서를 들락날락하게 된다는 것을. 그런데 보복하겠다고 몇십 킬로를 쫓아갈 때의 뇌는 평상시의 뇌가 아니다. 쿠데타를 일으킨 편도체 계엄군에게 점령당한 뇌이다. 편도체는 수없이 쿠데타를 시도하는데 매번 성공하는 건 아니다. 운전자들 대부분은 쿠데타 시도를 쉽게 진압하고 가던 길을 그냥 가곤 한다.

그런데 보복 운전자의 편도체는 어떻게 쿠데타에 성공하고 생각 뇌를 점령할 수 있었을까?

디데이를 손꼽아 기다리던 편도체에 드디어 기회가 왔다. 끼어드는 차 때문에 생각 왕이 스트레스를 받아 꼭지가 돈 상태이다. 이 틈을 타 편도체와 내통했던 복수응징파가 생각 왕을 부추긴다. '전하를 능멸한 차량이옵니다. 가만두시면 아니되옵니다. 멸문지화에 이르게 하시어 왕국의 위엄을 세우셔야 하옵니다. 통촉하여 주시옵소서 전하!' 대신들의 득달같은 성화에 생각 왕이 휘둘리기 시작하면 편도체 계엄군은 때를 놓치지 않는다. 분노에 차 평정을 잃은 생각 왕을 감금하고 생각 뇌를 점령한다. 편도체 계엄군의 통치가 시작되는 것이다.

생각 왕이 감금되면 컨트롤타워는 혼란에 빠지고 제 기능을 수행하지 못한다. 편도체 납치라 부르는 쿠데타가 성공하면 이성적 대처는 기대하기가 어려워진다. 겉으로 볼 때는 같은 사람인 것 같지만 뇌의 주인은 어른 뇌에서 아기 뇌로 뒤바뀌어 있다. 자기 뜻대로 안 되면 마트 바닥에 드러누워 땡강 부리는 성깔 있는 아기 뇌로.

부부싸움이 심해질 때도 편도체 납치가 일어날 수 있다. 납치가 일어나면 싸우고 있는 몸은 어른이지만 그 몸을 조종하는 건 4살 편도체이다. 아기들은 화나면 아무거나 집어던지고 물어뜯는다. 결과를 책임지지도 않으면서. 편도체 납치가 일어난 부부도 그렇게 싸운다. 물어뜯고 치고받고 집어 던지면서 처절한 복수와 응징만이 전부인 헐크처럼 난동을 부린다. 그러면서 납치가 끝난 후 후회할 만한 과격한 말과 행동을 저지른다.

쿠데타 성공의 조건

쿠데타를 시도한다고 아무 때나 성공할 수 있는 건 아니다. 쿠데타가 성공하려면 꼭 필요한 조건 3가지가 있다.

첫째, 감정 뇌 반군이 결집해야 한다. 생각 뇌가 감정 뇌의 호소를 무시하고 누르는 일이 반복되면 감정 뇌에 불만 세력이 많아진다. 편도체는 감정 세계의 보스일 뿐 혼자서 모든 것을 할 순 없다. 보스 자리를 계속 유지하려면 여론의 동향을 살펴야 한다. 생각 뇌의 폭정이 이어지면 감정 뇌 세계의 분위기는 험악해지고 쿠데타 찬성 여론이 급증한다. 건드리기만 해도 폭동이 일어날 것처럼 화약이 쌓여 가는 것이다.

둘째, 생각 뇌 내부에 첩자가 있어야 한다. 생각 왕은 힘이 세다. 화난다고 함부로 보복 운전을 했다간 감옥에 끌려갈 수 있으니 꾹 누르며 평정심을 유지한다. 생각 왕이 평정심을 유지하는 한 생각 뇌는 흔들림 없이 질서정연하게 잘 돌아간다. 그러니 쿠데타에 성공하려면 생각 왕이 스트레스 받는 순간을 노려야 한다. 생각 왕이 평정심을 잃는 순간 정신 못 차리고 더 큰 혼란에 빠지도록 흔들어 놔야 한다. 그러려면 부정적인 생각을 계속 반복하며 생각 왕을 부추길 수 있는 첩자를 생각 왕궁에 미리 심어 놓아야 한다.

생각 왕궁에 있는 불만 세력은 잠재적인 첩자 후보들이다. 그런데 그 가운데서도 S라인 허리가 두꺼워진 반복되는 부정적 생각이 있다면 첩자로 포섭하기 안성맞춤이다. 보통은 내각의 복수응징파나 비난남탓파 또는 미리걱정파 등이 단골 포섭 대상이 되곤 한다. 운동선수들 가운데는 시합 전에 '또 안 되면 어떡하지?' 등의 부정적 생각이 들면 떨쳐내기 어렵다는 경우가 많다. 이런 미리걱정파의 반복되는 걱정에 생각 왕이 주의를 기울이면 편도체 납치가 일어나 멘붕에 빠질 수 있다. 그러면 투수가 던진 공이 엉뚱하게 땅이나 하늘로 치솟게 된다.

감정 뇌에 화약이 충분히 쌓이고 생각 뇌에 첩자도 심어 놨다면 마지막 세 번째 조건만 갖춰지면 된다. 성공적인 쿠데타를 위한 마지막 조건은 불꽃이 튀는 순간이다. 스트레스를 받아 화약이 가득 차 있고 '다들 왜 날 못 잡아먹어 난리인 거야!'라는 생각을 곱씹으며 운전하고 있다. 그때 갑자기 끼어드는 차가 있다면 어떻게 될까? 불꽃이 튀고 화약엔 불이 붙는다. 생각 왕은 분노에 휩싸여 평정심을 잃게 되고 틈을 보인 순간 편도체 계엄군에게 감금당한다.

감정 뇌에 미해결 감정이 화약처럼 쌓이고 부정적 생각이 반복된다면 불꽃이 튀는 순간은 언제든 찾아올 수 있다. 자주 싸우는 부부들에게 싸움이 어떻게 시작되느냐고 물으면 비슷한 대답을 한다. '사소한 거로요.', '별것 아닌 거로요.' 목소리 톤이 솔 톤도 아니고 미 정도만큼만 올라가도 불꽃이 튀는 부부도 있다. 쌓여 있던 불만을 터트릴 불쏘시개는 어떤 자극이든 될 수 있다. 필요한 건 마른 화약에 불을 붙일 만큼의 작은 스파크면 되니까.

납치가 일어나면 불꽃을 튀긴 자극을 탓할 수 있다. '당신이 목소리 톤을 올리니까 열 받아 벽을 친 것뿐이잖아.', '갑자기 끼어드니까 내가 보복 운전을 한 거잖아!' 아무리 자극 탓을 해 봤자 화약이 쌓여 있는 한 불꽃이 튀면 언제든 또 폭발할 수 있다. 그렇기에 납치를 예방하려면 시선을 다른 쪽으로 돌리는 것이 필요하다. 밖의 불꽃 자극이 아니라 쌓여 있는 화약과 내부의 첩

자 쪽으로. 내부의 적을 알아야 불꽃이 튀는 순간에 생각 왕이 첩자의 말에
주의를 뺏기지 않을 수 있다.

5

가장 중요한 관계

30대에 이혼을 두 번씩이나 했던 가트만$^{John Gottman}$이라는 사람이 있었다. 그는 궁금했다. 자신은 왜 불행한 결혼생활을 했고 무엇이 문제였는지. 어떻게 하면 이혼을 막을 수 있는지. 가트만은 어떤 커플이 이혼하고 어떤 커플은 끝까지 잘 살지 예측하는 연구에 돌입했다. 30년 넘게 3,000쌍의 커플을 대상으로 종합적인 정보를 얻고 분석했다. 심장박동수와 혈류량을 측정하기도 하고 땀이나 소변에 있는 스트레스 호르몬도 측정했다. 부부의 일상을 담은 비디오도 촬영하고 성격 검사와 인터뷰도 실시했다. 그리고 5년, 10년, 15년 동안 추적 조사까지 진행했다.

심리학계에서도 대단위 연구로 평가받는 가트만의 연구 결과는 단순명료했다. 인간관계에서는 싸가지가 있어야 좋지만, 결혼생활에서는 4가지가 있으면 잘 살지 못한다는 것이었다. 가트만은 이 연구를 통해 달인까지 등극할 수 있었다. 부부 간의 대화를 몇 분만 들어 봐도 이혼할지 잘 살지 예측할 수 있는 능력자가 된 것이다. 예측의 정확도는 무려 94%나 되었다. 가트만이 예측한 대로 4가지가 있는 커플은 15년 내 94%가 이혼했다. 그가 찾아낸 결혼생활을 파탄 내는 주범 4가지란 도대체 무엇일까?

납치를 부르는 말

이혼 역행 특급열차에 탄 커플의 대화에는 4가지가 자주 등장한다. 비난, 방어, 담쌓기, 그리고 경멸. 이들은 종점에 도착할 때까지 누가 4가지 포인트를 더 많이 얻나 치열한 경쟁을 벌이곤 한다.

비난은 비난남탓파의 주특기이다. "당신 온종일 집에서 뭐 하는 거야? 하는 일이 뭐 있다고 애를 이딴 식으로 키워? 애를 어떻게 가르쳤기에 성적이 이 모양이야? 내가 이딴 성적표 받아 보겠다고 죽어라 돈 벌어 갖다 바친 줄 알아?"

비난은 창으로 찌르는 공격과 같다. 공격이 들어오면 일단 막고 봐야 한다. 살아야 하니까. 내 잘못을 인정했다간 창 맞고 쓰러질지도 모른다. 최선의 방어는 공격이라는 말도 있지 않나. 일단 방어를 위해 반격에 화력을 쏟아야 한다. "당신은 뭐 잘한 거 있어? 애한테 관심이라도 한번 줘 봤어? 애가 당신 닮아서 공부 못 하는 거 가지고 왜 나한테 난리야?"

창과 방패가 오가는 공방전 후에 새로운 전투 국면에 들어가는 부부도 있다. 담쌓고 상대를 완전히 무시하는 새로운 공격 방식이다. 투명 인간 취급하며 무시하거나 말을 걸어 와도 쳐다보지도 않는다. 전화나 문자를 씹거나 전화기를 꺼 놓기도 한다. 포스트잇만으로 할 말만 전하는 부부도 있다. 관계가 더 악화되다 보면 경멸 반응이 표출되기도 한다. 경멸은 이혼을 예측할 수 있는 가장 강력한 지표이다. 언성이 높든 낮든 상관없다. 말투나 표정에서 상대를 비하하거나 멸시하는 분위기가 감지된다. '당신 숨소리만 들어도 소름 끼쳐.'

4가지가 자주 등장하면 감정 뇌에 화약은 쌓이고 생각 뇌에 첩자도 늘어난다. 비난과 경멸의 말이 반복되면 첩자들의 S라인 허리는 점점 뚱뚱해진다. 반복할수록 잘하게 되는 신경 나라 제1법칙은 예외 없이 적용된다. 설거지할 때도 청소기를 돌릴 때도 상대에 대한 부정적인 생각이 끊이지 않을 수 있다. 첩자들이 쉬지 않고 비난과 경멸의 말을 반복하며 생각 왕을 흔들어 대는 것이다. 이쯤 되면 납치의 조건 2가지는 갖춰진다. 마지막 불꽃이 튀는 순간만 남았다. 상대의 한숨 소리 하나로도 불꽃은 튀고 납치는 순식간에 일어난다.

끝까지 듣기 대화법

납치가 반복되고 있다면 감정 뇌 화약과 생각 뇌 첩자에 대한 조치부터 필요하다. 소를 잃고 나서라도 외양간을 고칠 수 있으면 다른 소를 잃는 것은 막을 수 있다. 외양간 고치듯 납치가 일어나는 조건을 바꾸면 또 다른 납치가 일어나는 것은 예방할 수 있다.

생각 뇌 첩자는 처음부터 첩자가 아니었다. 그저 떠다니는 부정적 생각이었을 뿐인데 감정 뇌 공작비를 받고 힘이 세진 것뿐이다. 원망이나 미움, 화 등의 감정 공작비가 끊기면 부정적 생각들은 자연 힘을 잃는다. 그렇기에 첩자 색출에 앞서 감정 뇌에 쌓여 있는 불만에 집중하는 것이 좋다. 불만이 해소되면 화약이든 첩자든 한 방에 해결하는 것도 가능하다.

부부 상담 방법 가운데 이혼 위기에 처한 부부를 위한 대화법이 있다. 핸드릭스Harville Hendrix가 정리한 이 대화법은 편도체 납치가 수시로 일어나는 커플도 신혼 때처럼 바꿔 주는 기염을 토하기도 한다. 대화법의 핵심은 간단하다. 편도체의 말에 주의를 기울이고 끝까지 듣는 것이다.

대화는 보통 이렇게 진행된다. 한쪽이 말하는 사람이 되고 상대방은 듣는 사람이 된다. 누가 먼저 말하든 상관없다. 나중에 화자와 청자 입장을 바꾸니까. 규칙은 4가지이다.

첫째, 비난과 판단은 미뤄 둘 것.

둘째, 상대의 말을 끝까지 들을 것.

셋째, 듣고 나서 상대가 했던 말을 메아리처럼 복사할 것.

넷째, 하고 싶은 말을 다 할 때까지 질문해 줄 것.

가장 중요한 규칙은 끝까지 듣기다. 끝까지 들으면 상대의 편도체가 하고 싶었던 말을 하기 시작한다.

"오빠가 소리 지를 때마다 난 정말 무서워." 평소라면 여기서부터 싸움이 커질 수 있다. 상대의 말이 끝나기도 전에 잘라먹고 방어를 시작한다.

"너만 힘든 줄 알아? 난 답답해서 죽을 것 같아. 네가 자꾸 긁어 대니까 열받아서 소리 좀 높인 거 가지고 뭘 소리를 질렀다고 오버해? 넌 항상 그딴 식이야. 늘 사람을 못 잡아먹어 난리야!" 상담소에 와서도 이렇게 싸우는 커플들이 많다. 창으로 찌르고 방패로 막는 익숙한 싸움이 재현된다.

듣는 역할을 맡은 사람이 방어 대신 메아리를 선택하면 대화의 분위기는 급변한다. 메아리란 말하는 사람이 표현했던 내용을 그대로 다시 들려주는 것을 뜻한다.

"자기가 했던 말은 내가 소리 지를 때마다 무섭다는 거지? 내가 잘 이해했어?" 상대의 말을 메아리처럼 들려준 후에는 제대로 이해했는지 확인 차 물어봐 준다.

"응, 맞아." 듣는 사람이 잘 이해한 것 같으면 맞다고 알려 준다. 그러면 듣는 사람은 말하는 사람이 하고 싶은 말을 마저 할 수 있도록 이어서 질문을 해 준다.

"거기에 대해 더 하고 싶은 말 있어?"

"응, 있어." 공격 대신 메아리가 들려오고 관심이 담긴 질문까지 받게 되면 말하는 사람은 긴장이 풀린다. 그러면 마음에 담아 놨던 말을 할 수 있게 된다.

"오빠가 소리 지를 때면 어렸을 때 아빠가 엄마한테 소리 지르던 순간이 생각나. 그러면 더 무섭고 화도 나면서 다 버리고 도망치고만 싶어져. 오빠랑 잘 살고 싶은데 자꾸 나쁜 마음이 들기만 해."

끝까지 듣기 대화는 계속 이렇게 진행된다. 듣는 역할을 맡은 사람이 4가지 규칙을 지켜 주기만 하면 대화는 갈수록 깊어진다. 판단이나 비난에 가로막히지 않고 마음속 이야기를 하다 보면 울음이 터져 나오는 경우가 많다. 좀처럼 눈물을 보이지 않는 50대 남자들까지도 눈물을 보이곤 한다. 그렇게 창과 방패를 내려놓고 끝까지 듣는 대화가 이어질수록 편도체 불이 꺼져 가는 것이 관찰된다.

말하는 사람은 불만이나 마음에 담아 두었던 말을 할 수 있어서 마음이 풀린다. 그런데 말하는 사람뿐만 아니라 듣는 사람의 편도체도 불이 같이 꺼지는 경우가 많다. 평소처럼 방어하며 공격할 필요가 없으니 일단 긴장이 풀린다. 그렇게 무장을 해제한 상태에서 끝까지 듣다 보면 배우자의 고통이 비로

소 들리기 시작하면서 마음이 같이 열린다고 한다.

납치가 일어나 자주 싸워도 서로 경멸하는 정도까진 아니라면 이 대화법을 적용하는 것이 가능하다. 서로 간에 애정이 있는 커플이라면 한 번의 끝까지 듣기 대화만으로도 관계 회복이 시작되곤 한다. 보통은 이렇게 말하면서 대화가 마무리된다. "말하고 나니 마음이 풀리네요. 상처 주지 않으면서 이렇게 대화할 수 있는 방법이 있는 줄 몰랐네요. 진작 이런 대화법을 알았으면 그렇게까지 싸우지 않았을 것 같아요."

감정 뇌 말 경청하기

끝까지 듣기 대화법에는 감정 뇌와의 소통 원리가 잘 담겨 있다. 내가 방금 했던 말을 상대가 메아리처럼 들려주면 2가지 효과가 일어난다.

첫째, 상대가 내 말을 듣는다는 것을 확인할 수 있다. 귓구멍이 막힌 건지 대꾸가 없어 콩으로 메주를 쑨대도 내 말은 안 듣는다 싶었는데 처음으로 남편과 말이 통했다고 신기해하는 사람도 있다.

둘째, 남편이 내 말을 듣는다는 걸 확인할 뿐만 아니라 생각 뇌도 감정 뇌의 말을 들을 수 있게 된다. 불만이나 속상한 마음을 얘기할 때는 생각 뇌가 아니라 감정 뇌가 말을 한다. 남편이 메아리처럼 복사해 주면 남편 목소리를 통해 내 감정 뇌가 했던 말을 들을 수 있게 된다.

심리상담은 이런 원리로 진행된다. 감정 뇌의 말을 스스로 들을 수 있도록 감정이 엉켜 있는 사람의 말을 듣고 상담자가 메아리 역할을 해 준다. 감정 뇌와 소통이 잘되지 않는 사람들은 화나고 우울하기는 한데 뭐가 힘든지 잘 모를 수 있다. 첩자들이 머릿속에서 외쳐 대는 걱정이나 미움, 화를 돋우는 소리에만 귀를 기울여 왔을 뿐, 정작 상처받은 감정의 소리에는 귀를 기울이지 못했을 수 있다.

감정 뇌와 소통하기가 어려웠다 하더라도 감정 뇌와 대화를 연습하면 심리상담이 필요 없을 수 있다. 소통 연습을 위해서는 한 사람이라도 내 말을 들어 줄 사람이 있으면 좋다. 그 사람이 내 말을 메아리처럼 복사해 주지 않아도 된다. 말을 끊지 않고 들어 주기만 하면 된다. 성급하게 판단하고 조언하는 사람들은 일단 제쳐 두고 본다. 감정 뇌가 말을 꺼내기도 전에 브레이크가 걸릴 수 있다. 말하기 전에 판단하거나 조언하기보다 그냥 듣기만 해 달라고 미리 요청하는 것도 좋다. 감정의 소리에 귀를 기울일 수 있게 도와 달라고.

내 심정을 얘기할 때는 내가 하는 말을 내 귀로도 듣게 된다. 듣는 사람이 누구인지는 중요하지 않다. 감정 뇌의 말을 내 생각 뇌가 듣는 것이 중요하니까. 듣는 사람이 이해해 주고 메아리처럼 복사까지 해 준다면 금상첨화겠지만 현실은 그리 녹록지 않다. 상대가 자신의 감정 뇌의 말도 잘 듣지 못하고 있다면 내 감정 뇌의 말을 듣고 이해하기란 쉽지 않다. 이해를 바랐다가 실망하느니 기대 수준을 정돈하는 것이 좋다. 그저 경청해 주기만 하면 된다고. 이해까지 받게 된다면 의외의 보너스가 생기는 것일 뿐.

들어 줄 사람이 마땅히 없다면 혼자서 하는 방법도 있다. 뇌 영상 촬영 실험에서 피험자들에게 감정에 이름을 붙여 보라고 하자 편도체 반응이 감소하는 것으로 나타났다. 감정에 이름을 붙이려면 일단 감정에 주의를 기울이고 자각해야 한다. 누가 들어 주지 않더라도 자신이 어떤 감정을 느끼는지 스스로 관심을 주고 표현하기만 해도 감정 뇌가 진정될 수 있는 것이다.

생각 왕이 감정에 주의를 기울이기 시작하면 관료들도 그쪽을 쳐다본다. 왕의 의중을 알아야 잘리지 않고 자리를 지킬 수 있으니까. 생각 왕이 감정을 자각까지 하면 생각 왕궁 1층이 통째로 바빠진다. 제일 먼저 충동조절부에서 나선다. 감정이 충동적으로 일어나 폭동을 일으키지 않도록 분위기를 환기시킨다. 이어서 같은 층에 있는 감정통제부에서 편도체와 소통하며 감정 뇌를 진정시킨다.

감정통제부에는 감정 뇌의 말을 생각 뇌의 말로 바꾸는 통역사가 있다. 감정에 이름을 붙인다는 것은 통역사가 통역을 시작했음을 뜻한다. 통역이 나설 정도면 뇌국에서는 외국 정상과의 회담 수준의 큰 행사이다. 생각 왕과 편도체 보스의 회담은 뇌국의 주요 정상회담이라서 생각 뇌와 감정 뇌 모두에서 관심이 집중될 수 있다.

회담의 형식은 다양하다. 어른 뇌가 아기 뇌를 달래는 상상 대화 방식도 있고 글로 적는 감정일기도 있다. 생각 뇌가 감정 뇌의 말을 듣는 데 도움이 되는 방식이면 무엇이든 괜찮다. 단지 감정 뇌의 말을 잘 듣기 위해 4가지가 포함되면 좋다. 취약성 세트 메뉴에 들어가는 자극, 생각, 감정 그리고 행동 가운데 하나만 수정하면 된다. 행동 대신 몸에서 느껴지는 신체 반응으로.

이를테면 이렇게 감정일기를 쓸 수 있다.

■ 감정일기 예시

오늘 남편이 또 소리를 질렀다.	→	자극
그렇게 소리 지르지 말아 달라 부탁했는데 내 말을 무시한다 싶으니까	→	생각
가슴이 답답해 오면서	→	신체 반응
화가 났다.	→	감정
어렸을 때 아빠가 엄마에게 소리 지르던 장면이 생각나면서	→	생각
무섭기도 했다.	→	감정
가슴이 두근거리며 잘 진정되지 않았다.	→	신체 반응
다 버리고 그저 도망치고만 싶었다.	→	생각

감정에 이름표 달기

일정 시간이 지난 후 되돌아보며 감정일기를 써도 되지만 소통은 실시간으로 하는 것이 더 좋다. 감정을 경험하는 그 순간에 관심을 기울이고 자각해가면 감정 뇌와 친해져 갈 수 있다. 자주 톡을 주고받거나 통화하는 단짝처럼 말이다. 실시간 감정 자각을 할 때도 알아챌 것은 4가지다. 자극, 생각, 감정, 그리고 신체 반응. 이 가운데 가장 중요한 건 신체 반응이다.

감정을 경험하려면 먼저 몸에서 화학 물질이 분비되어야 한다. 분비된 화학 물질은 몸 어딘가에 느낌으로 퍼지게 된다. 몸에서 전해지는 이런 느낌이나 감각에 생각 뇌가 이름표를 붙이면 감정이 된다. 그렇기에 감정과 실시간으로 소통하려면 몸에서 느껴지는 신체 반응부터 알아채고 그 느낌에 이름을 붙여 주면 된다. 몸 느낌에 이름표를 붙이려면 이렇게 하면 된다. '가슴이 답답하면서 화가 나네', '얼굴이 화끈거리면서 창피하네.', '뒷골이 지근거리면서 억울하네.', '가슴이 두근거리면서 불안하네.'

아이들은 주사 맞는 것을 싫어한다. 아프니까. 아픔은 몸에서 일어나는 강도가 센 감각이라 어떻게든 피하고 싶어 한다. 불쾌한 감정을 경험할 때도 그렇다. 몸에서 불편한 감각이 느껴질 때는 느끼기 싫어 피하게 될 수 있다. 뭔가를 먹거나 술을 마시며 불쾌감에서 벗어나려는 사람도 있고 딴생각하며 주의를 돌리거나 꾹 누르기도 한다. 어떤 방식을 쓰든 결론은 같다. 생각 뇌가 감정 뇌의 말을 외면하고 무시하는 것이다.

습관 가운데 사람들이 가장 먼저 배우는 습관이 몸에서 느껴지는 불쾌한 감각으로부터 도망치는 것일 수 있다. 어렸을 땐 아프거나 불쾌한 감각을 스스로 달래기 어렵다. 그래서 피하는 것이 상책일 수 있다. 그런데 생각 뇌가 자라나면 상황이 달라진다. 생각 왕궁에 통증이나 불쾌한 감정을 다루는 담당 부서까지 설치된다. 지원 병력이 많기에 불쾌감에서 굳이 도망치지 않아도 된다. 생각 뇌가 빤스런을 멈추고 불쾌한 감각에 주의를 기울이기 시작하면 감정 뇌는 반색한다. 드디어 자기의 말을 들어 주기 시작했다고.

하버드 대학 테일러Jill Taylor의 연구에 따르면 불쾌한 감정의 자연적 수명은 90초이다. 첩자가 외치는 부정적인 생각에 계속 빠지지 않는 한 스트레스 호르몬이 혈관을 타고 몸 밖으로 빠져나가기까지 90초 걸린다. 그때까지 몸에서 느껴지는 불편한 감각에 주의를 두고 감정 뇌의 호소를 경청하면 감정 에너지는 흘러간다. 딴 데로 주의를 돌리거나 누르지 않는다면 말이다. 그렇게 감정 뇌가 '할 말 있습니다!' 할 때마다 외면하지 않고 경청하면 감정 뇌는 갈수록 마음이 금방 풀리면서 쉽게 진정되어 갈 수 있다. 마음이 풀리는 S라인 허리가 점점 뚱뚱해져 갈 테니까.

만국 공용어

전 세계에서 사용되고 있는 언어는 무려 6,000개가 넘는다. 생각 뇌 언어는 종류도 많고 배우기도 어렵다. 그런데 감정 뇌 언어는 단 하나뿐인 만국 공용어이다. 감정 뇌와의 소통을 연습해 내 감정 뇌의 말이 들리기 시작하면 다른 사람들의 감정 뇌가 하는 말도 알아들을 수 있게 된다. 영어에 귀가 뚫리면 누가 영어로 말하든 알아들을 수 있는 것처럼 말이다.

귀가 뚫려 감정 뇌의 말을 알아들을 수 있는 사람들은 인간관계에서 유리한 고지를 얻기도 한다. 감정 뇌의 말을 알아듣고 메아리처럼 복사만 해 줘도 편도체 불은 꺼지니까. 스스로 끄지 못하는 편도체 불을 누가 대신 꺼 준다면 호감이 가지 않겠는가. 감정 뇌의 말에 통달한 사람들은 상대의 감정을 달랠 수 있기에 살얼음 같은 갈등 상황에서 남다른 결과를 만들어 내기도 한다.

퇴근이 늦어진 남자가 집에 늦게 들어갔더니 와이프의 표정이 심상치 않다. 와이프의 생각 왕은 진즉에 납치되기 직전인 듯하다.

"오빠는 도대체 왜 그 모양이야. 늦으면 늦는다고 전화해야지 왜 전화를 안해? 늦으면 내가 전화하라고 했어 안 했어. 오빠는 늘 이런 식이야. 단 한 번도 내 말을 들어 준 적이 없어. 집에서 걱정하는 사람은 생각도 안 해 주는 거야? 날 사랑하기는 하는 거야?"

기관총처럼 쏘아 대는 와이프의 기습 공격에 화가 나지만 말 한 마디 잘못했다간 뭐라도 날아올 태세이다. 남자의 생각 왕은 힘이 세다. 가정의 평화를 지키기 위해 일단 꾹 누른다. 이 상황을 어떻게든 넘겨 보려 와이프를 진정시킬 공수표 멘트를 날려 본다.

"미안해."

마음에도 없는 멘트를 날리는 데까진 성공했다. 하지만 갑작스러운 도발에 열 받아 점점 밝아지고 있는 편도체 불빛까지 암막 커튼처럼 감출 순 없었다. 압력밥솥에서 스팀이 새듯 퉁명스러운 말투가 새어나가고 말았다. 와이프가 이를 감지하지 못할 리가 없다. 와이프의 뇌는 불꽃이 튀는 순간을 손꼽아 기다려 오지 않았겠는가. 마른 화약에 불꽃이 튀듯 폭탄은 터지고 만다.

"미안하긴 뭐가 미안하다는 거얏!! &#$%$#@&%$@"

와이프가 헐크로 변신해 비난의 창을 날려 대면 남자는 방어하기 바빠진다. 감정 뇌와 소통이 막혀 있는 남자라면 첩자들이 난리를 치며 역공 준비에 여념이 없어진다.

"아니 내가 늦고 싶어서 늦었어? 퇴근하려는데 김 부장이 자기 일을 떠넘기는 바람에 끝내자마자 출발한 건데, 왜 늦는지 일일이 와이프에게 다 보고해야 해? 내가 좋이야? 안 그래도 스트레스 받아 죽겠는데 왜 집에 오자마자 난리야. 이러니까 내가 집구석에 들어오기 싫어지지!"

화약이 잔뜩 쌓인 채 퇴근한 남자의 뇌도 불꽃이 튀는 순간을 기다려 왔을 수 있다. 와이프의 공격에 남자가 반격을 시작하면 부부는 그날도 넷플릭스가 좋아할 만한 납치극 K드라마를 찍을 수 있다. 그런데 만약 남자가 감정 뇌 언어에 귀가 뚫려 있는 사람이라면 드라마 엔딩이 달라질 수 있다. 비난의 말을 빼고 나면 와이프의 감정 뇌가 전하고 싶었던 메시지만 남는다.

- 늦으면 전화해 달라고 했는데 전화가 없어서 화가 났음. 무슨 일이 있는지 기다리면서 걱정했음 -

감정 뇌 언어를 이해하면 갈등 상황에 대처하기가 한결 수월해질 수 있다. 구차하게 변명할 필요도 없고 화난 상대를 달래기 위해 대역 죄인이 될 필요도 없다. 그저 알아들은 대로 상대의 감정 뇌 메시지를 메아리처럼 들려주기만 하면 된다.

"늦으면 전화해 달라고 했는데 전화 한 통 없으니까 화도 나고 무슨 일 있나 걱정도 됐을 것 같아. 내가 당신이었어도 기다리는 사람 생각도 안 해 주나 싶어 화났을 것 같아. 걱정 끼치고 속상하게 해서 미안해."

차분한 목소리로 감정 뇌 말을 메아리처럼 들려주면 와이프의 편도체 불은 꺼진다. 남편이 내 마음을 잘 이해한 것 같으니까. 하고 싶었던 말이 전달된 것이 확인되었으니까. 그뿐만 아니라 남편 목소리를 통해 자신의 편도체 메시지도 들을 수 있었으니까. 그렇게 편도체 불이 꺼지면 감정 뇌가 진정되면서 감정 세계에는 평화가 찾아오게 된다.

감정 뇌 말을 알아듣는 사람은 술 취한 사람도 잘 달랠 수 있다. 술에 취해 같은 소리를 무한 반복하는 사람들이 있다. 감정 뇌가 하소연하는 중인데 자기 말을 들어 줄 생각 뇌는 취한 상태라 듣지 못한다. 듣지만 못하는 게 아니라 감정 뇌를 제어하지도 못한다. 그래서 고장 난 녹음기처럼 같은 말을 반복한다.

같은 소리를 반복하면 듣는 사람이 짜증 날 수 있다. "알았어. 알아들었으니까 그만해. 왜 했던 소리를 계속 반복해!" 타박을 줘 봐도 녹음기는 좀처럼 멈추지 않는다. 녹음기를 멈추게 하려면 '알아들었다'고 타박을 주기보다 '알아들은 말'을 메아리처럼 들려주면 된다.

"너의 말은 %&^*%&^%*$% 라는 거지? 내가 잘 이해했어?" 이렇게 말이다. 그럼 편도체 불은 꺼지고 녹음기는 멈춘다. 녹음기가 멈추지 않는 경우에도 최소한 무한 루프에서는 벗어난다. 감정 뇌가 하고 싶은 다른 말이 또 있을 수 있으니까.

술에 취하면 평소에 올려 놨던 생각 뇌의 방어막이 해제된다. 그럼 억압받던 감정 뇌가 하소연을 할 수 있게 된다. 자기 말을 듣지 않고 누르기만 하던 생각 뇌가 취한 순간이 감정 뇌에게 기회가 되는 것이다. 하고 싶었던 말을 맘껏 할 수 있는 기회. 이때 누군가가 메아리 역할을 해 주면 감정 뇌는 스트레스를 털어낼 기회까지 얻게 된다. 감정 뇌 말에 귀가 뚫린 사람 덕분에 마음에 맺혔던 응어리가 풀리는 경험을 하게 될 수도 있는 것이다.

포장된 메시지

메시지만 전달할 수 있다면 감정 뇌 언어는 그리 어렵지 않다. 감정 뇌 말이 알아듣기 어려운 이유는 포장지에 싸여 전달될 때가 많아서이다. '전화도 안 하고 늦게 와서 걱정했어. 사고라도 났나 별생각이 다 들고 무섭기도 했어.' 이렇게 메시지만 전달하면 퇴근한 남편도 알아듣기 쉽고 미안한 마음도 든다. 그런데 보통은 비난남탓파나 복수응징파들이 메시지를 포장한다. 비난과 판단의 형형색색 포장지에 싸서 전달하다 보니 알아듣기 어렵고 소통은 막힌다.

포장지로 조금만 싸도 메시지가 왜곡되는데 납치가 일어나면 더 알아듣기 어렵다. 그간 쌓여 왔던 화약까지 포장지에 담아 폭탄처럼 던지기 때문이다. 흥분한 편도체는 생각한다. 그렇게 해야 자신의 메시지가 더 잘 전달된다고. 폭탄이 터져 놀라면 자신의 말에 주의를 기울일 테니까. 보다 파괴적으로 세게 말할수록 더 잘 들릴 테니까.

납치에 성공한 편도체는 내가 아픈 만큼 상대의 감정도 아프게 해야 한다고 생각한다. 복수응징파의 영향도 있지만 상대가 아파 봐야 내 아픔을 알아줄 거라 기대하기 때문이다. 그런데 정작 공격이 강할수록 상대가 방어하기 급급해 오히려 더 못 듣게 된다는 것은 모른다. 똥오줌 가릴 줄 아는 생각 왕은 납치된 상태이고 컨트롤타워를 조종하는 건 4살 편도체이기에.

귀가 뚫려 감정 뇌 말을 알아들을 수 있는 사람들도 상대가 폭탄을 던지면 정신이 없어진다. 상대의 기습공격에 내 생각 왕이 흥분하고 납치되면 전쟁을 막기가 어려워진다. 편도체에 납치된 뇌끼리 할 수 있는 게 뭐가 있겠는가. 서로 물어뜯으며 끝장을 보게 될 뿐. 전쟁을 막으려면 내 생각 왕부터 구해내야 한다. 그래야 메아리를 쓰든 메주를 쓰든 해서 상대의 생각 왕도 구출할 수 있다. 그런데 폭탄 맞아 흥분한 생각 왕을 어떻게 구할 수 있을까? 멘붕에 빠진 생각 왕을 빠르게 진정시킬 방법이 있을까?

6

생각 왕 구출 작전

피아노 건반을 칠 때면 소리마다 맛이 느껴진다는 사람이 있다. 시적인 표현을 얘기하는 것이 아니다. 음악가 중에는 실제로 소리에서 맛을 느끼거나 색을 보는 사람들이 있다. 스트라빈스키라는 유명한 음악가는 소리의 색을 정리한 음계 색상표까지 만들어 내기도 했다. 어떤 사람은 소리에서 냄새를 맡기도 하고 그림에서 노랫소리가 들린다는 사람도 있다.

'세상에 이런 일이?'에 나올 법한 얘기로 여겨질 수 있지만 이런 경험을 하는 사람들이 적지 않다. 100명 가운데 1명 정도는 하나의 감각 자극에서 다양한 감각을 경험하는 공감각자이다. 이들은 어떻게 보통 사람들과 다른 경험을 할 수 있을까? 말로만 듣던 식스 센스라도 있는 걸까?

공감각이 일어나는 이유는 의외로 간단하다. 눈으로 보는 정보는 뇌의 뒤통수로 가고 귀로 듣는 소리는 옆통수로 간다. 그런데 뒤통수와 옆통수 신경들이 친해져 계 모임을 맺는 경우가 있다. 그럼 귀로 듣는 소리가 옆통수로만 가는 게 아니라 뒤통수까지 전해져 소리가 색으로도 보일 수 있다.

이 원리를 응용하면 생각 왕을 빠르게 구출하는 것이 가능해진다. 있지도 않은 공감각 능력을 억지로 개발하라는 것이 아니다. 공감각 원리를 응용해 불쾌한 감정을 빠르게 털어내는 감정 청소법이 개발되었는데 방법은 매우 간단하다. 몸에서 느껴지는 불쾌한 감각이 어떤 색일지 떠올려 보고 숨을 내쉬면서 연기 뱉듯 뱉어내기만 하면 된다.

갇힌 감정의 탈출구

불쾌한 감정 호르몬은 맡은 바 임무를 마치면 혈관을 타고 몸 밖으로 빠져 나간다. 보통의 경우라면 그렇다. 그런데 생각 뇌가 감정 뇌 말을 무시하면 사정이 달라진다. 감정 에너지가 몸 밖으로 빠져나가지 못하고 정체된다. 탈출구가 막혀 몸 안에 갇혀 버리는 것이다.

흘러가지 못한 감정 에너지는 어떻게 될까? 시간이 지나면서 가라앉아 몸 어딘가에 쌓인다. 기분이 좋지 않을 때 몸 어딘가가 불편하다면 거기가 감정 에너지가 쌓이는 곳일 수 있다. 화병에 걸린 할머니들은 가슴에 돌멩이가 들어앉은 것 같다며 가슴을 탁탁 치신다. 스트레스 받으면 뒷골이 땅긴다는 사람도 있고 머리가 아프다는 사람도 있다. 학교 가기 싫을 때마다 배가 아프다는 아이들도 있다.

유통기한 지난 감정은 어디든 쌓일 수 있지만 한번 쌓이기 시작하면 계속 같은 곳에 쌓인다. 그러다가 미꾸라지가 휘저으면 흙탕물이 올라오듯 스트레스 자극을 받으면 구정물처럼 올라온다. 쌓여 있던 미해결 감정이 많이 올라오면 불쾌감은 더 크게 느껴진다. 그러면 건드리기만 해도 폭발할 것같이 예민해지면서 과도한 반응을 보일 수 있다.

갚지 않는 한 빚이 알아서 사라지는 법은 없다. 해결되지 않은 감정도 그렇다. 처리되지 못한 감정이 계속 쌓이다 보면 감정 쓰레기통이 넘쳐나는 순간이 올 수 있다. 그럴 땐 빚쟁이처럼 밀린 빚 청산해 달라고 편도체가 들고 일어난다. 쿠데타를 일으켜 빚 갚을 생각도 하지 않고 마냥 미루기만 하던 생각 왕을 감금하고 강제집행을 시작한다. 여기저기 딱지 붙이고 청소하듯 감정 청산을 시작한다.

납치된 뇌의 청소 방식은 다소 과격하다. 화약을 터트리듯 폭발시키며 감정 에너지를 털어낸다. 헐크로 돌변해 소리를 지르기도 하고 뭔가를 부수면서 에너지를 방출하기도 한다. 그렇게 정체된 에너지를 소모하고 나면 헐크가 얌전해지는 순간이 온다. 그 틈을 타 파산했던 생각 왕은 탈출에 성공해 재기를 노리게 된다.

공감각 원리를 활용하면 헐크가 되어 난동을 부리지 않고도 감정 에너지를 청소할 수 있다. 몸에서 느껴지는 불쾌감의 색을 떠올리면 몸의 촉감에 갇혀 있던 감정 에너지가 빠져나갈 탈출구가 생긴다.

탈출구는 시각뿐만 아니라 다른 감각으로도 만들 수 있다. 건드리면 어떤 소리가 날지 들어보며 청각 탈출구를 만들 수도 있다. 또는 불쾌감의 냄새가 어떨지 떠올려 볼 수도 있다. 귀신 나오는 영화를 보고 화장실 못 가는 아이에게 귀신의 맛이 어떨 것 같으냐고 질문해 보라. 뭐 저딴 질문이 다 있냐는 눈빛을 겪을 순 있어도 아이의 무서움은 줄어들 수 있다.

감정 뱉어내기

발자국 소리 때문에 잠을 잘 수 없다는 20대 여성이 있었다. 칼부림도 부른다는 충간소음 문제는 아니었다. 환청이 들리듯 소리가 들린다고 했는데 그렇게 된 지는 좀 된 듯했다. 어느 날 자려고 오피스텔에 누워 있는데 밖에서 발자국 소리가 들리기 시작했다고 한다. 소리는 갈수록 커졌지만, 처음엔 대수롭지 않게 여겼다. 누가 저렇게 큰 소리를 내며 걷나 성가신 정도였다. 그렇게 차가운 밤공기를 가르며 퍼져 나가던 발자국 소리는 어느 순간 갑자기 뚝 끊겼다. '누가 문 앞에 와 있나?' 괜시리 신경이 쏠리던 순간 어디선가 고막을 때리는 것 같은 굉음이 들려왔다. 누군가가 부서질 정도로 문을 쾅쾅 두들겨 대기 시작한 것이다.

얼떨결에 공포영화 주인공이 된 여성은 숨소리도 내지 못하고 쥐 죽은 듯 있었다. 이 순간이 빨리 지나가기만을 초조하게 기다렸다. 그런데 시간이 지나도 소리는 멈추지 않고 계속됐다. 두려움에 떨던 여성은 112에 신고했고 경찰이 도착할 즈음에야 소리는 멈췄다. 괴한은 도망쳤고 다시 찾아오는 일도 없었다. 하지만 여성은 그 후로 쉽사리 잠을 잘 수 없게 되었다. 자려고 누우면 저벅저벅 다가오던 발자국 소리가 들리면서 무서워진다는 것이었다.

듣고 보니 괴한의 습격 당시 경험했던 무서운 감정이 몸 밖으로 흘러가지 못하고 청각에 갇혀 있는 듯했다. 정체된 감정이 흘러가게 하려면 탈출구가 필요했기에 무서운 느낌의 색을 떠올릴 수 있게 질문했다.

"발자국 소리가 색이 있다면 어떤 색일 것 같나요?"

"검붉은색 같아요." 눈을 감고 한동안 침묵하던 여성이 대답했다. 이어 불쾌감의 정도를 확인하려고 다른 질문도 했다.

"10개 중 몇 개 정도로 무섭게 느껴지나요?"

"8개 정도요." 무서움의 정도와 색을 확인했으면 탈출구는 마련되었다. 이 제 갇혀 있던 감정이 흘러가게 청소할 차례이다. 청소법은 간단하다. 숨을 내쉬면서 불쾌감의 색을 뱉기만 하면 된다. 여성에게 숨을 크게 내쉬면서 검 붉은 연기 뱉듯 불쾌감의 색을 뱉어 보도록 했다. 다 뱉으면 색이 바뀔 수 있 는데 그때까지 뱉어 보라고. 여성은 1~2분 정도 숨을 뱉더니 색이 주황색으 로 바뀌었다고 했다. 색이 바뀌면 청소가 얼마나 되었는지 확인해 보는 것 이 좋다.

"발자국 소리가 무섭게 느껴지는 느낌이 지금은 열 개 중에 몇 개 정도로 느껴지나요?"

"6개요." 불쾌감이 작아졌으면 남아 있는 무서운 느낌의 색도 떠올려 보 게 하면 된다.

"남아 있는 무서운 느낌은 색이 있다면 어떤 색일 것 같나요?"

"빨간색 같아요." 다시금 색을 떠올리면 남은 불쾌감도 내쉬는 숨에 뱉어 내게 한다. 이 여성은 무서운 느낌을 다 뱉어낼 때까지 색이 4번 바뀌었는데 마지막 색까지 뱉어낸 후 이렇게 말했다. "이제 발자국 소리를 들어 봐도 무 섭게 느껴지지 않아요." 그날부터 여성은 밤에 자려고 누워도 발자국 소리가 들리지 않아 잠을 잘 잘 수 있게 되었다고 했다.

불쾌한 감정은 어떤 감각에든 쌓일 수 있다. 이 여성은 청각에 무서움이 쌓 여 있었는데 많은 경우 불쾌감이 몸 어딘가에 촉감으로 쌓이는 경우가 대부 분이다. 그래서 감정 뱉어내기를 연습할 때는 스트레스 자극을 떠올리며 몸 어디가 불편한지 확인하고 불쾌감의 색을 뱉어 보는 것이 좋다. 평소에 연습해 두면 납치 위험에 빠졌을 때 몸에서 느껴지는 불쾌감에 주의를 기울이며 생각 왕을 구해낼 수 있게 된다.

감정 뱉어내기를 연습하려는데 불쾌한 감정이 무슨 색인지 보이지 않아 모르겠다는 사람도 있다. 공감각자가 아닌 한 몸의 느낌이 무슨 색인지 보이지 않는 것이 당연하다. 상상이 잘되는 체질이 아니라면 색을 눈으로 볼 필요는 없고 그저 무슨 색 같은지 떠올리기만 하면 된다. 누가 '무슨 색 좋아하세요?', '집에 있는 자동차가 무슨 색인가요?'라고 물으면 눈앞에 보이지 않아도 색을 떠올릴 수 있다. 그런 식으로 색을 떠올리며 감정 에너지가 빠져나갈 탈출구를 만들어 주기만 하면 된다.

공감각 원리는 감정 청소 외에 다양한 영역에도 응용이 가능해서 담배 끊기에도 활용할 수 있다. 담배 피는 사람들은 흡연 욕구가 가슴이나 입안에서 느껴진다고들 한다. 물론 드물게는 목이나 손가락에서 느껴진다는 사람도 있지만. 욕구가 몸 어디서 느껴지든 상관없다. 깊은 이완 상태에서 담배 피우고 싶은 욕구의 색을 떠올리고 뱉도록 하면 흡연 욕구를 손쉽게 뱉어 낼 수 있다. 욕구를 다 뱉어낸 사람들은 담배 생각이 사라졌다면서 담배를 쉽게 끊곤 한다.

■ 감정 뱉어내기

- 다음 순서에 따라 연습하면 된다.

---

① 스트레스 받을 때 눈을 감고 몸에서 느껴지는 불편한 감각에 주의를 기울인다. 불편한 느낌이 열 개 중에 몇 개나 되는지 스스로 점수를 준다.

---

② 불편한 느낌이 색이 있다면 어떤 색일 것 같은지 떠올려 본다.

떠오르는 색이 어떤 색인지는 상관없다. 사람마다 다르니까. 단지 떠올린 색의 느낌이 좋게 느껴질 경우 다시 떠올려 보는 것이 좋다. 불쾌한 감각의 색은 대부분 불쾌하게 느껴진다고들 한다.

---

③ 내쉬는 숨에 연기 뱉어내듯 불쾌한 색을 뱉어낸다. 다 뱉어내면 색이 다른 색으로 바뀌는데 그때까지 뱉어내면 된다.

상상이 잘되는 사람들은 뱉어낸 연기를 고기집 환풍기가 빨아들여 가져간다고 상상해도 되고 블랙홀이 빨아들인다고 상상해도 된다. 상상이 잘 안 되는 사람들은 내쉬는 숨에 불쾌한 색이 연기처럼 나간다고 생각하며 뱉어도 된다.

---

④ 불쾌감의 색이 바뀌면 불편한 느낌이 열 개 중 몇 개 정도 남았는지 가늠해 본다. 보통은 줄어드는데 그럼 남아 있는 몸의 불편한 느낌이 어떤 색일지 다시 떠올려 본다. 대부분은 처음 떠올렸던 색과 다른 색을 떠올리곤 한다. 그러면 또 연기 뱉듯 뱉어낸다.

불쾌한 느낌이 사라지고 몸이 편해질 때까지 이 과정을 반복하면 된다. 다 뱉어낼 때까지 걸리는 시간은 사람마다 다르다. 10초 만에 뱉어내는 사람도 있고 5분 정도 걸리는 경우도 있다.

태평성대를 꿈꾸며

전쟁과 혼란이 끊이지 않는 시대를 살아가는 사람들은 태평성대를 꿈꾸곤 한다. 어진 임금이 다스려 백성들이 평안한 시대를. 뇌국도 마찬가지이다. 생각 뇌도 감정 뇌도 쿠데타가 수시로 일어나는 혼란한 시대를 원하지 않는다. 태평성대까지는 기대하기 어렵더라도 뇌국에 평화가 찾아오게 하려면 어떻게 하면 좋을까?

뇌국의 평화를 위해서는 무엇보다 감정 뇌의 안정이 우선이다. 감정 뇌 백성들이 불만이 가득하면 언제든 쿠데타의 불씨가 살아날 수 있다. 감정 뇌가 안정되려면 생각 뇌가 정신을 똑바로 차려야 한다. 첩자에게 휘둘리지 않고 감정 뇌가 고충을 표현할 때마다 관심을 기울여야 한다. 그래야 감정 뇌의 불만도 해소할 수 있고 뇌국에 안정이 찾아온다. 그런데 생각 뇌가 첩자의 말에 휘둘린다면 어떻게 될까? 감정 뇌 말을 듣지도 못할 뿐 아니라 납치 위기에 빠지게 될 수도 있다.

첩자에게 휘둘리는 생각 왕을 돕고자 한다면 감정 뱉어내기가 좋은 대안이 될 수 있다. 감정 뱉어내기는 납치 위기에 빠진 생각 왕을 도울뿐더러 뇌국의 평화에도 기여할 수 있는데 다음과 같은 3가지 효과가 있기 때문이다.

첫째, 감정 뇌와의 소통이 강화된다. 감정을 뱉어내려면 편도체에 불이 들어올 때 몸 어디가 불편한지 주의를 기울여야 한다. 몸에서 느껴지는 감각에 주의를 기울이다 보면 생각 왕이 감정 뇌의 말을 듣게 된다. 감정 뱉어내기를 통해 감정 뇌가 불만을 호소할 때마다 실시간 소통이 가능해지는 것이다.

둘째, 감정 뇌의 불만을 해소할 수 있다. 몸에서 느껴지는 불쾌감의 색을 뱉어내다 보면 감정 뇌에 쌓여 있던 화약을 청소하듯 털어내 갈 수 있다. 그뿐만 아니라 감정 뇌에 화약이 쌓이지 않도록 예방하는 것도 가능하다. 편도체에 불이 들어왔을 때 생각 왕이 첩자들의 말에 주의를 뺏기지 않고 몸의 느낌에 초점을 두면 감정이 쌓이지 않고 흘러간다. 스트레스 호르몬이 몸 밖으로 빠져나가는 90초 동안 막히지 않고 흘러갈 수 있는 것이다.

셋째, 생각 뇌의 에너지를 높일 수 있다. 첩자들이 외쳐 대는 과거 상처나 미래 걱정에 생각 왕이 주의를 뺏길 경우 생각 뇌의 힘은 약해진다. 생각 왕 궁의 각 부서들이 왕의 지시에 따라 열심히 일하려 해도 밥을 굶으면 힘을 쓸 수 없다. 부정적인 과거나 미래 걱정에 집중하면 생각 뇌가 먹고사는 밥과 같은 세로토닌이 감소한다. 반면 생각 왕이 현재에 주의를 기울이며 감정을 자각하면 세로토닌이 증가한다. 감정 뱉어내기를 할 때는 몸에서 느껴지는 현재의 감각이나 호흡에 집중하며 감정을 자각할 수 있기에 생각 뇌에 에너지가 충전된다.

멘탈 소프트웨어 관리

• 1 •

나 원래 이래!

파란 눈을 가진 아이가 날 빤히 쳐다보며 소리쳤다. "진짜 못생겼다!" 아이는 못 볼 꼴을 봤다는 듯 잔뜩 찡그린 표정이었다. 언젠가 지나치다 본 적이 있는 아이도 아니었다. 군 생활을 마치고 떠났던 어학연수에서 길 가다 처음 마주친 아이였다. 4살 정도 되어 보이는 백인 여자아이는 마치 내가 무슨 큰 잘못이라도 저질렀다는 듯 손가락질하며 노려봤다.

내가 뭘 잘못했다고 이러는 걸까? 얼굴이 화끈거려 황급히 자리를 피했지만, 아이가 외쳤던 말과 손가락질, 그리고 눈빛은 오랫동안 뇌리에서 맴돌았다. 생각할수록 의아했고 덮어 둔 치부가 들춰진 기분이었다. 군 생활 동안은 모두가 같은 옷을 입고 머리도 빡빡 깎았다. 가능한 한 똑같이 보이도록 만들어 주었기에 내 생김새에 대해 딱히 고민할 필요가 없었다. 하지만 이제 다른 세상에 적응해야 했다. 아이에게까지 생김새로 평가받는 세상에. 어린 아이까지 저렇게 말하는 걸 보면 내가 못생긴 게 틀림없는 사실인 듯했다.

이런 순간이 처음은 아니었다. 첫 기억은 7살쯤의 이발소였다. 그날따라 이발소 아저씨가 기분이 좋지 않았는지 내 머리카락을 가지고 이러쿵저러쿵하셨다. "아 이 녀석 머리카락이 돼지털같이 뻣뻣하네. 가위질이 제대로 되질 않잖아!" 아저씨의 갑작스러운 머릿결 품평에 나는 잔뜩 주눅이 들었다. 이발이 끝나자마자 도망치듯 집에 가려는데 옆에 앉아 있던 아저씨가 내 얼굴을 쳐다보며 또 뭐라고 한다. "아 그 녀석 머리 깎고 나니 이제야 좀 봐줄 만하네." 뭘 봐줄 만하다는 것이었을까. 그때는 그게 무슨 소린지 몰랐었다.

사춘기 지나 고등학생이 되었을 때 결정타가 찾아왔다. 무더운 여름날 체육 시간이 끝나고 세수도 못 한 채 앉아 있는데 앞에 앉은 녀석이 뒤돌아 내 얼굴을 빤히 쳐다봤다.

"뭘 봐?" 아무 말 없이 한참을 쳐다보기에 이상한 기분이 들어 왜 쳐다보냐 물었다. 그랬더니 녀석이 이렇게 말하는 것이다.

"넌 나중에 커서 결혼해도 아이는 낳지 마라. 너같이 생긴 아이 태어나면 어떻게 책임지려고." 실실 웃으며 말했으면 차라리 나았을 뻔 했다. 그런데 그게 아니었다. 녀석의 표정은 진지했고 목소리 톤은 낮고 차분하기까지 했다. 진심으로 전달될 만한 최적의 요소를 갖춘 녀석의 말에 난 KO 펀치를 맞은 것처럼 뻗어 버렸다.

그 후로 난 저주의 주문에 걸려든 것처럼 앞자리 녀석이 나를 바라보던 시선으로 나 자신을 바라보기 시작했다. 못생기고 매력 없는 인간으로. 대학 가서도 그 흔한 미팅 한번 나가지 못했다. 나가 봐야 모두가 나를 싫어할 것 같았기에. 녀석의 주문을 풀고 탈출에 성공하기까지는 오랜 세월이 필요했다. 사람들이 하는 말이 하나의 의견일 뿐임을 알게 되기까지 꽤 많은 대가를 치러야 했으니까.

내면의 시선

1965년 샌프란시스코에 있는 한 초등학교에서 유명한 실험이 진행됐다. 전교생에게 지능검사가 실시되었는데 선생님들에게는 종이 한 장만 전달되었다. 종이에는 몇몇 학생들의 이름과 함께 이런 문구가 적혀 있었다. '이 학생들은 머리가 좋아 공부를 잘할 가능성이 매우 높음.' 명단은 무작위로 뽑힌 가짜였지만 선생님들은 명단에 있는 학생들이 똑똑하고 특별하다고 생각했다.

8개월이 지나 성적을 확인해 보니 명단에 있던 학생들은 성적이 크게 올랐다. 그뿐만 아니라 지능도 높아져 있었다. 가짜 명단을 건넸을 뿐인데 이 학생들은 어떻게 성적도 지능도 높아지게 된 것일까?

연구자들은 학생들에게 비디오 화면을 보여 주며 퀴즈를 냈다. 비디오에는 선생님이 학생을 평가하는 장면이 나오는데 소리는 무음이라 말소리는 들리지 않았다. 오직 화면만 보고 선생님이 학생을 긍정적으로 평가하는지 부정적으로 평가하는지 맞히는 퀴즈였다. 퀴즈는 싱겁게 진행됐다. 학생들은 비디오를 오래 쳐다볼 필요도 없었다. 10초도 지나지 않아 거의 다 정답을 맞혀 버렸으니까.

선생님이 좋게 보는지 꼴통으로 보는지 아이들은 직감적으로 안다. 그에 따라 성적이 널뛰기할 수 있음을 겪어 본 사람들은 다들 안다. 실험은 단지 '나만 그런 게 아니라 다들 그러네!'를 공식화해 주는 효과가 있다.

'넌 똑똑하니 잘 해낼 수 있어.'라고 선생님이 바라봐 준다면 학생의 마음은 어떨까? 격려와 기대에 부응하려고 노력할 것이고 그러다 보면 선생님이 자신을 바라보는 시선을 복사하게 된다. 교사가 자신을 바라보는 방식대로 자신을 바라보는 마음의 시선이 만들어지는 것이다. 내면의 시선이 만들어져 뿌리내리기 시작하면 어느 순간부터 외부의 시선은 필요 없어진다. 스스로를 같은 방식으로 바라보며 알아서 줄기를 뻗고 쭉쭉 자라나기에.

'자식 사랑하지 않는 부모가 어디 있겠어요?'라는 말이 자주 회자되곤 한다. 그런데 마음이야 어쨌든 표현되는 말은 그와 다른 경우가 많다. '넌 누굴 닮아서 이렇게 공부를 못 하는 거야!', ' 커서 뭐가 되려고 하는 짓마다 이 모양이야!'

잘되라고 했던 말이라지만 이런 말들은 마음 밭에 뿌려진 씨앗처럼 뿌리를 뻗으며 자라날 수 있다. 그래서 '빌어먹을 놈' 소리를 늘 들으며 자란 사람은 커서 빚을 지며 빌어먹고 살게 될 수 있다. 싫으면서도 마음 한쪽에선 자신을 계속 빌어먹을 놈으로 바라보기에.

관찰은 나의 힘

내면의 시선이 자리 잡기 시작하면, 신경 나라는 거기에 적극 협조한다. 그 시선이 긍정적인지 부정적인지는 신경들에게 중요치 않다. 좋든 싫든 생각 왕이 승인하지 않았는가. '나 원래 이래!'라고 생각 왕이 결정한 것에 대해 신경들이 토를 달 이유가 없다. 생각 왕이 같은 시선으로 자신을 바라볼수록 신경들은 열심히 일하며 S라인 허리를 뚱뚱하게 늘려 갈 뿐. 그러면서 뇌 하드웨어를 작동시킬 소프트웨어가 설치되어 간다.

소프트웨어는 종류가 다양한데 설치 방식에 따라 크게 3종류로 나눌 수 있다. 앞자리 녀석이나 교사 또는 부모님이 바라보는 시선은 타인 추천에 의한 설치 방식이다. 이 방식에서는 타인이 특정한 앱이나 프로그램을 추천하고 생각 왕이 '동의' 버튼을 누르면 설치가 진행된다. 타인이 추천하는 방식 외에 관찰 경험과 직접 경험을 통한 설치 방식도 있다.

관찰 경험은 직접 해 보지 않아도 관찰을 통해 소프트웨어가 설치되는 방식이다. 스트레스 받을 때마다 진탕 술 마시고 들어오는 아빠는 엄마와 싸우며 화풀이를 한다. 아빠랑 싸우고 나서 스트레스 받은 엄마는 백화점에 가서 명품을 사재기한다. 그러면 아이는 엄마 아빠의 행동을 관찰하며 스트레스 대처 프로그램을 설치해 간다. '스트레스 받을 때는 술을 마시거나 명품을 사야 되는구나!' 생각하면서. 그렇게 해서 스트레스가 해소될지 말지는 상관없다. 엄마 아빠처럼 어른이 되어 스트레스를 받으면 예전에 깔렸던 프로그램이 작동될 뿐이기에.

삼삼오오 앉아 애기할 때는 말을 잘 하다가도 일어나 한 마디 할라치면 갑자기 말을 더듬는 사람들이 있다. 머리가 하얗게 되면서 무슨 말을 해야 할지 모르겠다거나 손을 떠는 사람들도 있다. 언젠가 발표하다 실수해서 한바탕 웃음거리가 된 후 발표 불안이 생겼을 수도 있다. 하지만 발표하다 쪽 당한 경험이 없더라도 발표 불안 프로그램은 설치될 수 있다.

학교 다닐 때 수업 시작하면 자주 연출되던 장면이 있었다. 출석 부르고 나면 선생님이 혼자서 묻고 혼자 대답하시곤 한다. "오늘 며칠이지? 25일이네. 25번 누구야? 일어나 봐." 붙으라는 로또는 안 붙는데 꼭 이런 번호는 잘 붙는다. 선생님의 질문에 대답을 제대로 못 하면 망신살이 뻗치거나 불려 나가 매를 맞기도 한다.

한바탕 피바람이 불고 난 후 선생님이 다음 희생양을 고르기 위해 교실을 둘러보면 가슴이 조마조마해져 온다. 누가 시키지도 않았는데 다들 눈을 아래로 내리깐다. 지목당해 일어났다간 똑같은 꼴을 당할 테니까. 신경 나라는 반복되는 이런 순간을 놓치지 않고 프로그래밍한다. 당해 본 적이 없어도 소프트웨어가 설치될 수 있는 것이다. 누구처럼 피바람 맞기 싫으니까.

어떤 아빠는 7살 아들에게 수영을 가르치려다 실패했던 쓰라린 경험을 얘기했다. 이 아빠는 20년 경력의 심리치료사였는데 자신이 아는 모든 방법을 동원해 보았지만, 아들이 수영장에 들어가게 할 수 없었다. 수영장 물을 바라보기만 해도 무섭다고 아들이 도통 물속에 들어가려 하지 않았다.

물 공포증이 심해 수영은 어렵겠다 포기할 즈음이었다. 갑자기 아들 또래 아이들 여럿이 우르르 몰려와 수영장 물에 뛰어들더니 신나게 물장구를 치기 시작했다. 그 광경을 본 아들은 한순간의 주저함 없이 물 만난 물고기처럼 수영장 물속에 뛰어 들어갔다. 그 후 일 년도 채 지나기 전에 아들은 이렇게 말하더란다. '나 원래 수영 좋아했거든.'

몸빵의 추억

관찰 경험만으로도 소프트웨어 설치가 가능하지만, 몸빵으로 직접 겪는 경험만큼 강렬한 것도 없을 것이다. 1957년 리히터Curt Richter는 들쥐들을 대상으로 실험을 하고 있었다. 들쥐들을 따뜻한 물이 담긴 통에 풀어놓고 마음껏 수영할 수 있게 했다. 대부분의 들쥐들이 물개라도 된 것처럼 신나게 수영을 즐겼다. 그런데 처음 몇 분 동안은 열심히 수영하는 듯하더니 이내 헤엄치기를 멈추고 금방 익사하는 쥐들이 나타났다.

'얘들은 물개 유전자가 없나?' 싶어 원인을 찾던 연구자는 익사한 쥐들의 공통점을 찾아냈다. 이 쥐들은 물통으로 옮겨지는 과정에서 연구자의 손아귀에서 벗어나려고 안간힘을 썼지만 풀려나지 못한 경험을 한 쥐들이었다. 사람 손아귀에서 벗어나지 못한 좌절감이 얼마나 컸으면 생을 포기할 정도가 되었을까? 리히터의 손맛이 얼마나 독했기에.

이후 들쥐 익사 사건의 전말을 파악하고자 진상조사단이 꾸려졌다. 조사단의 엄밀한 조사 결과 리히터의 손은 무죄 판정을 받을 수 있었다. 들쥐들의 익사는 리히터의 손맛과는 무관하다는 결론이 난 것이다. 그러면 도대체 쥐들은 왜 익사한 것일까? 이 쥐들에게 정말 수영 유전자가 없어서였을까?

연구자들은 다양한 동물을 대상으로 비슷한 실험을 진행했고 이를 통해 심리학계를 떠들썩하게 했던 유명한 이론이 등장했다. 이름부터 그럴듯한 '학습된 무기력'이라 불리는 이론에서는 들쥐가 익사한 원인을 단 한 문장으로 정리했다. '무슨 짓을 해도 벗어날 수 없는 통제 불가능한 경험을 반복적으로 경험하면 무기력이 학습됨.' 이 설명에 따르면 무기력해진 쥐들이 헤엄치기를 멈추었기에 익사하게 됐다는 것이다.

사람 손에 잡혀 무력감을 경험하는 좌절의 순간은 시간이 흐르면 지나간다. 하지만 쥐들이 몸빵으로 체험했던 좌절감은 지나가지 않고 소프트웨어로 설치된다. '무슨 짓을 해도 소용없다'는 무기력 프로그램으로.

속상한 일을 겪은 사람에게 '다 지난 일이여. 잊어버리고 털어내'라고 말하는 경우가 있다. 그런데 사람보다 뇌가 훨씬 작은 쥐들조차 속상했던 경험을 저장하고 잘 잊지 못한다.

발자국이 남듯이 경험은 흔적을 남기기에 좌절이 반복되면 무기력해질 수 있다. 하지만 무기력해지지 않고 금방 털고 일어나는 사람들도 분명히 있다. 들쥐 중에도 그런 쥐들이 있었다. '아까는 아까고 지금은 지금이지.'라고 생각하는지 아무 일 없었다는 듯 오랫동안 헤엄쳐 살아남는 쥐들도 있었다.

다양한 동물과 사람을 대상으로 실험해 본 결과 무기력을 학습하는 비율은 8:2 정도였다. 80%는 반복되는 좌절을 겪으면 무기력해지지만 20%는 아무 일 없었다는 듯 털어낸다. 반복되는 좌절에도 멀쩡할 수 있는 20%에게는 어떤 비결이 있는 것일까? 용가리 통뼈라도 있는 것일까?

생각의 함정

어느 나라든 왕이 내리는 판단은 중요하다. 왕이 잘못된 판단을 내려 나라가 망한 사례는 셀 수 없이 많다. 뇌국의 사정도 마찬가지이다. 생각 왕이 잘못된 결정을 내리면 순식간에 황천행 급행열차에 오르게 될 수 있다. 헤엄치기를 멈추고 물에 빠져 죽은 들쥐처럼 말이다. 그런데 익사한 쥐의 생각 왕은 도대체 왜 그런 것일까? 아무리 무기력해졌다고 해도 무슨 생각으로 헤엄치기를 멈추라 명했던 것일까?

사람들은 성공과 실패에 대한 원인을 찾는 습관이 있다. 심리학에는 이런 원인 찾기 습관에 대해 정리한 귀인 이론이 있다. 사주 볼 때 나오는 '올해 귀인을 만나 일이 풀린다'라고 할 때의 귀한 사람을 말하는 것이 아니다. 원인 인(因)자를 써서 어디선가 원인을 찾는다는 뜻이다.

원인 찾기에서 가장 쉬운 접근은 안이나 밖에서부터 뒤지는 것이다. 죽어라 시험공부를 했는데 떨어졌다면 원인을 어디서 찾을까? 시험 범위도 아닌 이상한 데서 문제를 냈다고 출제자 탓을 한다면 원인을 밖에서 찾고 있는 것이다. 이를 외부 귀인이라 부른다. 이와 반대로 안에서 원인을 찾는 것을 내부 귀인이라 한다. 머리나 팔자를 탓하는 것이 가장 흔한 내부 귀인이다. '역시 난 머리가 나빠서 안 돼.', '난 뭘 해도 안 될 팔자야.'

익사한 들쥐의 생각 왕도 처음에는 원인을 밖에서 찾았을 것이다. '포악한 인간이 나를 손아귀에 넣고 놓아주지 않으니까 내가 못 도망가지. 손아귀에서 벗어나기만 해 봐라! 똥이라도 싸 주고 당장 도망칠 테다!' 들쥐의 생각 왕은 이때까지 원인을 제대로 봤을 수 있다. 그런데 아무리 발버둥 쳐도 도망칠 수 없는 좌절이 반복된다면 얘기가 달라진다. 스멀스멀 어디선가 자기 의심이 고개를 들고 속삭이기 시작한다.

'내 머리가 나빠서 인간의 손아귀에서 벗어날 방법을 찾지 못하는 건 아닐까?', '어쩌면 난 뭔 짓을 해도 운명의 수레바퀴에서 탈출할 수 없는 팔자 아닐까?' 이렇게 머리나 팔자를 탓하며 신파에 몰두하고 있는 사이 생각 왕 앞에는 '동의' 버튼이 나타날 수 있다. '무기력 소프트웨어를 설치하시겠습니까?'

자기 의혹의 늪에 빠져 버린 생각 왕이 동의 버튼을 누르면 게임은 허무하게 끝나 버린다. 무기력 프로그램은 빠르게 설치되고 손아귀에서 벗어난다 한들 생각 왕은 아무 의욕이 없다. 쉽게 헤엄칠 수 있는 물통에 들어가도 생각 왕은 생각한다. '다 부질없는 짓이야. 어차피 여기서도 벗어날 수 없는 팔자인걸.'

영원한 결론

원인을 안에서 찾는 것이 잘못된 것은 아니다. 공부를 게을리해서 시험에 떨어졌는데 출제자 탓만 하고 있다면 다음 시험도 불 보듯 뻔하다. 이럴 땐 냉철하게 원인을 찾아야 한다. 원인이 안에 있는지 밖에 있는지 검토해야 게으름을 극복하고 합격 가능성을 높일 수 있다. 그런데 원인 탐색이 쉽지 않은 경우도 있다.

스펙도 뒤지지 않고 면접도 잘한 것 같은데 취업에 계속 실패한다면 걱정과 자기 의혹이 깊어질 수 있다. '이러다 영영 취업 못 하는 거 아냐?', '이렇게까지 떨어지는 걸 보면 난 원래 뭘 해도 안 되는 팔자 아닐까?'

스스로에 대해 의문을 품기 시작하면 생각 왕은 혼란에 빠진다. 원인을 분석하며 대처해야 할 순간에 생각 왕이 정신 줄을 놓고 걷다 보면 늪에 빠지게 될 수도 있다. 한번 빠지면 다시 나오기 쉽지 않은 영구적 귀인이라는 늪에.

영구적 귀인은 잘 변하지 않는 이유에서 원인을 찾는 것을 말한다. 들쥐의 생각 왕도 이 함정에 빠졌기에 황천길에 들어설 수밖에 없었다. '머리가 나빠.', '팔자가 더러워.' 등으로 부정적인 내부 귀인을 한다고 물통에 빠져 죽지는 않는다. 손아귀에서 빠져나오면 머릿속에서 시끄럽게 울려 대던 부정적인 생각도 덜해진다. 그러면 물통이라는 새로운 환경에서 새 시작을 할 수 있게 된다. 그런데 영구적 귀인의 함정에 빠지면 새 시작은 꿈도 꾸기 어려워진다. 팔자가 지금만 더러운 게 아니라 앞으로도 영원히 더러울 것이라 생각하는 무간지옥에 갇히기 때문이다.

'난 무기력하니까 아무것도 할 수 없어!'라고 영구적 귀인을 내리면 선택지가 남지 않는다. 지금까지도 할 수 없었으니 앞으로도 계속할 수 없다고 결론을 내린 꼴이니까. 그러면 이미 내렸던 결론과 다른 현실이 펼쳐져도 잘 받아들이지 못한다. 그래서 쉽게 헤엄칠 수 있는 물통에 들어가서도 헤엄치지 않는다. '아무것도 할 수 없으니 헤엄쳐 봐야 살아남을 수 없다.'고 생각하기에. 그러면 생각 왕은 몸에 힘이 많이 남아 있더라도 헤엄치기를 멈추고 힘을 빼라 명한다. 생각 왕의 명령에 따라 쥐의 생각 뇌는 동작을 멈추고 물속으로 가라앉아 버린다.

무기력에 빠져 익사한 80% 쥐들과 달리 끝까지 헤엄쳐 살아남은 20% 용가리 통뼈 쥐들은 원인을 어디서 찾았을까? 이들은 일시적이고 변화 가능한 이유에서 원인을 찾곤 한다. 이를테면 이렇다. '많이 발버둥 치다 보니 힘이 좀 빠지네. 지금은 지쳐서 우울하고 무기력한 것뿐이야.', '포악한 인간도 힘이 빠질 때가 있을 거야. 그때는 탈출할 수 있을지 몰라.' 이렇게 일시적인 이유에서 원인을 찾으면 통제력을 잃지 않는다. 그러면 물통에 들어가서도 물개처럼 활개 치며 헤엄쳐 살 수 있게 된다.

서커스단에서는 코끼리가 도망치지 못하게 훈련하는 간단한 방법이 있다고 한다. 어린 코끼리를 쇠사슬에 묶어 놓으면 끊고 도망치려고 발버둥 친다. 아무리 발버둥 쳐도 그냥 내버려 두면 어린 코끼리는 어느 순간 도망치려는 시도를 포기한다. '이 쇠사슬은 너무 튼튼해!'라고 외부 귀인을 했을 수도 있다. 아니면 '나는 힘이 없고 약해!'라고 내부 귀인을 했을 수도 있다. 그런데 코끼리의 운명을 결정짓는 것은 내부 또는 외부 귀인이 아니라 일시적 귀인을 하는가 영구적 귀인을 하는가의 여부이다.

'나는 어리니까 지금은 충분히 힘이 강하지 않아.'라고 일시적 귀인을 하면 커서 힘이 강해질 때 도망칠 기회를 노릴 수 있게 된다. 그런데 '난 원래 힘이 약해서 무슨 짓을 해도 쇠사슬을 끊지 못해'라고 영원한 결론을 내리면 기회는 사라진다. 결론을 내린 후 다시 검토하는 경우는 거의 없다. 안 그래도 결재할 서류가 산더미 같은데 결재가 끝나 창고에 쌓아 둔 서류를 끄집어내 다시 검토하는 게 어지간해선 쉽지 않다.

영원한 결론을 내렸던 코끼리는 몸집이 커져 자동차를 코로 들어 올릴 수 있을 정도로 힘이 세져도 도망치지 않는다. 툭 치면 쉽게 끊어질 것만 같은데 코끼리의 생각은 다른가 보다. 쇠사슬을 끊을 시도조차 하지 않는다. 이 코끼리는 '과거에도 못 했으니 지금도 못 하고 앞으로도 영원히 못 할 거야'라는 영구적 귀인의 쳇바퀴에 갇혀 있지만, 함정에 빠진 줄도 모른다. 영원한 결론을 내리는 순간부터 '나 원래 못 해!'라고 믿고 살게 되기에.

또 다른 함정

영원한 결론의 함정에 빠지면 치러야 할 대가가 많다. 서커스단 코끼리는 어린이 코끼리용 쇠사슬만 봐도 크립토나이트를 만난 슈퍼맨같이 맥을 못 춘다. 자기 몸의 100배 높이까지 뛸 수 있는 높이뛰기 달인 벼룩은 유리병 속에 하루만 가두었다가 뚜껑을 열어 둬도 유리병 밖으로 도망치지 못한다. 유리 뚜껑 높이 이상으로는 더 이상 뛸 시도도 하지 않기 때문이다.

영구적 귀인을 통해 무기력 소프트웨어가 설치되면 자신이 가진 힘과 능력을 잊고 한계에 갇히게 된다. 혹자는 벼룩이나 코끼리는 뇌가 작고 멍청하니까 그렇지, 인간은 지능이 높아 다를 것이라고 주장할 수도 있다. 생각 왕이 마음만 먹으면 무기력 프로그램을 다시 검토해 보고 업데이트할 수 있으므로 인간이 다를 수는 있다. 그런데 그 높은 지능 때문에 다른 생명체보다 더 많은 대가를 치르는 경우도 있다. 영원한 결론 외에 인간만이 빠질 수 있는 또 다른 함정이 있기 때문이다.

갈수록 실험 윤리가 엄격해지는 요즘의 시각으로 보면 '어찌 저런 실험이?' 싶을 만한 일들이 과거엔 많이 진행되었다. 왓슨^{John Watson}은 심리학 역사에서 가장 어린 피험자로 기록된 어린 아기를 대상으로 실험을 진행했다. 실험 대상은 태어난 지 9개월 된 아기였고 꼬마 알버트라는 별명으로 불렸다.

왓슨은 알버트를 방에 데려다 놓고 관찰했는데 방에는 흰쥐, 하얀 토끼, 강아지 그리고 사람 가면 등 다양한 동물과 물건들이 있었다. 꼬마 알버트는 처음엔 아무런 두려움 없이 방에 있는 동물이나 물건에 호기심을 보이며 만지고 놀았다. 그런데 실험이 시작된 후 알버트의 운명은 달라졌다. 알버트가 흰쥐를 만지려 할 때마다 왓슨이 쇠막대기를 두드려 큰 소리로 겁을 준 것이다. 그렇게 7번 정도 겁을 주자 꼬마 알버트는 흰쥐를 무서워하게 되었다. 흰쥐가 나타나면 울면서 다급하게 다른 쪽으로 기어서 도망쳤다.

파블로프는 종을 치면 강아지가 침을 흘리게 했는데 왓슨은 큰소리만으로 흰쥐 공포증을 만들어 낸 것이다. 왓슨은 이 실험으로 행동주의 아버지 레벨까지 등극할 수 있었고 행동주의가 자랑하는 조건형성 원리는 유명세를 떨칠 수 있었다. 그런데 실험 역사에서는 실험 목적과 다른 의외의 발견이 보고되는 경우들이 종종 있다. 이 실험에서도 그랬다.

흰쥐를 무서워하게 조건형성을 시켰더니 알버트는 실험자가 출근할 때 입고 있던 털이 수북한 코트를 보고도 무서워했다. 그뿐만이 아니었다. 털이 복슬한 강아지를 봐도 무서워했고 얼마 전까지 좋아했던 흰토끼를 봐도 울면서 도망쳤다. 실험자의 의도와 상관없이 복슬한 털이나 흰색도 무서워하게 된 알버트는 흰 수염을 한 산타클로스 복장의 사람이 나타나도 울기 시작했다.

조건형성은 비슷한 자극으로 일반화될 수 있다. 자라 보고 놀란 가슴 솥뚜껑 보고 놀란다는 속담이 괜히 생긴 것이 아니다. 일반화에는 긍정적인 기능도 있다. 고양이에게 물려 죽을 뻔한 쥐가 살쾡이나 하이에나 등 고양이와 비슷한 대상도 무서워하면 생존 확률이 높아진다. 일반화로 인해 하나를 겪으면 열을 깨칠 수 있는 것이다. 그런데 인간은 높은 지능으로 인해 일반화의 함정에 빠지게 될 수도 있다. 자극 간 연결이 이어지지 않아도 짱구를 굴려 어떻게든 공백을 메꾸는 능력을 발휘할 수 있기 때문이다.

꼬마 알버트가 어른이 되었다면 지금쯤 산타클로스 타도를 외치고 있을지도 모른다. 원래는 왓슨이 등 뒤에서 두드렸던 쇠막대기 소리가 무서웠던 것뿐이었다. 하지만 산타의 흰 수염이 무서웠던 느낌에서 영감을 받은 알버트는 엉뚱하게 남산처럼 나온 산타의 배를 탓하고 있을 수도 있다. '산타의 배는 비만의 상징이고 비만은 인류의 적'이라 외치면서 말이다. 보고 싶은 대로 볼 수 있는 무한 자유에 일반화가 지렛대 역할만 살짝 해 주면 인간은 무엇이든 해낼 수 있기에.

산타클로스를 싫어한다 해도 사는 데 크게 지장이 없을 수 있다. 특정 자극이 싫거나 무섭다면 피하며 살 수도 있다. 엘리베이터 공포증이 있는 사람은 30층 높이의 사무실까지 매일 계단을 오르내리며 건강을 위해 걷는다고 말한다. 그런데 일반화가 자신의 정체성과 연결되면 이야기가 달라진다. 사업하다 망하면 '망하는 경험을 한 번 해 봤어.'가 아니라 '나는 실패자야.' 또는 '나는 루저야.'로 일반화되어 결론이 날 수 있다.

일단 실패자로 결론 나면 사업뿐만 아니라 공부나 연애, 인간관계나 인생까지도 모두 일반화로 줄줄이 사탕처럼 무리하게 엮일 수 있다. 생각 왕은 세상 모든 것을 연결시킬 수 있는 무한 능력을 가지고 있지 않은가. 이 능력에 영구적 귀인이라는 토핑까지 올리면 이·생·망 피자는 완성된다. '나는 실패자고 이번 생에는 무슨 짓을 해도 망할 팔자야.'

미국의 존경받는 대통령 링컨은 50살 가까이 될 때까지 무려 8번이나 선거에 연달아 낙선했다. 정치는 자신의 팔자가 아닌가 싶어 사업이라도 해 보려 시도해 봤지만 두 번이나 실패했다. 농구 황제 마이클 조던은 고등학교 다닐 때 농구팀에 지원했다 거절당했고 집에 돌아가 방문을 잠그고 하루 종일 울었다고 한다. 셰익스피어는 평생토록 154편이나 되는 많은 시를 썼지만 몇 편을 빼고는 형편없는 졸작이라 평가받으며 잊혔다. 이들도 이·생·망에 빠질 조건을 경험했다. 단지 일반화와 영원한 결론이라는 함정에 빠지지 않았기에 피해 갈 수 있었을 뿐.

업데이트 오류

엄마 아빠가 매일 싸우다 이혼하면 어린아이는 자신만의 방식으로 내부 귀인을 하곤 한다.

'엄마 말 안 들어서 엄마가 날 버린 거야.'

어렸을 때는 생각 뇌가 충분히 자라지 않아 원인을 합리적으로 분석하기가 어렵다. 그래서 안과 밖을 두루 살펴보며 원인을 찾지 못하고 미숙한 결론을 내리곤 한다. 그런데 어린 마음으로 내렸던 결론이 업데이트되지 못하고 어른이 된 후에도 계속 유지되는 경우들이 있다.

빚 보증과 여자 문제로 엄마 아빠가 이혼했다는 사실을 커서 알게 되더라도 과거에 내렸던 결론은 잘 변하지 않는다. 이미 정체성 프로그램의 일부가 되어 버렸기에. 그래서 어린 시절에 내렸던 결론과 맞지 않는 현실이 펼쳐져도 무리하게 일반화가 적용될 수 있다. 조그만 갈등에도 '나 때문이야'라는 생각이 들면서 안절부절못하게 된다. 내 잘못이 아닌 게 뻔히 보여도 미안하다고 사과하며 상대에게 맞춘다. 자칫하다 또 버림받으면 안 되니까. 그러면서 가스라이팅 전문가들의 먹잇감이 되곤 한다.

내비게이션도 1년만 업데이트를 하지 않으면 바뀐 길이 반영되지 않아 헤매게 될 때가 있다. 길이 사라져 벽만 있는 곳도 뚫고 가라 할 때도 있고 새로 생긴 지름길이 눈앞에 보여도 그딴 거 없다고 무시해 버리기도 한다. 어린 시절 멘탈에 설치했던 소프트웨어가 오래된 내비게이션 맵처럼 현실을 반영하지 못하고 무리하게 작동되고 있다면 업데이트가 필요할 수 있다. 그런데 멘탈 소프트웨어 업데이트는 IT 기기의 업데이트와 여러모로 다르다.

컴퓨터나 스마트폰은 자동 업데이트 알림이 뜬다. 설치도 버튼만 클릭하면 알아서 진행된다. 그런데 멘탈 업데이트는 오류가 났는지 자동으로 알림이 뜨지 않는다. 그래서 그런지 업데이트를 방치하고 한참 지난 옛날 버전 프로그램을 그대로 쓰는 경우들이 많다.

스마트폰처럼 자동으로 업데이트되지는 않지만, 멘탈 프로그램도 얼마든지 업데이트가 가능하다. 그것도 AS 맡길 필요 없이 셀프로도 할 수 있다. 누군가의 도움 없이 혼자서 멘탈 소프트웨어를 업데이트하고 싶다면 어떻게 하면 되는 것일까?

• 3 •

불안과 두려움 극복하기

촛불의 흔들림에 따라 춤추듯 움직이는 그림자를 본 적이 있는가? 벽에 비친 그림자는 어린 강아지처럼 작아질 때도 있고 성난 괴물처럼 어마어마하게 커지기도 한다. 생각 왕에게도 촛불과 같은 능력이 있다. 그림자처럼 두려움의 크기를 작게 만들 수도 있고 엄청나게 큰 공포로 키울 수도 있다. 멘탈 소프트웨어를 업데이트하려면 생각 왕의 이런 능력을 먼저 확인해 보는 것이 좋다. 그래야 소프트웨어 업데이트가 수월해질 수 있다.

의외의 발견

두려움의 크기를 바꿀 수 있는 생각 왕의 능력은 밴들러^{Richard Bandler}라는 사람에 의해 발견되었다. 그는 공포증 치료법을 개발하고 있었는데 기존의 이론 접근과는 다른 방식을 택했다. 공포증을 극복한 사람들에게서 공통된 특성을 찾을 수 있다면 그로부터 공포증 치료의 힌트를 얻을 수 있지 않을까 생각했다. 그래서 공포증을 극복한 사람들이 두려움의 크기를 작게 만들 수 있었던 노하우가 무엇인지 알아내는 데 집중했다.

밴들러는 다양한 종류의 공포증 환자와 공포증을 극복한 사람들을 대상으로 인터뷰를 진행한 결과 공포증 극복자들의 특성을 알아낼 수 있었다. 공포증을 겪고 있는 사람들은 공포를 느끼는 대상 앞에서 자신이 작아지고 움츠러드는 것같이 느낀다고 했다. 반면 공포증을 극복한 사람들은 공포 자극과 대상을 떠올리면 자신이 커져서 그 자극이나 상황을 아래로 내려다보는 느낌이 든다고 했다.

이 발견은 새로운 공포증 치료법 개발에 그대로 적용되었다. 자신이 점차 커지면서 공포 대상을 아래로 내려다보게 하는 상상 기법이 개발된 것이다. 원리는 단순했지만, 기법의 효과는 의외로 좋았다. 기존의 방법으로 수년간 치료해도 호전이 없던 환자가 몇 시간 내에 공포증을 극복하는 사례가 다수 보고되기 시작했다. 미국에서 개발된 이 기법은 전국 방송을 타며 유명해졌지만, 기존에 행해진 치료 접근들의 저항도 만만찮았다. 새로운 치료법이 등장할 땐 환영보다 듣·보·잡이라 평가절하 당하는 경우가 많기에.

밴들러처럼 목적을 가지고 탐색하다가 치료법을 발견하는 경우도 있지만 우연한 기회에 원리가 발견되는 치료법도 있다. 샤피로Francine Shapiro가 개발한 방법도 그 가운데 하나이다. 샤피로는 평소 즐기던 공원 산책을 하다가 신기한 경험을 했다. 힘들었던 기억을 떠올리며 산책하던 중 어느 순간 힘든 생각과 불쾌한 기분이 사라지고 갑자기 마음이 편해지는 경험을 한 것이다.

무슨 일이 일어난 건지 궁금했던 샤피로는 곰곰이 되돌아보다 고통스러운 기분이 사라지던 순간에 눈동자를 좌우로 빠르게 움직였다는 것을 알아냈다. 이 발견을 통해 그녀는 눈동자를 좌우로 빠르게 움직이며 트라우마를 치료하는 EMDR이라는 새로운 기법을 개발할 수 있었다.

EMDR의 설명에 따르면 트라우마를 일으키는 부정적 기억은 뇌의 정상적 처리를 거치지 않고 얼어붙은 듯 생생한 기억으로 저장된다고 한다. 그런데 부정적 기억을 떠올리면서 눈동자를 빠르게 움직이면 얼어 있던 부정직 감정이 뇌의 재처리 과정을 거치며 해소된다고 한다. 마치 체해서 얹혀 있던 음식이 소화되어 뚫리는 것처럼 말이다.

밴들러의 발견처럼 EMDR도 처음엔 많은 저항에 직면했다. 트라우마가 그처럼 간단한 방법으로 치료된다는 건 말도 되지 않는다는 반응이 많았다. 그런데 이후 수많은 임상실험에서 효과가 검증되자 EMDR은 미국정신의학회에서 공인하는 가장 효과적인 트라우마 치료법의 하나로 자리 잡을 수 있었다.

액자 기법

밴들러와 샤피로가 발견한 원리를 적용하면 두려움을 털어내는 생각 왕의 능력을 체험해 볼 수 있다. 두려움을 털어내는 기법은 적용 대상에 따라 2가지로 나눌 수 있다. 하나는 기억 속에 담겨 있는 과거의 두려움을 털어내는 기법이고, 다른 하나는 현재 나를 두렵게 하는 사람이나 상황에 대처하는 기법이다.

기억 속에 있는 과거의 두려움을 털어내는 기법은 액자 기법이라 부르는데 3단계로 진행된다. 먼저 두려움을 털어내고 싶은 기억 속 장면을 골라 액자에 담긴 사진처럼 담는다. 그리고 두려움이 10점 중에 몇 점이나 되는지 가늠한 후 두려운 감정이나 생각도 액자에 담는다고 상상하며 담아 본다. 다음 단계에서는 알라딘 램프에서 나온 지니처럼 자신은 점차 커지고 액자는 멀어지면서 작아진다고 상상하며 멀어져 가는 액자를 바라본다. 마지막 단계에서는 멀어지며 작아진 액자를 수평선이나 지평선 너머로 넘겨 버리고 눈동자를 좌우로 빠르게 10번 정도 왔다 갔다 움직이면 된다.

여기까지 진행하면 3단계 1세트가 끝나는데 그러면 두려움이 얼마나 줄어들었는지 확인하기 위해 보냈던 기억 장면을 다시금 액자에 담아 본다. 잘 진행되고 있으면 액자가 처음보다 작아지고 액자의 위치도 몸 쪽에서 더 멀어진 것처럼 느껴질 수 있다. 또는 칼라풀 했던 기억 장면이 흑백으로 보이거나 흐릿하게 느껴진다고들 한다. 그러면 남아 있는 두려움이 10점 중에 몇 점이나 되나 다시 가늠해 보고 3단계를 반복하면 된다. 보통은 3단계를 3~4번 정도 액자에 담아 보내기를 반복하면 두려움이 해소되고 편해진다고들 한다.

시각적인 상상이 잘되는 사람들은 눈을 감고 있든 뜨고 있든 아무 때나 해도 효과를 보곤 한다. 어떤 사람은 설거지하는 중에도 속상한 기억이 떠오르면 곧바로 액자에 담아 보내는 상상을 한다고 한다. 많이 하다 보면 자신만의 방식으로 응용이 된다는 사람도 있다. 무섭거나 불쾌한 기억이 떠오르면 보따리에 담아 멀리 보내는 상상을 하는데 그렇게 보내고 나면 아무렇지도 않게 된다는 이도 있었다. 이 기법은 원래 두려움과 불안 조절용으로 개발되었지만, 분노 외에 대부분의 불쾌한 감정에도 적용할 수 있다.

시각적 상상이 잘되는 사람들은 3명 중 1명 가량 되는데 장면 상상이 잘 안되는 사람들에겐 이 기법이 생뚱맞게 느껴질 수 있다. 기억 장면을 액자에 담으라는데 상상이 잘되지 않으니 생각으로 애를 쓰게 될 수 있다. 애를 쓰면 생각 뇌 공무원들이 나서게 되는데 상상 작업은 생각 뇌가 개입할수록 오히려 방해가 되곤 한다. 그래서 생각 뇌 공무원들이 퇴근하거나 쉬는 시간인 깊은 이완 상태에서 하면 상상이 수월해지는데 깊은 이완에 들어가는 방법은 책장을 조금 더 넘기다 보면 뒷부분에서 확인할 수 있다.

기억 속 과거의 두려움을 털어냈으면, 다음은 현재 겪고 있는 두려운 사람이나 상황에 대처할 차례이다. 기법의 핵심은 과거의 두려움 보내기와 비슷하다. 눈을 감고 무서워하는 사람이나 상황을 떠올려 보고 두려움이 10점 중에 몇 점이나 되는지 가늠해 본다. 그러고는 자신이 점점 더 커진다고 상상하면서 두려운 사람이나 상황이 작아지게 하면서 아래로 내려다보는 상상을 하면 된다. 그러다 두려운 상황이나 사람이 손톱만 하게 작아졌다 싶을 때 눈동자를 좌우로 빠르게 10번 움직이면 된다. 그 사람이나 상황을 떠올려도 더 이상 무섭거나 불쾌하지 않게 될 때까지 이 과정을 몇 차례 반복한다.

속말 편집 기능

무섭거나 불쾌한 생각이 시각적 장면보다는 소리나 속말로 반복되는 경우도 있다. 데이터가 소리나 음성인 경우에는 포토샵으로 열어 봤자 할 수 있는 게 별로 없다. 이럴 땐 사운드 편집 프로그램이 필요하다. 생각 왕은 어려서부터 통치 교육을 받아서인지 기본적인 능력은 대부분 갖추고 있어 음성 데이터 편집도 가능하다. 생각 왕이 할 수 있는 음성 편집에는 다양한 기능이 있는데 일단 이것저것 적용해 보고 자신에게 맞는 기능을 골라 활용하면 된다.

음성 편집 기능을 배우려면 연습용으로 쓸 음성 데이터가 필요하다. 먼저 눈을 감고 불안할 때 마음속에서 어떤 속말이 반복되는지 들어보며 연습용 속말을 골라 본다. 편집 기능 설명을 위해 일단 아무거나 골라 보겠다. '또 실패하면 어떡하지?'라는 속말이 반복되면서 불안이 커지는 사람이 있다고 해 보자. 반복되는 속말을 하나 골랐으면 이제 편집 기능을 하나하나 적용해 볼 차례이다.

먼저 소개할 기능은 '끝말 바꾸기'다. 반복되는 속말 가운데는 '~하면 어떡하지?'처럼 질문형으로 끝나는 것들이 많다. 이를테면 '사람들이 이상하게 생각하면 어떡하지?', '뭐라고 하면 어떡하지?', '못 해내면 어떡하지?' 등등. 신경 나라는 거대한 데이터베이스와 같아서 검색창에 질문이 입력되면 그에 맞는 결과를 찾는다.

'또 실패하면 어떡하지?'라는 속말이 반복될 경우 신경 나라는 질문에 맞는 검색 결과를 찾아야 한다. 그런데 여기서 '어떡하지?'라는 말은 걱정이라 키워드로 처리되지 않는다. 그럼 신경 나라가 처리할 키워드는 '또' and '실패하면' 이렇게 두 개가 남는다. 그럼 신경 나라는 과거에 실패했을 때의 기억을 열심히 뒤지고 실패했을 때 결과가 얼마나 처참했었나를 검색 결과로 보여 준다. 그러면 머릿속은 온통 끔찍했던 과거의 실패 기억으로 가득 차면서 불안이 증폭된다.

'내가 원했던 건 실패가 아니라 잘하고 싶다는 거였다고!'라고 항변해 봐야 소용없다. 본인이 검색창에 '실패'라고 입력했으니 그에 맞는 결과가 나오는 것일 뿐. 다른 검색 결과를 원한다면 키워드 입력을 달리해야 한다. 그래서 검색창에는 자신이 원래 찾고 싶은 키워드를 입력하는 것이 좋다. 그런데 부정적인 키워드를 긍정적인 것으로 일일이 번역하기 힘들 때가 있다. 그럴 때 검색 결과를 쉽게 바꾸기 위해 활용할 수 있는 기능이 '끝말 바꾸기'다.

이 기능은 매우 간단해서 빠르고 손쉬운 적용이 가능하다. '~하면 어떡하지?'라는 속말을 '~하면 뭐 어때!'로 바꾸기만 하면 된다. 이를테면 '또 실패하면 어떡하지?' 대신 '또 실패하면 뭐 어때!', '사람들이 이상하게 생각하면 어떡하지?' 대신 '사람들이 이상하게 생각하면 뭐 어때!', '뭐라고 하면 어떡하지?' 대신 '뭐라고 하면 뭐 어때!' 등으로 말이다.

이렇게 '뭐 어때!'로 끝말을 바꾸면 '질문'이 아닌 '결론'이 되어 버려 신경 나라가 검색할 필요가 없어진다. 왕이 질문도 안 했는데 신하들이 답을 찾아오면 이상하지 않겠는가. 생각 왕이 질문 대신 '뭐 어때!'로 결론을 내리면 거기서 끝이다. 신하들도 왕의 결론에 따르기 마련이다. 단순히 끝말을 바꾸는 것만으로도 부정적인 생각이 머릿속을 점령하지 못하게 예방할 수 있는 것이다.

두 번째로 알아볼 편집 기능은 '느린 재생'이다. 부정적인 속말을 5배는 더 천천히 느리게 말해 본다. 그다음에는 그보다 5배는 더 느리게 해 본다. 그다음에는 그보다 5배 더 느리게. 이렇게 부정적인 속말의 재생 속도를 갈수록 느리게 하다 보면 지루하게 느껴진다. 지루한 건 학생들만 싫어하는 게 아니다. 신경 나라도 싫어한다. 지루함이 깊어지다 보면 어디선가 '그만 좀 해!'라는 외침이 들리다 부정적인 속말이 뚝 그치는 순간이 올 수 있다. 설사 다시 재생된다고 해도 부정적인 에너지는 약해진다. 지루한 건 교장 선생님의 훈시든 부정적인 말이든 관심을 못 받게 되기에.

세 번째로 알아볼 기능은 '목소리 변환'이다. 이 기능을 활용하면 부정적인 속말을 다른 사람의 목소리 톤으로 바꾸어 들을 수 있다. 이를테면 톤이 아주 높거나 중저음으로 낮게 깔리는 연예인 목소리로 바꾸어도 되고 개그맨의 웃긴 목소리 톤으로 바꾸어 들어 봐도 된다. 또는 너무 따분하거나 별 볼 일 없게 여겨져 가볍게 무시할 수 있는 사람의 목소리로 바꾸어 들어 봐도 된다. 그렇게 여러 사람의 목소리 톤으로 바꾸어 듣다 보면 부정적인 속말이 우스꽝스럽거나 별것 아닌 것처럼 가볍게 느껴지는 순간이 올 수 있다.

마지막으로 소개할 기능은 소리 상상이 잘되는 사람들을 위한 고급 기능들이다. 고급 기능 가운데 '볼륨 줄이기'가 있는데 이 기능을 사용하면 부정적인 속말의 크기를 줄이다가 꺼 버릴 수 있다. 먼저 부정적인 속말이 라디오나 천장에 달린 스피커 등 외부 어디선가 들려온다고 떠올리고 들어 본다. 그러곤 라디오 볼륨을 줄이듯 소리를 줄여 가다가 꺼 버리면 된다. 그러면 음소거 버튼을 누른 듯 부정적인 속말이 잠잠해진다.

또 다른 고급 기능으로 '방향 전환'도 있다. 이 기능을 적용하려면 먼저 부정적인 속말이 어느 쪽에서 들려오는지 방향을 확인해야 한다. 소리가 앞쪽이나 뒤쪽에서 들린다는 사람도 있고, 아니면 오른쪽이나 왼쪽, 또는 위쪽이나 아래쪽에서 들려온다는 사람도 있다. 속말이 들려오는 방향을 확인했으면 그 말이 들려오는 방향의 반대편에서 속말을 들어 본다. 그리고 불안이 어떻게 달라지나 확인하면 된다.

불안 에너지 회전법

소리 위주로 상상하는 사람들을 위한 고급 기능을 알아봤으니 몸의 느낌 위주로 상상하는 사람들을 위한 고급 기능도 하나 알아보겠다.

보고 듣고 몸의 감촉을 느끼는 등 오감을 통해 정보를 얻는 방식은 누구든 비슷하다. 그런데 상상할 때 어떤 감각을 주로 사용하는지는 사람마다 다르다. 시각적 장면 위주로 상상하는 '시각형'도 있고 소리 위주로 상상하는 '청각형'도 있다. 또는 몸의 감촉이나 느낌 위주로 상상하는 '신체감각형'도 있다. 물론 상상에 일가견이 있어 상상 속에서 보고 듣고 몸으로 느끼는 모든 게 다 잘 되는 '모든다돼형'도 있다. 낮이 있으면 밤도 있기 마련이라 모든다돼형 반대 편에는 상상이라면 이도 저도 원래 다 안 되는 '다안돼형'도 있다.

어떤 상상 체질에 속해 있든 깊은 이완에 들어가면 책에 소개된 기법 대부분이 적용 가능해진다. 하지만 이완 상태가 아닐 때는 상상 체질에 따라 적용이 잘되는 기법과 그렇지 않은 기법이 나뉠 수 있다. 신체감각형의 경우 이완 상태가 아니더라도 불안할 때 몸에서 에너지가 도는 것을 느낄 수 있는데 이를 활용하면 불안을 금방 조절할 수 있게 된다.

한의학에서는 몸에 기 에너지가 다니는 2개의 커다란 고속도로가 있다고 하는데 이를 '임맥'과 '독맥'이라 부른다. 임맥은 목구멍에서 배를 타고 아래로 내려가는 앞쪽 고속도로이고 독맥은 척추를 타고 등 쪽으로 내려가는 뒤쪽 고속도로이다. 2개의 고속도로는 몸 안에서 외곽순환도로처럼 타원형으로 연결되어 있다.

불안을 경험할 때는 몸 안의 타원형 고속도로에서 레코드판이 돌아가듯 불안 에너지가 한 방향으로 돈다. 이 에너지의 회전 속도가 빨라지면 불안은 커지고 에너지 레코드판을 반대 방향으로 돌리면 불안이 줄어든다.

연애 초창기 때 아내는 운전을 하지 못했었다. 운전면허증도 있고 예전엔 운전을 곧잘 했다는데 친구들과 대관령을 넘어가다 큰 사고를 겪은 후로는 운전을 할 수 없게 되었다고 했다. 그간에 운전을 다시 해 보려고 여러 번 시도해 봤지만, 운전대를 잡기만 해도 식은땀이 흐르고 무서워 진즉에 포기한 지 몇 년은 됐다고 했다.

마침 운전 중이었는데 점수 딸 좋은 기회다 싶어 차를 멈추고 운전대를 잡아 보라고 했다. 아내는 운전대를 잡는 것조차 무서운지 손에 땀이 흥건해졌다. 그렇게 무서워하는 아내에게 눈을 감고 무서운 느낌이 몸에서 어느 방향으로 도는 것 같으냐고 물어봤다. 아내는 처음엔 뭔 소리를 하는 건가 의아하게 받아들이더니 이내 몸의 느낌에 주의를 기울이고 에너지 방향을 알아챘다. 불안이 배를 타고 위로 올라가다 뒤쪽으로 넘어가 척추를 타고 아래로 내려가는 것 같다고 했다.

불안 에너지가 몸에서 도는 방향은 사람마다 다른데 에너지 회전 방향이 확인되면 그다음부터는 쉬워진다. 에너지를 반대 방향으로 돌려 보라고 알려 주기만 하면 된다. 반대 방향으로 에너지를 빠르게 돌리다 보면 불안이 점차 줄어든다. 그러다가 불안 에너지가 손가락이나 발가락 또는 어딘가를 통해 몸 밖으로 빠져나가게 된다. 신체감각형을 위한 고급 기능인 '불안 에너지 회전법'은 여기까지 하면 적용이 끝난다. 만약 효과를 좀 더 높이고 싶다면 공감각 원리를 양념으로 추가할 수 있다.

몸에서 도는 불안한 느낌에 색깔이 있다면 무슨 색일 것 같은지 물으니 아내는 검붉은색을 떠올렸다. 불안의 색까지 확인했으면 양념까지 다 추가된 상태이다. 이제 레인지에 넣고 돌리기만 하면 된다. 아내에게 검붉은색 불안 에너지를 반대 방향으로 돌린다고 상상해 보라고 했다. 불안 에너지를 반대로 돌리면서 불안이 작아지기 시작하면 검붉은색이 아내가 좋아하는 다른 색으로 바뀔 수 있다고도 알려 줬다. 그리고 불안 에너지를 반대로 돌리면서 레코드판에서 음악이 나오듯 빠르고 경쾌한 노래가 흘러나온다고 상상해 보라고도 했다. ♫ 떴다 떴다 비행기 날아라 날아라~ ♪

5분 남짓 지나 눈을 뜬 아내는 불안이 나아진 것 같다고 했다. 몸에서 돌던 에너지는 발가락으로 빠져나간 것 같다고도 했다. 옆에서 봐도 표정이 편해 보였는데 눈을 뜬 지 얼마 지나지 않아 아내는 시동을 걸고 차를 몰기 시작했다. 이제 운전할 수 있을 것 같다면서. 그로부터 십수 년이 지난 지금까지 아내는 별 탈 없이 차를 잘 몰고 다닌다.

• 4 •

우울과 무기력의 비상구

지금껏 생각 왕이 불안과 두려움을 조절할 수 있는 다양한 능력이 있음을 확인했다. 그렇다면 우울은 어떨까? 불안과 두려움은 형제 사이니까 한 통속이라 치고 불안과 우울은 양대 산맥과 같이 백성들이 겪는 가장 흔한 멘탈 문제 아닌가. 생각 왕이 우울까지 조절하는 능력을 보여 준다면 백성들은 한층 더 왕을 신뢰하고 따를 수 있게 될 것이다.

꼬리잡기 즐기는 우울 회로

앞서 소개했던 물통에서 장렬히 익사한 들쥐들을 기억하는가? 리히터의 손아귀에서 발버둥 치다 빠져나가지 못해 무기력해졌던. 헤엄을 멈추고 물에 빠져 가는 친구 들쥐를 바라보던 다른 들쥐들의 마음은 어땠을까? 뭐라도 도움 주려고 시도했을지도 모른다. '조금만 더 헤엄치면 빠져나갈 수 있을 거야.', '계속 헤엄치다 보면 우리에게도 좋은 날이 올 거야.', '희망 잃지 말고 힘내!'

나름 좋은 의도의 말이지만 무기력해 우울에 빠진 들쥐의 생각 왕에겐 강아지가 짖는 소리처럼 부질없이 들릴 수 있다. 헤엄을 멈춘 들쥐의 생각 왕은 아무리 뛰어 봐야 빠져나갈 탈출구가 보이지 않는 다람쥐 쳇바퀴와 같은 우울 회로에 갇힌 상태이다. 우울 회로에 갇혀 있을 땐 힘내라는 말이 오히려 화를 돋울 수 있다. '죽어라 뛰어 봤자 빠져나갈 수 없는데 힘내긴 뭘 힘내. 뛰다가 지쳐 뒤지라고?'

우울 회로는 '자극'에서부터 시작된다. 인간의 사악한 손아귀에서 간신히 빠져나왔는데 또 물통에 갇혔다. 계속되는 스트레스 자극에 대해 생각 왕은 '생각'으로 평가한다. '무슨 짓을 해도 소용없어!' 소용없다는 왕명을 받은 신하들은 공장을 돌려 무기력과 우울 화학 물질을 생산해 낸다. 그럼 화학 물질에 취해 우울한 '기분'에 빠진 생각 왕은 꼼짝하기 싫다고 몸에서 힘을 빼라는 '행동' 명령을 내린다. 그럼 신하들은 몸에서 힘을 빼게 되고 온몸이 처지면서 맥아리가 없어진다.

처진 채로 헤엄치려면 수영이 잘될까? 동작 하나하나가 버겁기만 하다. 그러면 생각 왕은 또 생각한다. '이젠 헤엄치기도 힘에 겹네. 역시 무슨 짓을 해도 소용없는 게 틀림없어.' 그렇게 생각 왕이 또 '소용없다'고 명령을 내리면 화학 공장은 바빠진다. 왕이 명을 내린 무기력과 우울 기분 생산량을 맞추기 위해 쉴 새 없이 돌아간다. 그러면서 몸은 더 처지고 헤엄치기는 점점 더 어려워진다.

심심한 강아지가 자기 꼬리를 물려고 제자리에서 뱅글뱅글 도는 걸 본 적이 있는가? 물통에 빠진 '자극'에서부터 시작된 들쥐의 우울 회로는 강아지가 꼬리 물기 하듯 생각 → 감정 → 행동 → 생각 → 감정 → 행동 사이클로 뱅뱅 돌면서 무한 반복된다. 그럴수록 들쥐는 점점 행동이 둔해져 가다 어느 순간 헤엄치기를 완전히 멈추고 익사하게 된다.

자극 → 생각 → 감정 → 행동

이 패턴 어디선가 봤던 것 같지 않은가? 그렇다. 책 맨 앞부분에 나왔던 취약성 세트 메뉴이다. 익사해 가는 들쥐를 구하려면 취약성 세트 메뉴의 '생각'을 집중적으로 공략해서 자동화를 수동으로 푸는 방법도 있다. 그런데 당장 물에 빠져 죽고 있는데 생각을 공략하고 있을 시간이 있겠는가. 뱅글뱅글 돌고 있는 우울 회로를 멈추게 할 뭔가 더 빠른 방법이 필요하지 않을까?

생각, 감정, 행동 셋이 하는 꼬리잡기 놀이를 멈추게 하고 싶다면 하나라도 '나 이제 안 해!' 하고 빠지게 만들면 된다. 꼬리잡기 놀이는 둘이 하면 재미없어 금방 파토 나니까. 그러니 하나만 집중 공략하면 된다. 그런데 화학 공장을 돌리는 생각은 꼬드기기가 쉽지 않다. 이미 '소용없다'고 결정 내리고 죽어도 꼬리잡기를 계속한다는데 어쩌겠는가. 생각이 계속한다고 하면 공장이 멈추지 않으니 감정도 그만둘 수가 없다. 그럼 셋 가운데 남은 건 행동밖에 없다. 행동은 꼬드기는 게 가능할까?

귀에 딱지가 앉도록 아무리 잔소리해도 꿈쩍도 하지 않는 누구의 남편을 생각하면 행동이 가장 꼬드기기 어려워 보일 수도 있다. 그런데 의외로 생각, 감정, 행동 가운데 가장 꼬드기기 쉬운 게 행동이다. 게다가 행동을 꼬드겨 움직이게 만들면 감정도 생각도 같이 바뀐다고 한다. 정말 그럴까?

근육이 가진 능력

학생들을 두 집단으로 나누어 같은 만화책을 보게 한 실험이 있었다. 두 집단의 조건은 하나만 다르고 그 외의 것은 모두 같았다. 한 집단의 학생들에겐 볼펜을 가로로 이빨 사이에 물게 했고 다른 집단은 볼펜 끝을 물게 했다. 그렇게 볼펜을 다르게 입에 문 채로 만화책을 본 학생들에게 만화에 내해 평가해 달라고 했더니 상반된 반응이 나왔다. 볼펜을 가로로 물었던 학생들은 대부분 만화책이 재미있고 좋았다고 답했다. 그런데 볼펜 끝을 물었던 학생들은 만화가 재미도 없을뿐더러 작가가 이상하다는 악평까지 했다.

볼펜을 입에 무는 방식만 달랐을 뿐 같은 만화를 봤는데 왜 평가가 극명하게 엇갈린 걸까? 볼펜을 가로로 물고 있으면 웃는 표정이 된다. 사람들의 얼굴에는 70여 개의 근육이 있는데 이 근육들은 모두 뇌와 연결되어 있다. 웃을 때 많이 움직이는 아래쪽 근육들은 유쾌한 감정들과 연결되어 있다. 반면 찡그리거나 인상 쓸 때 움직이는 위쪽 근육들은 불쾌한 기분들과 친하다.

가로로 볼펜을 물고 있으면 아래쪽 유쾌감 근육들이 많이 움직이는데 그러든 말든 생각 뇌는 시키는 대로 볼펜을 물고 있을 뿐이라 생각한다. 하지만 감정 뇌의 입장은 다르다. 아래쪽 유쾌감 근육들이 많이 움직이는 걸 보니 기분이 좋은 상황이라 받아들인다. 그래서 기분을 좋게 만들기 위해 공장을 돌려 기분 좋은 화학 물질을 생산해 낸다. 그러면 기분이 좋게 느껴지니까 생각 뇌도 만화책에 대해 좋은 생각을 하고 긍정적인 평가를 하게 된다.

볼펜을 세로로 물었던 학생들은 왜 만화가 재미없다고 했을까? 볼펜을 세로로 물면 입이 남산만 하게 튀어나온다. 아이들이 삐치면 누가 시키지 않아도 입이 뾰로통해지며 남산만 하게 나오지 않는가. 볼펜 끝을 물고 있으면 감정 뇌는 토라졌을 때처럼 기분이 나쁠 만한 상황이라고 받아들인다. 그래서 불쾌한 기분을 경험할 수 있는 화학 물질을 생산해 낸다. 그럼 갈수록 기분이 나빠지니까 만화에 대해서도 부정적으로 평가하게 되는 것이다.

입꼬리 근육을 살짝만 움직여 행동의 변화를 줘도 기분도 생각도 달라지게 할 수 있다면 온몸의 근육을 움직이면 어떻게 될까? 우울 회로에 갇힌 생각, 감정, 행동이 돌리고 있는 꼬리잡기를 멈출 수 있지 않을까? 그런데 혹자는 의문을 제기할 수 있다. 만화는 즐기면서 보는 취미니까 대충 판단한 것 아니겠냐고. 만화 말고 다른 중요한 판단에서는 생각 왕이 그렇게 쉽게 감정에 치우치지 않을 거라고.

생각 왕은 감정 뇌와 달리 CT나 MRI 급의 해상도 높은 고급 정보와 우수한 생각 뇌 정보부 요원들의 보고를 받는다. 그러니 몸의 상태가 바뀐다고 해서 쉽사리 판단이 바뀌지 않고 객관적일 것이라 기대할 수 있다. 그런데 정말 그럴까? 생각 왕은 만화에 대한 평가보다 중요한 판단에서는 몸 상태나 기분의 영향을 안 받을까?

생각 왕은 기분파

남학생들에게 산에 있는 다리를 건너게 하는 특이한 실험이 있었다. 다리는 2종류가 있었다. 하나는 걸어서 쉽게 건널 수 있는 보통 다리였다. 다른 하나는 줄로 된 다리였는데 떨어지지 않으려면 잘 잡고 건너야 해서 웬만한 강심장 아니면 건너는 내내 심장이 콩닥거렸다.

보통 다리건 줄로 된 다리건 다리를 건너오면 한 명의 미인 여학생을 지나쳐야 했다. 여학생은 다리를 건너온 남학생에게 자기의 전화번호가 적힌 명함을 건네주며 말했다. "실험에 대해 궁금한 게 있으면 이 번호로 연락 주세요."

다리 건너는 실험에 대해 궁금할 게 뭐가 있겠는가. 여학생이 날렸던 멘트는 정교하게 준비된 것이었다. 실험에 참여한 남학생들의 생각 왕이 객관적으로 판단한다면 전화할 필요가 없도록. 이후 실험자들이 할 일은 보통 다리 그룹과 줄로 된 다리 그룹 중 어느 쪽에서 전화가 많이 올지 기다리는 것이었다. 결과는 어땠을까? 줄 다리 그룹에서 압도적으로 전화가 많이 걸려 왔다. 왜 그랬을까?

보통 다리를 걸어서 건너온 남학생들은 편하게 다리를 건넜다. 미인 여학생이 명함을 건네주자 명함을 받아들었다. 실험에 대해 궁금한 게 있으면 전화하라는데 궁금할 게 없었다. 다리 건너라고 하니까 건넜고 할 일 끝났으니 집에 갔다. 그게 다다. 여학생에게 딱히 전화할 이유가 없다. 이상형을 봤다면서 첫눈에 반했다거나 바람둥이라면 모를까.

줄 다리를 건너온 남학생들은 어땠을까? 무서워서 심장이 콩닥거리고 있었다. 그때 미인 여학생이 자신의 전화번호가 적힌 명함을 건네 왔다. 실험에 대해 궁금한 거 어쩌고저쩌고 말하는데 하나도 안 들린다. 내 심장 소리만 크게 들릴 뿐. 방금 전까진 심장이 왜 이리도 쿵쾅거리는지 알고 있었다. 죽을 뻔했으니까. 그런데 미인 여학생을 보고 나선 생각이 달라졌다. '심장이 이리도 크게 뛰는 걸 보니 사랑에 빠진 게 틀림없다.'고 생각한다. 그런데 그녀가 자신의 전화번호까지 알아서 건네주지 않았는가. 전화하지 않을 이유가 없다.

몸 상태가 달라지면 생각 뇌는 이유를 찾고 분석하느라 바빠진다. 그게 생각 뇌가 하는 일이니까. 그런데 생각 뇌 정보부 요원들의 분석이 그다지 객관적이지만은 않다. 방금 전까지 무서워서 심장이 뛰었다고 왕에게 보고해 놓곤 금방 사랑에 빠져서 그런 거라고 다른 보고를 올린다. 생각 왕이 정신 못 차리고 있으면 엉터리 보고를 그대로 믿고 명을 내리게 된다. 명함에 적힌 번호에 당장 전화하라고.

이들은 아직 학생이고 젊어서 그런 걸까? 나이 든 어른들은 합리적이고 보다 더 신중할까? 남녀노소 누굴 잡고 실험해 봐도 결과는 비슷하게 나온다. 생각 왕이 몸 상태와 기분의 영향을 많이 받는 기분파에 속한다고. 심지어 면접관 몸의 온도에 따라 취업 당락이 영향을 받기도 한다.

직원을 뽑는 면접 장소의 온도를 쌀쌀하게 맞춰 놓는 실험이 있었다. 몸이 쌀쌀해지자 면접관들은 지원자가 냉정해 보인다는 평가를 하기 시작했다. 그런데 커피 한 잔 마시고 몸이 따듯해진 옆방의 면접관들은 동일한 지원자에 대해 따듯한 느낌이 든다고 평가했다. 온도 외에 피곤 상태도 면접에 영향을 끼친다. 동일한 지원자의 똑같은 답변에 대해 늦은 오후가 될수록 지루하다고 평가하는 면접관들이 많았다. 자기가 피곤해서 지루하게 느낀 것인데도 말이다.

계 모임 파토 내기

생각 왕은 기대했던 것보다 그리 합리적이지 않을 수 있다. 입꼬리 근육을 조금만 움직여도, 몸의 온도를 조금만 달리해도 생각이 달라지곤 하니까. 생각 왕이 몸 상태와 기분에 따라 영향을 많이 받는다면 우울 회로에서 벗어나는 것이 생각보다 어렵지 않을 수 있다. '다 소용없다'며 꿈쩍도 안 할 것 같던 생각 왕이 몸 상태가 바뀌면 마음이 바뀔 가능성이 얼마든지 있기에.

총칼 없이 세계를 점령한 BTS의 명성이 동물계까지 퍼져 들쥐들도 BTS 춤을 따라 한다고 해 보자. 무기력에 빠진 들쥐가 BTS 팬일 경우 들쥐 일병 구하기는 쉽게 끝날 수 있다. 힘내라고 씨알도 안 먹힐 소리 할 시간에 BTS 춤을 같이 춰 보자고 꼬드기는 게 훨씬 낫다. 물속에서 완성하는 BTS 춤에 도전해 보자고. 그럼 춤을 추며 헤엄치는 중에 우울 회로에서 벗어날 수 있게 된다.

우울한 생각이 들 때마다 춤을 춰 대기 시작하면 어떻게 될까? 우울 회로가 시동 걸릴 틈이 없어진다. 시동이 걸려야 뱅글뱅글 돌 수 있지 않겠는가. '다 소용어ㅂ….' 말이 끝나기도 전에 누가 끼어들어 끊어먹으면 맥도 빠지고 뭔 말을 하려 했었나 까먹게 될 때도 있다. 그렇게 우울 회로가 돌기도 전에 춤을 추며 계속 끊으면 계 모임에 균열이 생기기 시작한다. 아무리 결속이 잘 다져져 있었다 한들 꼬리잡기 할 때마다 자꾸 끊기게 되면 계 모임이 파토 나는 건 시간문제가 된다.

들쥐 일병은 BTS 헤엄 춤으로 꼬드겨 구할 수 있다지만 춤추는 걸 좋아하지 않는 이들은 어떻게 하면 좋을까. 꼭 춤이 아니어도 꼬리잡기를 끊기 위해 할 수 있는 몸동작은 얼마든지 있다. 우울하고 무기력할 때 보통 어깨도 처지고 등도 구부정한 자세로 있으면서 몸에 힘을 빼기 마련이다. 이런 몸 상태는 꼬리잡기를 뱅글뱅글 돌리기 좋은 최적의 자세라 할 수 있다. 그렇기에 몸 상태를 바꿀 때는 무기력한 몸과 반대되는 몸자세를 취할수록 좋다.

이를테면 우울한 생각이 들 때마다 자리에서 일어나 만세 자세로 양팔을 번쩍 드는 방법이 있다. 그렇게 기지개를 켜듯 온몸에 힘을 주고 있으면 기분도 나아지고 꼬리잡기도 끊을 수 있게 된다. 사람들과 같이 있을 때 갑자기 만세 동작을 하면 무안하니까 스트레칭을 하는 거라고 대충 둘러대면 된다. 그러면 사람들도 금방 적응한다. '쟤 원래 저래.' 하면서.

또는 양팔을 허리에 대고 슈퍼맨처럼 가슴을 쭉 펴고 숨을 크게 들이쉬고 내쉬는 동작도 좋다. 하버드에서 진행된 연구에 따르면 이 자세로 2분만 심호흡을 해도 스트레스 호르몬이 22% 감소한다. 뿐만 아니라 두려움에 사로잡혀 하려고 하지 않던 새로운 행동을 할 가능성이 33%나 증가한다고 한다.

10년 넘게 우울증을 겪으면서 다양한 방법을 써 보았는데 나에겐 이 방법이 우울 탈출에 가장 도움이 되었다. 꼬리잡기를 끊기 위해 내가 고른 몸동작은 가슴을 내미는 것이었다. 우울한 생각이 들거나 기분이 처질 땐 걷고 있다가도 반쪽짜리 기지개를 켜듯 가슴을 내밀면서 어깨를 펴고 걸었다. 왜 그러고 걷냐고 묻는 사람이 가끔 있었지만, 티도 별로 안 나면서 효과는 좋은 자세였다. 가슴을 내밀며 어깨를 펴기만 해도 숨쉬기가 한결 편해지고 기분도 나아진다.

몸 근육을 얼마나 많이 움직일지, 어떤 자세를 취할지는 그다지 중요하지 않다. 우울 회로 계 모임을 파토 내기 위해 필요한 건 2가지이다. 하나는 알아채는 것이다. 우울 회로가 시동 걸고 있는것을 알아챌 수 있어야 뭐라도 할 수 있다. 알아채려면 관찰이 필요하다. 내 생각을 떨어져서 바라볼 수 있는,

알아채고 나면 곧바로 시동 걸기를 방해하면 된다. 시동이 이미 걸린 상태여도 괜찮다. 알아채는 순간 몸 상태를 바꾸어 꼬리잡기를 끊어 버리기만 하면 된다. 몸에 만들어 둔 자신만의 비상구를 열어 그때그때 탈출하는 것이다.

몸 상태를 바꾸면 꼬리잡기를 끊을 수 있지만 동시에 생각 왕의 생각에도 영향을 미칠 수 있게 된다. 우울한 생각이 들 때마다 몸 상태를 바꾸면 왠지 기분이 나아지는 걸 경험한 왕의 생각이 점차 말랑말랑해져 갈 수 있다. '어쩌면 모든 게 다 소용없는 건 아닐지도 몰라.' 그렇게 생각 왕이 경직된 자세에서 한 발 물러설 즈음에 다음 전략을 적용하면 좋다. 첫 장에서 알아본 취약성 관리 3단계를 이때 적용하면 왕의 생각을 한결 수월하게 바꿀 수 있다.

자기최면 깊은 이완법

사람들은 누구나 3가지 상태를 매일 경험한다. 잠들어 있는 상태와 깨어 있는 상태, 그리고 잠들어 가거나 잠에서 나오고 있는 상태. 깨어 있을 때의 뇌는 잠들어 있을 때의 뇌와 많이 다르다. 깨어 있는 동안에는 활동하며 경험해야 해서 뇌가 경험 모드로 열심히 일한다. 그럼 잠을 잘 때는 뇌가 쉬느냐 하면 그렇지도 않다. 정신 줄 놓고 자고 있을 때도 뇌는 나름 바쁘게 일한다. 택배 분류 작업 하듯 깨어 있을 때 겪은 경험을 정리도 해야 하고 피로와 스트레스도 회복시켜야 해서.

잠들어 있는 때와 깨어 있는 때는 정신 줄을 놓고 있는지 잡고 있는지로 명확히 구분된다. 그런데 잠들어 가고 있는 상태는 또 뭘까. 평균 15분 정도 걸린다는 잠 들려고 폼 잡는 순간은 매우 짧다. 그래서 그런지 별 주목을 받지 못하는 편이다. 그런데 이 상태를 잘만 활용하면 멘탈 관리에 날개를 달 수도 있다고 한다. 잠들기까지 몽롱하게 있는 상태가 뭔 대수라고 멘탈 관리에 도움이 된다는 것일까?

기습 업데이트

멘탈에 이미 설치되어 있는 소프트웨어는 정체감의 일부로 작동하기에 잘 변하지 않는다. 다른 사람의 영향을 받아 설치되었든 관찰이나 직접 몸빵으로 설치했든 마찬가지이다. 컴퓨터 프로그램이나 홈페이지도 누가 뭘 잘못 건드려 엉망이 되지 않게 소스가 닫혀 보호되지 않는가. 멘탈 소프트웨어도 함부로 수정되지 않도록 닫혀 있다. 그래서 어려서부터 깔린 소심한 성격이든 무기력이나 미루기 프로그램이든 보통은 달라지지 않고 지속되곤 한다.

그러면 멘탈 소프트웨어는 한번 설치되면 영원히 수정할 수 없는 것일까? 그렇지는 않다. 수정 업데이트는 매일같이 진행되는데, 깨어 있을 때 말고 주로 잠을 자는 사이에 이루어진다.

깨어 있을 때 활동하며 수집한 경험 데이터는 usb 같은 임시 저장소인 해마라는 곳에 저장된다. 그러다 잠이 들면 하드디스크 같은 뇌의 저장소로 옮겨진다. 이 과정에서 경험은 중요도에 따라 분류 작업을 거친다. 오래 기억할 것과 무시해 버릴 것으로.

신경 나라의 경험 품질 검사는 엄격하다. 여기서 무시되지 않고 살아남으려면 3가지 조건 가운데 하나라도 충족시켜야 하는데 조건은 다음과 같다.

반복되는 경험

바짝 주의를 기울인 경험

감정 에너지가 많이 담긴 경험

20년도 넘게 지났지만 4살 여자아이가 날 똑바로 바라보며 못생겼다고 소리쳤을 때와 같은 경험은 잘 잊히지 않는다. 바짝 주의를 기울였고 감정 에너지도 듬뿍 담겨 있기에.

품질 검사를 통과한 고품질 경험들은 매일 진행되는 소프트웨어 업데이트에 반영된다. 그런데 업데이트는 왕이 잠든 사이에 진행되기에 생각 왕이 개입하기 어렵다. 그래서 왕이 싫어하는 프로그램이 삭제되기는커녕 더 강력한 프로그램으로 업데이트될 때도 있다. 왕이 그렇게 싫어하는데도 불구하고 말이다.

이렇게 잠자는 동안 기습적으로 진행되는 업데이트는 통제할 방법이 없을까? 잠을 자는 중에 일어나는 일이니 어쩔 수 없는 것일까?

뇌국은 생각 왕의 것이다. 왕의 힘이 미치지 않을 곳이 없다. 업데이트는 잠자는 동안 일어나지만 왕의 뜻에 따라 진행되도록 명령을 전달할 수는 있다. 그런데 그 명령이 아무 때나 잘 통하지는 않는다. 생각 왕은 하루 16시간 정도 깨어서 지내는데 깨어 있는 동안에는 명령이 잘 전달되지 않는다. 업데이트 명령은 잠들기 직전에 내려야 가장 잘 전달되는 편이다. 왜 그럴까? 잠 들려는 15분 가량의 짧은 시간이 깨어 있을 때와 뭐가 다르기에?

달라지는 뇌파

뇌국에 사는 신경들의 S라인 허리에서는 전기가 끊임없이 오간다고 했다. 이 전기 활동을 측정해 봤더니 자고 있을 때와 깨어 있을 때가 확연히 다른 것이 밝혀졌다. 연구자들은 뇌국에서 일어나는 전기 활동을 뇌파라 불렀고 각각의 뇌파 패턴에 이름을 붙여 줬다. 서구권에서는 뭔가 있어 보이고 싶을 때 영어 알파벳의 할아버지 격인 그리스어 알파벳을 사용할 때가 많다.

그래서 그리스어 알파벳을 따서 '알파파', '베타파' 등의 뇌파 이름이 나오게 되었다. 우리나라에서 붙였으면 '가파', '나파' 등으로 더 쉽게 불렀을 텐데 말이다.

깨어 있는 동안의 뇌는 외부에서 들어오는 감각 자료를 분석하고 처리하느라 바쁘다. 엄청나게 흥분하거나 긴장했을 때는 감마파가 나오기도 하지만 대부분은 베타파가 지배적인 상태이다. 베타파에서는 생각 뇌가 외부 세계에 초점을 맞추고 경험 모드로 작동한다. 그래서 내면 세계보다 외부 세계가 더 실재적으로 느껴지고 상상이나 기억 처리 등 내면 작업에 적합한 상태는 아니다.

경험 모드를 마치고 잠에 들어가면 뇌파는 세타파나 델타파로 바뀐다. 잠에 막 빠져들었을 때는 세타파였다가 수면이 깊어지면 델타파로 바뀌는데, 이때는 누가 업어 가도 모를 정도로 깊은 잠을 자게 된다. 세타파나 델타파 상태에서는 외부 세계와의 연결은 끊어지고 생각 뇌의 분석적 기능도 작동하지 않는다. 그래서 꿈꾸면서 날고 있어도 '어떻게 내가 날 수 있지?'라고 따지지 않고 내면 세계를 실제처럼 경험하게 된다.

잠드는 와중의 15분은 어떤 뇌파 상태일까? 이때는 뇌파가 알파파로 바뀌는데 알파파 상태에서는 시공간을 다루는 뇌 신경 회로의 활동이 약해진다. 그래서 외부 세계와 내면 세계가 연결되기 시작한다. 마치 두 세계를 연결하는 다리가 놓이는 것처럼 말이다. 이때부터는 꿈인지 생시인지 경계가 모호해지는 환상특급이 펼쳐질 수 있다. 그러다 알파파가 깊어질수록 외부 세계보다는 내면 세계가 더 실재적으로 느껴지기 시작한다. 그럴수록 생각 왕은 내면 세계에 집중할 수 있게 된다.

바깥세상에 정신이 팔렸던 생각 왕이 내면 세계로 관심을 돌리면 무엇이 달라질까? 이때부터 소프트웨어 업데이트에 대해 가이드라인 제시가 가능해진다. 10년 전이든 오늘 깨어 있을 때 겪은 일이든 검토하면서 결재를 번복하고 수정할 기회를 가질 수 있게 되는 것이다. 그런데 이 순간에도 회사에서 있었던 왕 부장의 만행을 곱씹으며 '어떻게 나한테 그럴 수 있어?', '내 인생은 글러먹었어.' 등의 생각을 하며 잠들면 어떻게 될까? 왕의 뜻에 따라 업데이트는 진행되고 자고 나면 분노와 무기력 프로그램은 한층 강화되어 있을 수 있다.

만약 생각 왕이 부정적 가이드라인을 철회하고 알파파 상태를 잘 활용할 수 있다면 어떻게 될까? 자신이 원하는 방향으로 업데이트 방향을 조정할 수 있게 된다. 그런데 잠들기 전의 순간은 시간도 짧고 졸려서 내면 작업에 집중하기 어려울 때가 있다. 다행히 잠들기 전 15분이 아니어도 언제든 원할 때마다 알파파 상태로 들어갈 수 있도록 개발된 기법이 있는데, 그 방법이 자기최면 깊은 이완법이다.

자기최면의 특징

자기최면은 몸과 마음이 모두 깊이 이완된 편안한 상태이다. 이완은 긴장의 반대쪽에 있다. 몸과 마음에 힘을 잔뜩 주고 있는 것이 긴장이라면 이와 반대로 힘을 다 풀고 쉬고 있는 상태가 자기최면이다. '최면' 하면 보통 전생 체험이 떠오르거나 무의식에 빠져들어 비밀을 말하게 되는 특이한 장면이 연상될 수 있다. 방송이나 영화에서 소개되는 최면이 대부분 그렇기에. 그런데 자기최면에 들어가면 편해지면서 외부 세계에 신경을 덜 쓰게 될 뿐 자기 통제력은 오히려 높아진다. 그래서 싫으면 단칼에 거부하고 좋으면 흔쾌히 받아들인다.

자기최면은 멘탈 관리를 촉진하는 여러 특징을 가지고 있다. 이런 이점을 일찍이 알아본 스웨덴과 호주 등 서구권에서는 중·고등학교에서도 학생들에게 자기최면을 가르친다. 어느 나라이든 교육 시스템은 보수적이라 커리큘럼이 쉽게 바뀌지 않는다는데 자기최면이 어떤 특징이 있기에 학교 수업에서까지 가르치는 걸까?

자기최면에 들어가면 잠들기 직전 순간처럼 뇌파가 깊은 알파파로 바뀐다. 그래서 생각 왕이 소프트웨어 업데이트 방향을 수정할 수 있게 된다. 그런데 이에 더해 자기최면은 다음과 같은 3가지 특징이 있어서 멘탈 변화를 빠르게 촉진해 줄 수 있다.

첫째, 자기최면 중에는 기억이나 상상의 이미지가 평소보다 생생해진다. 베타파 상태에서는 외부 세계에서 들어오는 정보가 우선적으로 처리되기 때문에 상상에 투여될 에너지가 부족할 수 있다. 그런데 자기최면에 들어가면 기억이나 상상 이미지가 보다 생생해지기에 평소 상상이 잘 안 되던 사람도 내면 세계에 더 깊이 몰입할 수 있게 된다. 그러면 책에서 소개된 기법뿐만 아니라 기타 심리 기법들의 적용도 한결 빨라질 수 있다.

둘째, 자기최면 중에는 감정 뇌와의 접속이 깊어진다. 감정 뇌와의 연결이 원활해지면 스트레스나 트라우마를 겪는 과정에서 흘러가지 못하고 고여 있던 불쾌한 감정을 털어내기가 용이해진다. 그뿐만 아니라 과거의 긍정적인 감정에 접속해 재충전하는 것도 수월해진다.

셋째, 자기최면에 들어가면 생각 뇌의 분석적인 기능이 쉬게 되면서 사고의 유연성이 일어난다. 그래서 평소에 '나 원래 이래!', '뭘 해도 소용없어.', '달라지는 건 힘들어.' 등으로 스스로 한계를 설정했던 경직된 사고의 영향을 덜 받게 된다. 골키퍼처럼 소프트웨어 수정을 방해하던 분석적인 마음이 쉬는 중에는 암시 수용성이 높아진다. 그래서 자신이 원하는 긍정적인 생각이나 신념을 신경 나라에 입력하기 쉬워진다.

자기최면은 이처럼 멘탈 관리를 돕는 여러 특징이 있지만 아무리 장점이 많아도 사용하기가 번거로우면 창고에 틀어박혀 잊히기 마련이다. 예전에는 자기최면에 들어가는 데만 최소 20분 넘게 걸리기도 하고 안정적인 알파파 확보도 쉽지 않았다. 게다가 배우기도 쉽지 않았다. 그런데 요즘은 많은 개선이 이루어져 몇 차례 연습만 하면 5분 내외로 자기최면에 손쉽게 들어갈 수 있다.

자전거 타기도 한번 배우고 나면 평생 탈 수 있듯이 자기최면도 한번 배워 두면 언제든 써먹을 수 있다. 불면증이 있는 사람들 가운데는 자기최면을 연습하다가 꿀잠을 잘 수 있게 됐다는 경우도 많았다. 이것저것 다 떠나서 자기최면에 들어가면 일단 마음이 편해진다는 보고들이 대부분이다. 그래서 스트레스 받을 때 자기최면에 들어가 잠시 충전하는 시간을 가진다고도 한다. 이렇게 배워 두면 스트레스 관리에도 활용할 수 있는 자기최면을 연습하려면 뭘 어떻게 하면 될까?

몸 급속 이완법

자기최면을 통해 깊은 이완에 들어가려면 '몸'과 '멘탈' 2가지만 이완하면 된다. 먼저 몸을 이완하는 방법부터 알아보겠다. 최면 역사를 통틀어 가장 빼어난 업적으로 인정받는 발견 가운데 하나가 몸을 빠르게 이완하는 방법의 발견이었다. 과거에는 몸을 이완시키기 위해 빛나는 물체나 회중시계를 몇 분에서 2시간 넘게 쳐다보게 한 적도 있었다. 그렇게 쳐다보다 보면 눈꺼풀이 무거워지면서 눈을 감게 되고 그러면 최면 이완이 되는 줄 알았다.

프로이트는 이 과정에서 좌절을 맛봤다. 최면 이완이 되어야 뭐라도 할 텐데 몸을 이완하는 데만 1시간도 넘게 걸릴 때도 있다 보니 뭘 해 보기가 어려웠다. 그런데 엘먼Dave Elman은 몸 이완에 걸리던 긴 시간을 몇 초에서 몇 분 내로 단축했다. 엘먼이 연구해 보니 몸을 이완하기 위해 굳이 눈꺼풀을 무겁게 만들 필요가 없었다. 그냥 눈을 감고 눈꺼풀의 힘을 빼기만 하면 될 뿐.

몸에는 많은 근육이 있는데 그 가운데 가장 통제하기 쉬운 근육이 눈꺼풀 근육이라고 한다. 과제를 마쳐야 하는데 너무 졸릴 때는 눈꺼풀이 절로 감길 때가 있다. 이때는 몸이 알아서 제발 좀 자자고 눈꺼풀의 힘을 스스로 푼다. 왜냐하면 눈꺼풀의 힘이 풀리면 온몸의 힘이 풀리는 걸 몸은 알고 있으니까. 엘먼은 이 원리를 응용해서 눈꺼풀의 힘을 스스로 풀어 몸을 빠르게 이완할 수 있는 급속 이완법을 개발했다.

반응이 빠른 사람의 경우 눈꺼풀 힘을 풀면 온몸의 힘이 금방 풀린다. 그래서 자기최면 연습을 할 때는 운전 중이거나 급박하게 대처해야 할 상황은 가급적 피하고 방해받지 않을 장소와 시간에 앉거나 누워서 하는 것이 좋다.

눈꺼풀의 힘을 풀어 몸을 이완하려면 먼저 숨을 깊이 들이마셨다가 내쉬면서 눈을 감는다. 그리고 감은 눈의 눈꺼풀에 마음을 두고 눈꺼풀의 힘을 풀면 된다. 힘을 다 풀었기에 눈꺼풀이 움직이지 않게 되는 정도까지 눈꺼풀의 힘만 풀고 이완하면 된다.

몸 이완의 핵심은 이게 다다. 몇 초에서 몇십 초밖에 걸리지 않는다. 너무 간단해서 '이게 다야?' 싶을 수 있는데 이게 다다. 이 간단한 원리가 발견되기까지 오랜 세월 동안 얼토당토않은 시행착오들이 참 많았다. 대부분의 사람은 쉽게 눈꺼풀 힘을 풀 수 있지만 평소 긴장을 많이 하는 사람들은 눈꺼풀 힘이 안 풀린다거나 또는 얼마나 풀어야 하는지 모르겠다는 경우가 있다. 그럴 때는 눈을 크게 뜨고 자신의 이마를 쳐다보며 눈을 치켜뜨고 있다가 피곤해서 감고 싶을 때 눈을 감으면 눈꺼풀의 힘이 쉽게 풀린다.

눈꺼풀의 힘을 완전히 풀 필요는 없다. 완전한 이완이 어떤 건지 알 방법은 없으니까. 그저 힘을 풀 수 있는 만큼만 풀면 된다. 그리고 눈꺼풀의 힘을 다 풀었다 싶으면 눈꺼풀의 힘을 푼 편안한 이완의 느낌을 머리끝으로 가져갔다가 얼굴과 머리, 온몸을 통해서 발끝까지 흘려보낸다 상상하고 그러면서 온몸의 힘을 풀고 이완하기만 하면 된다.

여기까지 하면 눈꺼풀 이완 1세트가 끝난다. 1세트만 해도 대부분 몸이 편해지는 걸 경험한다. 그다음부터는 반복이다. 신경 나라 제1법칙은 어디든 잘 낀다. 반복하면 잘하게 된다. 눈꺼풀 이완을 3세트만 하면 몸은 이완된다. 처음 연습을 시작할 때는 한동안 3세트를 하는 것이 좋다. 나중에 익숙해지면 1세트만 해도 몸이 금방 이완된다.

멘탈의 이완

몸을 이완했으면 이어서 멘탈을 이완할 차례이다. 멘탈을 이완하려면 하나부터 천천히 숫자를 소리 내어 세어 가면 되는데 평소와 다른 방식으로 세면 된다. 어떻게 세냐 하면 숫자를 세어 갈 때 다음 숫자로 넘어갈수록 그 전의 앞의 숫자를 셀 때보다 마음의 힘을, 마음의 애씀을 반씩 풀어 가면 된다. 숫자를 셀 때마다 마음의 힘을 반씩 풀고 반 정도의 힘만 주면서 다음 숫자를 세어 가면 된다.

그렇게 숫자를 세다 보면 마음의 힘을 풀 만큼 다 푸는 순간이 올 수 있고 그럼 마음이 이완되면서 숫자들이 자연스럽게 사라질 수 있다. 이렇게 숫자들이 사라지거나 마음이 비워지면 멘탈이 이완된다. 숫자를 셀 때마다 깊이 이완해 간다는 느낌으로 숫자 하나 셀 때마다 '더 깊이'라고 말해 가도 된다.

이를테면 이렇게 하면 된다. '하나, 더 깊이⋯.', '둘, 더 깊이⋯.', '셋, 더 깊이⋯.' 숫자 하나 셀 때마다 3~5초 정도 걸린다고 가늠하고 천천히 세어 가면 된다. 멘탈 이완은 사람들마다 반응이 다양해서 어떤 사람들은 다섯 정도 세고 숫자가 사라졌다고 하기도 하고 또는 초고속 오토바이 속도로 하나, 둘, 셋, 넷! 다다다 빠른 속도로 100 넘게 세는 사람도 있다. 어떻게 세든 자신의 스타일대로 해도 된다. 하지만 숫자를 셀 때마다 그냥 숫자를 세는 것이 아니라 마음의 힘을 반씩 풀어 가는 것이 요령이다.

마음의 힘을 어떻게 풀라는 건지 이해가 안 된다는 사람들도 있다. 서 있는 상태에서 다리의 힘을 풀라고 하면 서 있어야 하는데 얼마나 힘을 풀라는 건지 잘 이해가 되지 않고 힘도 잘 풀리지 않을 수 있다. 그런데 앞으로 걸어가면서 걸음마다 다리의 힘을 반씩 풀어 가라고 하면 대부분 한걸음 내딛을 때마다 다리의 힘을 조금씩 풀어 갈 수 있다. 그렇게 걷다 보면 서 있을 힘까지 다 풀고 주저앉아 이완하게 되는 순간이 온다.

걸으면서 다리의 힘을 반씩 풀어 갈 수 있듯 신경 쓰거나 애쓰고 고민하는 마음의 힘도 숫자를 셀 때마다 조금씩 풀어 갈 수 있다. 그러다 보면 마음의 힘을 다 풀고 마음이 비워지듯 쉬게 되는 순간이 올 수 있다. 다음 숫자가 뭔지 생각 안 날 정도로 숫자가 사라진다는 사람도 있고 마음이 편해지면서 숫자 세기가 귀찮아진다는 경우도 있다. 어떤 경우이든 괜찮다. 마음이 편해진다 싶으면 잘되고 있는 거다.

이렇게 몸과 마음을 모두 이완하면 자기최면 깊은 이완에 들어가서 쉴 수 있게 된다. 자기최면에 들어가 있어도 정신도 멀쩡하고 마음대로 다 할 수 있기에 잘되고 있는 건지 모를 수 있다. 혼자서 확인할 방법은 2가지 정도이다. 자기최면은 깊은 이완이라고 했다. 몸도 마음도 편하게 이완했는지 가늠해 보면 된다. 보통은 마음이 10점 중에 7~8점 가량 편하게 느껴진다고들 한다. 마음이 편하게 느껴지고 상상할 때 평소보다 더 몰입되는 것 같으면 잘되고 있다고 보면 된다.

자기최면 깊은 이완에 들어가게 되면 책에서 소개된 기법을 적용하여 멘탈에 변화를 주어도 되고 그저 쉬고 싶은 만큼 쉬면서 충전해도 된다. 연구에 따르면 자기최면 상태에서 쉬기만 해도 몸의 회복 속도가 7배 정도 빨라진다고 한다. 자기 전에 누워서 연습하고 있었다면 그냥 편하게 잠이 들어도 된다.

자기최면을 끝내고 평상시 경험 모드로 뇌를 전환하고 싶을 때는 갑자기 눈을 뜨지 말고 다음 과정을 하는 것이 좋다. 마음속으로 '하나에서 셋을 세면 자기최면에서 돌아 나온다'고 말하고 '하나', '둘', '셋' 하고 눈을 뜨고 자기최면에서 돌아 나오면 된다. 한 가지 유의할 점은 자기최면은 이완에 들어갔다 나오는 것이지 '최면을 건다'라거나 '깬다'는 것이 아니어서 자기최면에서 '돌아 나온다'는 표현을 쓰는 것이 좋다.

처음 연습할 때는 자기최면에 들어갔다 나오는 한 세트의 연습을 하루 한 차례씩 5일 정도 연습하면 자기최면이 숙달되곤 한다. 물론 개인차가 있다. 한두 번만 해도 금방 감이 잡히고 잘된다는 사람도 있고 일주일 정도 연습이 필요한 사람도 있다. 공통점은 반복할수록 이완이 더 빨라지고 깊어진다는 것이다. 글로 읽어서는 이완을 어떻게 하라는 건지 감이 잘 잡히지 않을 수도 있다. 그럴 때는 유튜브에서 '자기최면 멘붕박사'로 검색하면 나오는 자기최면 안내 음성 영상을 들으며 연습해도 된다.

• 6 •
착한 사람 말고 괜찮은 사람

　어렸을 때 나는 착하다는 소리가 그렇게 듣기 좋았다. 고래는 칭찬을 듣기 위해 춤을 춘다는데 나는 착하다는 소리를 듣기 위해 몸을 사리지 않았다. 인사 잘하면 착하다는 소리 들으니 90도 꺾기 인사는 기본이었고 집에서든 밖에서든 심부름은 늘 내 차지였다. 어른들이 원하는 대로 해 주면 착하다는 소리가 떡고물로 떨어지니까. 그러다 보니 동네에선 엄마들의 잔소리 레퍼토리였던 '누구 반만 닮아 봐라.'의 '누구'에 내 이름이 단골처럼 올라가곤 했다.

　공부는 한 번도 1등을 해 본 적 없지만, 이 구역의 챔피언은 나임을 동네방네 알리며 착한 아이 1등 자리는 뺏겨 본 적이 없다. 그런데 그 자리를 지켜 내는 게 그리 쉬운 일은 아니었다. 무릇 1등의 자리는 고독한 법 아닌가. 언제 경쟁자가 추격해 올지 모르니 한시도 긴장의 끈을 놓쳐선 안 됐다.

　챔피언 자리를 지켜 내려면 감내할 것들도 많았다. 일단 어른들 말을 잘 들어야 했고 웬만한 일들은 꾹 누르고 참아야 했다. 착한 사람이 맘에 안 드는 게 있다고 화를 내서야 되겠는가. 그건 하수들이나 하는 행동이다. 거절도 못 하다 보니 덤터기를 쓰거나 손해 볼 때도 많았다. 하지만 그깟 손해 좀 보는 게 대수겠는가. 착하다는 소리를 들을 수만 있다면야. 1등 자리 지키는 게 어디 그리 쉬운 일이겠는가?

대학 들이가 적응하지 못할 때도 나의 자존심을 지켜 준 건 '나는 착한 사람'이라는 타이틀이었다. 대인기피증과 우울증에 대가리 좀 썩어 있으면 어떤가. 그래도 나는 착한 사람인데. 누구보다 FM을 추구해 온 바른생활맨 아니런가.

사람들을 피해 숨어 다니며 자존감이 바닥을 칠 때도 언젠가 나의 착함을 알아봐 줄 누군가가 나타날 것이라는 믿음이 있었다. 그럼 이 모든 방황이 아무것도 아닌 일로 지나갈 것이라는 기대와 희망이 있었다. 그랬는데, 그렇게 믿고 있었는데, 그런 나의 마지막 보루와도 같던 희망을 흔들어 대는 이상한 소리가 어디선가 들려왔다.

차라리 누가 '너 착하지 않아.'라고 말했으면 무시하기 쉬웠을 것이다. 어려서부터 착한표 도배지로 머리부터 발끝까지 몇 겹을 치장해 온 나에게 '착하지 않다.'고 해 봤자 마치 '넌 사람이 아니야.'라는 멍멍이 소리로 들렸을 테니까. 그런데 들려온 소리는 예상치 못한 방향에서 날아온 일격과 같았다. 누군가가 '착한 건 칭찬이 아니야.'라는 황당무계한 소리를 해 댔다. 착하다는 말이 칭찬이 아니면 뭐란 말인가. 욕이라도 된다는 말인가?

착한교 신도들이 들으면 큰일 날 헛소리였다. 이런 신성모독이 또 있겠는가. 실없는 소리로 무시하면 그만이었다. 그런데 켕기는 게 있는 사람이 흥분하기 마련 아닌가. 외면하려 할수록 머릿속에 고장 난 녹음기라도 틀어졌는지 그 말은 계속해서 되뇌어졌다. 그러면서 모락모락 피어오르는 걱정을 잠재우기가 어려웠다. '진짜면 어떡하지? 진짜로 착하다는 말이 칭찬이 아니면? 그럼 지금껏 내가 자랑해 온 챔피언 타이틀은 뭔데? 착하다는 말이 칭찬이 아니면 난 뭘 믿고 살아야 하는 건대?'

그대가 믿는 대로

두 명의 여대생이 대학 상담소에 찾아와 상담을 신청했다. 둘은 친구였는데, 한 명은 키도 크고 훤칠한 날씬이였고 한 명은 허리둘레가 제법 나가는 통통이였다. 둘 다 한 명의 여자 상담자에게 배정되어 상담을 받았다. 첫 시간엔 '날씬이'가 상담을 받았고 그다음 시간엔 '통통이'가 받았다.

상담사가 날씬이를 보고 받은 첫인상은 '참 예쁘다'였다. 늘씬한 데다 지나가던 사람도 뒤돌아 처다볼 정도의 미모를 가졌는데 무슨 일로 상담을 받으러 왔나 싶었다. 날씬이는 남자친구와 헤어진 후 우울해서 상담을 신청했다고 했다.

같이 온 통통이는 표정은 밝았지만 '남자친구 사귀기 쉽지 않겠네.' 싶은 걱정이 들 정도의 허리둘레를 가졌다고 한다. 외모 때문에 고민이 많아서 왔나 싶었는데, 의외로 통통이는 상담을 신청한 특별한 이유가 없었다. 친구가 같이 가자니까 얼떨결에 왔는데 심리검사를 받아 보니 흥미가 생겼단다. 그래서 상담을 받으며 자신에 대해 더 이해하고 싶다고 했다.

상담자는 여느 때처럼 각자의 이슈에 맞게 상담을 진행했다. 그런데 갈수록 두 친구에 대한 인상이 달라져 가는 것을 느꼈다.

날씬이는 상담에 올 때마다 반복되는 호소를 했다. "처음엔 예쁘다며 다가

오는데 나중에는 제가 싫대요. 저는 매력이 없나 봐요. 아무도 나 안 좋아하면 어떡하죠. 선생님." 그러면서 힘들다고 울기만 하더란다.

처음엔 이렇게 예쁘고 늘씬한데 왜 그러나 싶어 위로해 주었단다. 그런데 매번 어린애처럼 칭얼대기만 하니 남자들이 왜 싫다고 떠나는지 이해가 가더란다. 같이 있다 보면 불편해지는 뭔가를 계속 던져 대니까.

통통이는 허리둘레는 굵어도 밝고 애교도 많은 듯했다. 대화의 센스도 있어서 같이 있으면 편하게 느껴지곤 했다. 처음엔 남자친구 사귀기 어려울 듯해서 걱정이 들었는데 알고 보니 남자친구도 있었고 친구 관계도 두루 원만한 듯했다.

상담자는 두 사람에 대한 인상이 뒤바뀌자 궁금해졌다. 무엇이 이런 차이를 만드는지. 그래서 두 사람의 삶의 배경을 비교해 봤다고 한다.

날씬이는 한 지역의 명망 있는 집의 둘째 딸이었다. 1살 많은 언니가 있는데 언니는 모든 면에서 날씬이보다 나았단다. 날씬이보다 쬐끔 더 날씬하고 키도 조금 더 크고 공부도 더 잘했단다. 날씬이도 공부를 곧잘 했는데 한번은 반에서 1등을 해서 부모님에게 자랑하려고 뛰어갔더니 언니가 먼저 도착해 있더란다. 전교 1등한 성적표를 들고. 부모님은 동네방네 잔치를 벌이며 자랑하겠다고 신나해 하고 계셨는데 그런 와중에 자신의 성적표를 내밀기가 민망했단다.

날씬이의 부모님이 '너 매력 없어.', '너 못났어.'라는 식으로 날씬이에게 못난이 소프트웨어를 추천하지는 않았던 것 같았다. 단지 '너도 조금만 더 열심히 했으면 언니만큼 할 텐데'라는 비교는 있었던 듯했다. 모든 면에서 언니보다 2% 부족하다 보니 날씬이는 언니와 자신을 비교하면서 하나의 생각이 점차 강해져 간 듯했다. '난 언니보다 부족해.'

'언니보다 부족해.'에서 비교급 '언니보다'는 시간이 갈수록 생략될 수 있다. 사람은 무엇이든 일반화시킬 수 있는 특별한 능력을 가진 똑똑이들 아니런가. 일반화를 거치면 구체적인 경험이 일반적인 진술로 둔갑한다. 비교급을 생략시킨 날씬이는 자신에 대한 믿음을 간결하게 다듬었고 어느 순간 영원한 결론에까지 이르렀다. '난 부족해.', '난 별 볼일 없는 사람이야.'

날씬이는 연애 경험이 여러 번 있었다고 했다. 그런데 좋다고 다가왔던 남자들이 싫다며 금방 떠나는 일이 반복되자 '난 부족해.' 믿음이 새끼까지 칠 수 있었다. '난 매력도 부족해.'로. 그렇게 자신이 매력 없다고 믿게 된 후로는 괜찮은 남자가 다가와도 자신이 피하게 됐다고 한다. 다가왔다가도 '매력 없는 여자'라는 진정한 자신의 모습을 알게 되면 실망해서 또 떠나게 될까 봐.

통통이는 평범한 집에서 살았지만, 사랑을 많이 받고 자란 듯했다. 어려서부터 먹는 걸 좋아해 통통했는데 집에서 뭐라고 하는 사람도 없었단다. 뭘 하든 '넌 괜찮은 사람'이라고 존중받으며 자란 것 같았다. 초등학교 때부터 통통하다고 아이들이 놀렸지만 별다른 상처는 없었던 듯했다. 자신을 괜찮은 사람이라 믿어서인지 놀리는 아이들과도 금방 친해지곤 했다고 한다.

나의 심리적 탄생

인본주의 심리학의 창시자 로저스Carl Rogers는 궁금했다. 자신에 대한 믿음이 왜 사람마다 그렇게 차이가 나는지. 왜 어떤 사람은 자신에 대해 긍정적으로 바라보며 삶에 잘 적응하는가 하면, 어떤 이는 부정적인 믿음을 가지고 불협화음을 반복하는지. 싫다고 하면서도 왜 자신에 대한 부정적인 믿음을 바꾸지 못하고 살아가는지.

자신이 어떤 사람이라 믿는지의 '나 소프트웨어'는 태어날 때부터 장착되어 있지는 않다. 김춘수 시인의 시에도 나온다. '내가 그의 이름을 불러 주었을 때 그는 나에게로 와서 꽃이 되었다.'고. 꽃인지 모르고 살고 있었는데 누가 꽃이라 불러 주니 '내가 꽃인겨?' 하고 믿게 된다는 것이다.

태어나자마자 '나 잘생겼어.', '나 못생겼어.'라는 아기들이 있겠는가. 살면서 자꾸 사람들이 '못생겼다.' 부르면 '나 못생겼구나.'라고 믿게 된다. 겪어 본 게 있으니까 그 경험을 가지고 요리해서 '나 원래 이래!'라는 믿음이 만들어지는 것이다.

그런데 요리할 때 이것저것 대충 넣고 끓여도 맛있는 부대찌개가 나올 때도 있지만 보통은 레시피가 필요하다. 같은 재료를 넣어도 레시피가 달라지면 전혀 다른 요리가 나오기도 하니까. 로저스는 나 소프트웨어가 만들어지는 과정에서도 레시피가 중요하게 작용한다고 생각했다. 부모가 제시하는 조건이 있는데 그 조건이 경험 재료를 섞어 요리할 수 있는 레시피 역할을 한다고 보았다.

걸음마가 조금만 늦어도, 다른 아기들보다 길게 잠을 못 자도 어른들은 비교를 통해 조건을 제시하기 시작한다. '언니는 잠을 잘 자서 키우기 편했는데 넌 왜 자꾸 자다 깨서 엄마를 힘들게 하는 거야? 엄마 내일 출근해야 하는데!' 엄마가 뭐라고 하는지는 몰라도 달래 줬으면 좋겠는데 어찌 된 일인지 엄마 표정이 안 좋다. 아기의 생각 왕은 생각한다. '울면 엄마가 안 좋아하나 보다. 엄마에게 사랑받으려면 울고 싶어도 삼켜야 하나 보다.'

사람들은 누구나 사랑받고 인정받고 싶은 욕구가 있다. 심리학자들은 디테일에 목숨 걸고 싸우곤 하지만 사랑과 인정 욕구에 대해 태클 거는 이들은 거의 없다. 모두가 원하는 대로 사랑과 인정을 충분히 받고 살면 좋으련만 인생이 어디 그리 호락호락하던가. 지구살이를 조금만 겪어 봐도 사랑과 인정이 공짜가 아님을 금방 알 수 있게 된다.

사랑과 관심이 세상에서 가장 중요한 아기들은 원하는 것을 얻기 위해선 엄마 아빠가 내거는 조건을 충족시켜야 함을 금방 눈치챈다. 엄마 아빠의 사랑과 관심을 몽땅 빼앗아 간 동생이 미워 죽겠어도 티를 내면 안 된다. 티 내면 엄마가 싫어한다. 동생 미워하는 '못된 아이'라고 혼을 낸다. 자꾸 혼나다 보면 그나마 빵부스러기처럼 받아먹던 사랑과 관심도 끊길지 모를 일이다. 먹고 살려면 어쩌겠는가. 싫어도 엄마 아빠가 내거는 조건대로 동생을 좋아하는 척해 줘야 한다. 엄마가 안 볼 때 몰래 동생을 꼬집어 주면 될 일이다.

조건의 영향력

부모가 내거는 조건이 나쁘기만 한 것은 아니다. 새끼 강아지도 놀아 달라고 엄마를 꽉 물면 엄마가 화를 내면서 알려 준다. 그렇게 세게 물면 엄마도 밥 주는 인간들도 싫어한다고. 함부로 물다간 밥그릇에 파리 날리는 수가 있다고. 아기들도 부모가 제시하는 조건을 충족하다 보면 사람들과 어울리기 위한 사회화 과정을 배울 수 있다. 그런데 멘탈 관리 관점에서 보면 조건에 집착하다가 2가지 문제가 발생하는 경우가 있다.

첫 번째 문제는 욕구에서 터질 수 있다. 아기들은 배가 고프면 고프다고 울고 잠이 안 오면 짜증 난다고 운다. 그런데 엄마가 아기의 욕구와 마음을 무시하고 울지 말고 자라고 순종을 요구하면 아기는 자신의 욕구를 숨기게 될 수 있다. 그러다 보면 '욕구를 체험하는 나'보다 엄마 말에 '순종하는 나'가 우선시되는데 위니컷Donald Winnicott은 이를 거짓자기라고 불렀다.

거짓자기가 발달한 사람들은 자기 내면 욕구를 감지하기 어려워한다. 뭘 먹고 싶은지도, 뭘 해야 기쁜지도 잘 모를 수 있다. 어려서부터 생각 왕이 자신의 욕구에 관심을 주지 않았는데 컸다고 관심 줄 수 있겠는가. 늦게나마 자신의 욕구에 관심 가지려 해도 감이 떨어진 상태이다. 욕구를 알아채는 S라인 허리가 얼마나 얇아져 있겠는가. 이런 사람들은 자신의 욕구보다 타인이 내세우는 조건을 더 우선시하는데 그러다 보면 착하다는 소리를 듣곤 한다.

또 다른 문제는 자신에 대한 믿음에서 발생한다. 부모가 제시하는 조건에 과도하게 집착하다 보면 부모가 기대하는 모습대로 자기 이미지가 형성될 수 있다. 일단 특정한 자기 신념이나 이미지가 만들어지면 그 이미지에서 벗어나지 못하게 하려는 압력이 가해진다. 외부와 내부 모두에서. 자기 이미지에서 조금만 벗어나려 해도 곧바로 비난하는 소리를 듣게 될 수 있다. "너답지 않게 왜 그러는 거야? 엄마 말 잘 듣던 착한 딸은 어디 가고 이렇게 고집을 부리는 거야? 다 너 잘되라고 그러는 건데, 엄마 말대로 해서 지금껏 잘못된 거 있니?"

외부 압력보다 더 무서운 건 내부의 자기 검열이다. '나 원래 이런 사람이야!'라고 스스로 믿는 생각과 다른 체험들은 검열에 걸려 삭제당한다. 어느 나라든 독재 정권이 들어서면 방송이든 영화든 가위 들고 검열하기 바빠진다. 독재 정권에 불리하거나 맞지 않는 것들은 가차 없이 가위질당한다. 그래서 굶주리는 사람들이 주위에 널려 있어도 방송이나 영화에서는 살기 좋은 나라로 미화되어 나올 수 있다.

뇌국도 사정은 마찬가지이다. 민주화되지 못한 독재 정권의 생각 왕은 살벌하게 검열을 지시한다. 상담소에 찾아왔던 날씬이의 생각 왕은 어떻게 자기 검열을 할까? 날씬이는 '나는 매력 없는 여자'라고 믿고 있다. 그런데 누군가가 '너 참 매력 있다!'라고 말해 주면 어떻게 될까? 설령 그 사람이 날씬이의 진짜 매력을 알아보고 말해 줬다 한들 아무 소용이 없다. 검열에 걸려 가위질당해 버릴 테니까. '이건 나랑 맞지 않는 말이야.', '검열!', '삭제!', '내가 매력 없다고 생각하면서도 날 어떻게 해 보려는 수작임이 틀림없어!'

그렇게 날씬이는 자기 이미지와 맞지 않은 체험들은 거부하며 캠퍼스를 거닐다가 나쁜 남자를 만나게 되었다. 그는 날씬이의 얼굴을 빤히 쳐다보다가 한 마디를 툭 던졌다. "너 예쁘다 소리 좀 듣고 살았을 텐데, 왠지 얼굴의 좌우 균형이 안 맞는다. 영 매력 없다." 그가 던진 말은 '매력 없는 여자'

라는 자기 신념과 일치했다. 처음엔 뭐 이딴 사람이 다 있나 싶어 기분이 나 빴지만, 왠지 점점 끌리게 되었다고 한다. 진정한 자신을 알아봐 준 것 같아 서. 날씬이는 그렇게 나쁜 남자에게 푹 빠져들었다가 금방 차인 후 상담소 를 찾게 되었다.

일단 '나 원래 이래!'라는 자기 신념이 만들어지면 그 신념은 생명체처럼 자 기 보호를 시작한다. 자기 신념과 DNA가 맞지 않는 체험들은 거부하고 일 치하는 체험만 수용한다. 그게 긍정적이든 부정적이든 상관없다. 눈덩이가 굴러가며 커지듯 자기 신념과 맞는 경험들만 편식하듯 골라 먹으며 덩치를 키워 간다.

착한 게 뭐 어때서

'나 원래 이래!' 안에는 생각보다 많은 나 소프트웨어들이 담겨 있을 수 있 다. 확인해 보려면 A4 용지를 꺼내 반으로 접고 한쪽에는 '부정적인 나' 다른 쪽에는 '긍정적인 나'라고 제목을 적고 빈칸을 채워 보기만 하면 된다. '나는 ~ 하다'에서 ' ~ '만 채워 가면 된다. 나는 한참 우울할 때 이 작업을 한 적이 있 었는데 '부정적인 나' 칸은 금세 빼곡히 채워졌다.

'나는 우울한 사람이다. 나는 무기력하다. 나는 사람들과 못 어울린다. 나 는 못생겼다. 나는 매력 없는 사람이다. 나는 결혼해도 애를 낳으면 안 되는 사람이다. 나는 머리털이 돼지털 같은 사람이다.' 등등

'긍정적인 나' 칸에는 별로 쓸 게 없었다. 그래도 명색이 챔피언 타이틀 소 유자 아니겠는가. 자랑스럽게 제일 위쪽에 한 문장을 적었다. '나는 착한 사

람이다!' 근데 누가 그걸 보고 뭐라고 한 마디 한다. 착하다는 건 칭찬이 아니라고. 긍정적인 나에 들어갈 만한 내용이 아니라고. 이런 우라질레이션 같으니라고!!

착하다는 말은 흔하게 쓰이지만, 뜻이 애매할 때가 있다. 쓰러진 취객을 구하려고 지하철 선로에 몸을 던지는 사람은 착한 사람이라고 부른다. 이럴 때는 선량한 마음이나 숭고한 행동에 대해 존경과 칭찬의 의미로 착하다는 말을 쓴다.

그런가 하면 상대가 내 말을 잘 듣거나 나에게 유리하게 움직여 줬을 때도 착하다고 한다. 이때의 착하다는 말은 '내 마음에 들게 움직여 주니 좋다.'는 의미이지 존경의 뜻은 아니다. 강아지가 말을 잘 들을 때도 착하다면서 쓰다듬어 주지 않나.

강아지도 꼬리 흔들게 만드는 착하다 소리는 공짜가 아닌 경우가 많다. 착하다 소리에 중독되다 보면 지불할 대가가 여럿 있다. 일단 어떤 관계에서든 '을'의 삶을 살게 된다. 상대는 '갑'이 되고 내 욕구보다 갑이 내거는 조건이 우선시 된다. 갑의 조건에 맞춰 줘야 인정도 받고 착하다는 소리도 들을 수 있으니까. 갑의 인정과 평가가 우선시 되는 관계에서는 할 말도 제대로 못 하게 된다. 칼자루 쥐고 있는 인사권자에게 할 말을 맘대로 할 수 있겠는가. 자칫하다 못됐다는 평가라도 들으면 어쩌려고.

착하다 소리에 중독되면 화도 내지 못하게 된다. 누군가가 함부로 대하면 화가 난다. 그럼 속에서 부아가 치밀어 오를 수 있다. 적어도 감정 뇌는 화를 그렇게 몸으로 표현한다. 그런데 생각 왕은 이를 무시한다. '나는 착하니까 화가 날 리 없어'라며 감정을 검열하고 누른다. 그러면서 왜 뒷골이 아프고 속이 답답한지 모르겠다며 병원에 간다. 옆에서 보면 주먹을 꽉 쥐고 이를 악물고 있는 게 영락없이 화가 난 건데 본인은 아니라고 극구 부인한다.

사촌이 땅을 사도 배가 아프면 안 된다. 부럽고 질투가 나지만 이 역시도 생각 왕의 검열에 걸린다. 착한 사람이 남의 성공을 질투할 수 있겠는가? 있을 수 없는 일이다. 축하해야 마땅하지. 그러니 질투가 나면 배가 아프다는 속담은 착한 사람이 아닌 소인배들의 얘기일 뿐이라 치부한다. 그런데 살살 배가 아파진다. 왜 배가 아파질까? '아 그건 질투가 나서일 리가 없어. 뭘 잘못 먹어서 배탈이 난 거야.' 그렇게 착한 사람이라는 이상적 자기에 집착하는 동안 질투도 맘대로 못 하는 현실 자기의 몸 고생, 감정 고생은 깊어만 간다.

착한 사람이 한번 빡치면 돌아 버린다고 하지 않나. 감정 뇌의 호소를 무시하고 억누를수록 감정 세계의 민심은 갈수록 흉흉해진다. 쿠데타를 일으켜 생각 왕을 납치할 만반의 태세를 갖춘다. 그리고 때를 기다린다. 서슬 퍼렇게 가위 들고 검열질 하는 독재자 생각 왕이 스트레스를 받아 흔들리는 순간이 오기만을. 조금의 틈이라도 보이면 거사를 치러야 하니까.

뇌국의 헌법 개정

여기까지만 봐도 착한 사람으로 살기 위해 지불할 대가가 꽤 큰 것 같은데 이게 다가 아니다. 착한 사람은 자존감 관리에서도 어려움을 겪을 수 있다. 자존감은 다양한 의미로 쓰이지만 크게 3가지 뜻을 담고 있다.

첫째, 자신이 소중하고 가치 있는 존재라고 느끼는 가치감

둘째, 어려운 일이 있어도 헤쳐 나갈 수 있다는 능력감

셋째, 스스로를 괜찮은 사람으로 여기는 자기 호감

자존감이 담고 있는 3가지 뜻인 가치감, 능력감, 그리고 자기 호감 가운데 능력감은 보통 자신감이라 불리기도 한다. 공부를 잘하든 피아노를 잘치든 칭찬 받으며 뚱뚱해진 S라인 허리가 있다면 착한 사람도 거기선 자신감을 누릴 수 있다. 그런데 박수 소리가 온종일 울려 퍼지진 않는다. 공연이 끝나면 무대의 불은 꺼진다. 자신을 비춰 주던 스포트라이트가 사라지는 순간 착한 사람들은 방향을 잃고 헤매게 될 수 있다. 스스로 빛을 내 본 적이 없기에 자신이 가치 있고 괜찮은 사람인지 확인시켜 줄 다른 불빛을 찾아 나서야 한다.

밖에 나가 사람들을 만나면 너무 지쳐 집에 오는 길에 고꾸라진다는 이들이 있다. 사람들과 있을 때 이미지를 관리하느라 잔뜩 신경 쓰고 긴장해서 지치는 것인데 왜 이렇게 피곤한지 모르겠다고 한다.

다른 사람들의 눈치를 보며 착한 사람 이미지를 관리하려면 만만찮게 유지비가 들 수 있다. 그런데 거기에 더해 자존감 관리비까지 비싸다면 배보다 배꼽이 더 커지는 것 아닐까? 이렇게 관리하기 힘든 착한 사람 말고 가성비 좋고 괜찮은 대안은 없을까?

포악한 독재의 검열과 억압을 경험했던 국민들은 혁명을 일으켜 독재 정권을 무너뜨리고 민주화를 이뤄 내곤 한다. 민주주의가 만능은 아닐지언정 독재자의 갑질을 끌어내면 검열에서 자유로워질 수 있으니까. 착한 독재당

이 다스리는 뇌국에도 혁명과 민주화의 바람을 일으킬 수 있다. 다행히 뇌국에서는 피 흘리며 혁명을 거치지 않아도 생각 왕이 동의만 한다면 민주화를 위한 자기 신념 업데이트가 어렵지 않게 진행될 수 있다.

뇌국의 민주화 업데이트는 헌법 개정부터 시작된다. '나 원래 이래!' 리스트에는 많은 진술문이 담겨 있다고 했다. '나는 매력 없다.', '나는 사람들과 못 어울린다.', '나는 머리털이 돼지털 같은 사람이다.' 등등. 이런 나 리스트에 담겨 있는 '나는 ~ 하다.' 중에는 상위법인 헌법에 들어가는 조항도 있고 미용관리법같이 하위법에 들어가는 것도 있다. 어디에 속하든 다 수정이 가능한데 일단은 착한 사람 헌법을 대체할 새 헌법의 제목부터 정해야 헌법 개정이 시작될 수 있다.

헌법 제목에는 뇌국이 무엇을 추구하는 나라인지 알 수 있는 단어가 들어가면 된다. 독재 정권이 쓰는 제목 샘플을 살펴보면 이렇다. '착한 사람.', '나는 우월해.', '나만 중요해.', '나는 루저야.', '나는 부족해.', '나는 못됐어.' 등등.

독재 헌법에는 다양한 제목이 있지만 민주주의 헌법에서는 공통으로 '괜찮은 사람'을 많이 쓴다. '괜찮은 사람'은 가치감, 능력감, 그리고 자기 호감 등 자존감의 3가지 뜻을 함축해서 담을 수 있어서 건강한 자존감 관리에도 유리하다.

만약 '괜찮은 사람'으로 뇌국 헌법을 개정한다면 생각 왕의 삶에는 어떤 영향이 있을까? 소프트웨어 업데이트가 끝나 자신을 '착한 사람'이 아닌 '괜찮은 사람'으로 바라보기 시작하면 뭐가 달라질까?

제일 큰 변화는 비용 절감이다. 착한 사람 이미지 관리에 들어가던 유지비가 크게 절감된다. 더 이상 다른 사람의 평가와 칭찬에 목숨 걸 필요 없으니 잘 보이거나 타인에게 맞추려고 애쓰며 고갈되던 에너지가 절약된다. 그러면 마음의 여유도 생기고 스트레스도 한결 줄어들 수 있다.

물론 감정 뇌와의 소통도 향상된다. 괜찮은 사람은 검열하지 않고 자기 체험에 개방적이다. 자신이 괜찮은 사람이라 느끼면 자기의 내면에서 느껴지는 감정이나 욕구도 괜찮다고 존중할 수 있게 된다. 그렇게 생각 왕이 감정 뇌를 대화 파트너로 존중해 주면 감정 뇌는 편하게 자기표현을 할 수 있게 된다. 질투가 나면 질투 난다 말할 수도 있고 누가 함부로 자신을 대하면 화도 내면서 자기주장을 할 수 있게 된다.

뇌국 헌법을 개정하면 무엇보다 좋은 점은 타인의 기대에 부응하는 삶이 아닌 자신의 삶을 살 수 있게 된다는 것이다. 괜찮은 사람은 착한 사람처럼 자신이 괜찮은지 아닌지 확인하기 위해 타인의 인정과 승인을 필요로 하지 않는다. 자신의 기준으로 자신을 평가하기에 타인의 평가와 기대는 하나의 의견으로 들을 수 있게 된다. 그러면 '을'의 인생을 살면서 다른 사람에게 맡겨 놨던 삶의 통제력을 찾아와 자신이 원하는 선택을 하며 살 수 있게 된다.

• 7 •

내가 원하는 나 만들기

2014년 서울시청 광장 잔디밭에서 특이한 대회가 열렸다. '제1회 멍때리기 대회'가 개최된 것이다. 대회에 참가한 사람들은 멍하니 앉아 누가 더 오랫동 안 멍때릴 수 있는지를 겨뤘다. 참 별난 대회도 다 있구나 싶겠지만 이 대회 는 새로운 과학적 발견으로부터 영감을 얻어 시작된 것이었다.

새로운 발견은 2000년대 초반 신경과학계로부터 들려왔다. 지금껏 모르던 새로운 신경 회로가 뇌에서 발견되었는데 이 회로는 아무것도 안 하고 멍하 니 있을 때만 활성화되는 멍따 회로˚였다. 신경 나라에는 수많은 신경 회로 계 모임이 있다. 그간에 발견된 중요한 회로도 많은데 멍따 회로가 뭐 대수 겠는가. '별 괴짜 회로도 다 있구먼.' 싶게 별다른 관심을 받지 못할 수도 있었 다. 그런데 멍따는 반전을 일으켰다. 과학자들조차 어리둥절하게 만드는 무 시무시한 존재감을 드러낸 것이다.

˚ 디폴트 모드 네트워크(DMN: Default Mode Network)

멍따의 존재감

예전에 사막에 있는 모래사장에 누워 밤하늘을 바라본 적이 있다. 하늘에 촘촘히 박혀 빛나는 별들을 보고 있자니 우주에 저렇게 많은 별이 있나 새삼스럽게 느껴졌다. 그런데 나의 관심을 끈 건 밝게 빛나는 별만이 아니었다. 별이 빛나는 사이사이의 검은 우주 공간이 다 텅 비어 있는 줄 알았는데 그게 아니란다. 검은 공간에는 빛나지 않는 암흑 물질이 있다고 한다.

암흑 물질은 눈에 보이지도 않고 정체를 알 수도 없다. 그런데 우주에 존재하는 물질의 80% 이상이 암흑 물질로 되어 있다고 한다. 이런 암흑 물질 같은 미지의 존재가 우주에만 있지는 않다. 사람들의 뇌에도 암흑 물질과 같이 정체를 알 수 없는 암흑 에너지가 존재했다. 그런데 멍따 회로가 발견되면서 암흑 에너지의 정체가 드러난 것이다.

멍따의 위력은 대단했다. 멍따 회로 혼자서만 뇌의 70% 가량의 에너지를 사용하는 것으로 나타났다. 뭔가에 집중해서 열심히 일하고 있을 때의 뇌는 평소보다 5% 정도의 에너지를 더 사용한다. 그런데 아무것도 안 하고 멍하니 쉬고 있을 때 뇌의 2/3나 되는 에너지를 쓴다니 과학자들도 납득하기 어려운 결과였다.

멍따 회로가 에너지를 질질 흘리면서 의미 없이 낭비만 하는 것은 아니다. 멍하니 있을 때는 새롭고 창조적인 아이디어가 떠오르기도 한다. 뉴턴은 사과나무 밑에서 멍하니 누워 있다 떨어지는 사과를 보고 만유인력의 법칙을 알아냈다. 아르키메데스는 왕이 낸 문제가 도무지 풀리지 않아 욕조에서 멍하니 머리를 식히다 부력의 법칙을 발견하고 유레카를 외쳤다.

머리를 쥐어짤 때는 안 나오던 아이디어가 왜 멍하니 쉬고 있을 땐 불쑥 떠오를까? 뭔가를 열심히 하고 있을 때는 그 일을 맡은 뇌 부위에 혈액이 흘러간다. 에너지가 있어야 일을 할 수 있으니까. 그런데 멍하니 있을 때는 특정 부위에 혈액을 따로 보낼 필요가 없어진다. 그러면 뇌국 전체에 공평하게 혈액이 흐르는데, 이때 사용하지 않던 뇌 부위로 혈액이 흘러가면서 영감이 떠오르는 경우가 있다.

멍하니 쉬고 있을 때 혈액이 다른 데로 가지 않고 영감이 떠오르게 하는 쪽으로만 흘러가면 얼마나 좋을까. 그럼 '멍따 회로'가 아니라 '영감 회로'라고 불러 줄 텐데. 그런데 멍따 회로는 평등을 지향한다. 과거의 상처와 실수를 파고드는 과거굴삭파나, 온종일 미래 걱정만 하는 미리걱정파에게도, 또는 복수응징파나 남탓비난파 누구에게나 차별 없이 묻지도 따지지도 않고 혈액을 골고루 분배해 준다.

멍따 할 때 떠오르는 잡념이 적을 경우 이완 신경이 우세해지며 쉴 수 있게 된다. 아무것도 안 할 때 따로 에너지를 뺏기지 않으면 멍따가 휴식이 될 수 있는 것이다.

그런데 떠오르는 잡념이 많다면 멍따 중에도 쉬지 못하고 활동 신경이 우세한 상태가 된다. 이런 상태가 오래 지속되는 사람들은 만성피로를 호소하게 될 수 있다. 실제로 우울증 환자들은 멍따 중에 증상이 더 심해지곤 한다. 우울한 사람들의 주특기는 힘들었던 과거를 곱씹거나 암울한 미래를 걱정하는 것이라 활동할 때보다 멍따 하고 있을 때 뇌가 더 바빠질 수 있다.

신념의 책상

멍따 중 떠오르는 불쾌한 잡념들은 피로와 우울증을 악화시키는 주범이 될 수도 있지만 멘탈 소프트웨어에도 악영향을 끼칠 수 있다. 마음의 스크린을 가득 채우며 떠다니는 부정적 생각들이 뇌의 70% 에너지를 먹어 치우며 덩치를 키운다면 어떻게 될까? 힘이 세질수록 '나 소프트웨어'에도 영향을 미치지 않을까?

예전에 어린아이가 "진짜 못 생겼다."라고 소리쳤을 때는 뭐 저런 애가 다 있나 싶게 당황스럽고 기분 나쁜 정도였다. 그런데 숙소에 누워 멍따를 하는 중에 사태는 악화되어 갔다. 생각이 꼬리에 꼬리를 물고 일어났다. 머리털이 돼지털 같다던 이발소 아저씨부터 결혼해도 애 낳지 말라며 주접의 정석을 떨었던 앞자리 녀석의 표정까지. 과거에 있었던 일련의 경험들은 줄줄이 사탕처럼 엮여 갔다. 그러면서 '나 못생겼다' 프로그램은 최신 데이터를 보강하고 멍따 에너지까지 먹어 치우며 더 탄탄한 프로그램으로 업데이트되어 갔다.

내가 어떤 사람인지에 대한 생각은 그냥 생겨나지 않는다. 다 그만 한 일을 겪었기에 생겨났을 수 있다. 그런데 그 생각이 잡념으로 떠다니다 없어지지 않고 '나 원래 이래!'라는 신념으로 살아남는다면 얘기가 달라진다. 자기 신념으로 진화한 생각은 그동안 예선을 통과하고 토너먼트를 거치며 숱한 경쟁자들을 물리쳐 왔을 수 있다. 그간에 '나도 그렇게까지 못생긴 건 아냐.', '이만 하면 봐줄 만한데 뭐.' 같은 생각이 왜 없었겠는가. 그런데 '나 못생겼다.' 생각은 숱한 도전자 생각들을 탈락시키고 결승까지 진출한 것이다.

이렇게 산전수전 다 겪고도 살아남아 챔피언이 된 못난이 신념은 과거의 영광을 기억하고 있다. 자신이 챔피언 자리에 오를 수 있게 해 준 그간의 숱한 경험을. 그 경험들은 챔피언이 지금의 자리를 지킬 수 있게 지지해 주는 버팀목 역할을 한다. 라빈스Anthony Robbins는 이를 신념의 책상으로 비유했다. 특정한 신념이 책상처럼 서 있으려면 이를 지지해 주는 4개의 책상다리 같은 여러 경험이 있기 마련이다. 만약 이 다리 가운데 몇 개를 흔들어 뽑으면 어떻게 될까?

기존 신념을 무너뜨리고 새 신념으로 업데이트하고 싶다면 생각을 공격하는 것은 별 소용이 없을 수 있다. 못생겼다고 철석같이 믿고 있는 사람에게 '너 못생긴 거 아냐.'라고 말해 봐야 감흥이 있겠는가. 그보다 그 생각을 지지하고 있는 과거의 경험을 공략해 흔드는 것이 낫다.

부정적 신념이 챔피언 자리에 오를 수 있게 해 준 과거 경험들은 오류투성이일 가능성이 높다. 그래서 부정적 신념들은 약점이 많은 편이다. 이발사 아저씨가 말했던 대로 나는 내 머리칼이 돼지털같이 두꺼운 줄로만 알았다. 그런데 헤어디자이너들이 그런다. 보통 사람보다 머리칼이 얇은 편이라고. 나이 들어 머리칼이 얇아진 건지는 알 수 없다. 어찌 됐든 그 후로 '머리털이 돼지털 같다.'던 책상다리 경험은 맥없이 무너져 내렸다.

생각 왕이 과거에 결재했던 경험을 재검토해 볼 수만 있다면 오류와 허점을 찾아내는 건 어렵지 않을 수 있다. 판단력이 미숙했던 어린 시절이나 스트레스 받는 순간에 내렸던 결재일수록 다시 검토해 보면 다른 결론이 날 가능성이 높다. 만약 챔피언이 약물 도핑이나 부정행위로 예선과 토너먼트를 통과한 것이 발각된다면 어떻게 될까? 챔피언 타이틀은 취소된다.

생각 왕이 과거의 토너먼트 경험을 재검토하며 챔피언 책상다리를 흔들어 가다 보면 어느 순간 책상이 쓰러지는 순간이 올 수 있다. 그때 내가 원하는 신념을 입력하면 업데이트가 수월하게 진행될 수 있다. 그런데 과거의 토너먼트 경험을 하나하나 찾아 검토하고 기존 신념을 무너뜨린 후에 새로운 신념을 입력하는 과정은 번거로울 수 있다. 그래서 이를 한 번에 쉽게 할 수 있도록 개발된 방법이 있는데 그 기법이, 바로 신념 업데이트 3단계이다.

신념 업데이트 3단계

뇌국의 신념 업데이트는 예비 단계를 빼면 3단계로 진행된다.

1단계 이완하기

2단계 선언하기

3단계 바라보기

예비 단계는 진술문을 수정하는 단계인데 진술문 작성 방법은 몇 페이지를 넘기면 확인할 수 있다. 일단 여기서는 앞에서 검토했던 '괜찮은 사람'으로 헌법을 개정해 가면서 각 단계의 적용법을 알아보고자 한다.

나 소프트웨어에는 많은 신념 진술문이 들어 있는데 각각의 진술문은 상위 신념과 하위 신념으로 나눌 수 있다. '나는 실패자다.'와 '나는 글씨를 못 쓴다.'는 둘 다 자기 신념이지만 스케일의 크기가 다르다. 하위 신념은 스케일이 작기 때문에 수정하기 쉬운 편이다. 그런데 하위 신념을 바꾸었다 해서 상위 신념이 쉽게 바뀔 수 있는 건 아니다.

상위 신념의 경우 많은 '나는 ~ 하다.'를 담고 있어 변화에 대한 저항이 클 수 있다. 하지만 일단 상위 신념을 바꾸고 나면 하위 신념은 수정이 더 쉬워진다. 그래서 신념 업데이트를 처음 시작할 때는 내친김에 최상위 신념인 헌법부터 바꾸는 것이 좋다. 헌법을 바꾸는 데는 공이 많이 들지만 일단 헌법이 개정되면 다른 신념의 수정은 한결 수월하게 진행되곤 한다.

신념 업데이트를 시작하려면 업데이트할 문장이 필요하다. 헌법을 개정하기로 했으니 키워드 '괜찮은 사람'이 들어가는 문장이면 되는데 기본형은 다음과 같다.

'나는 괜찮은 사람이다.'

여기에 업데이트 효과를 좀 더 높이고 싶다면 수사 어구를 추가해도 된다. '나는 있는 그대로 괜찮은 사람이다.' 약간의 양념을 치고 싶다면 형용사를 넣는 것도 괜찮다. '나는 있는 그대로 참 괜찮은 사람이다.'

진술문 수정에서는 일단 2가지만 신경 쓰면 된다.

첫째, 핵심 키워드가 들어갔나

둘째, 정말 그렇게 되고 싶은가

마음에 드는 문장이 완성되면 1단계 이완하기부터 신념 업데이트를 시작하면 된다. 이완은 잠들기 직전의 자연적인 알파파 상태를 활용해도 된다. 그런데 이완이 깊어질수록 신념 업데이트 속도가 가속화되기에 이왕이면 자기최면 깊은 이완 상태를 활용하는 것이 더 좋다. 그러면 안정적인 깊은 알파파 상태를 확보할 수도 있고, 자신이 원하는 순간에 신념 업데이트를 할 수 있다는 장점도 있다.

이완 상태에 들어가면 2단계 선언하기를 할 차례이다. 2단계에서는 업데이트하고자 하는 문장을 마음속으로 말하기만 하면 된다. 신경 나라 백성들이 들을 수 있게 생각 왕이 새로운 헌법을 선포하듯이. '나는 있는 그대로 참 괜찮은 사람이다.' 이렇게 마음속으로 선언하고 잠시 기다리기만 하면 3단계로 넘어가진다.

마지막 3단계는 바라보기다. 이 단계가 가장 중요할 수 있다. 새로운 헌법을 선포하고 잠시 기다리면 내면에서 새로운 헌법에 저항하는 메아리들이 올라올 수 있다. 마치 멍따 할 때 잡념이 떠오르는 것처럼 말이다. '괜찮기는 얼어 죽을. 엄마가 허구헌 날 내가 태어나서 자기 인생 망쳤다고 생난리를 쳤는데 괜찮기는 뭐가 괜찮다는 거야!' 이렇게 올라오는 메아리는 과거 헌법을 지탱하는 책상다리 같은 경험일 수 있다. 어떤 메아리가 올라오든 싸우지 말고 그저 바라보기만 하면 된다.

저항의 메아리

저항이 올라오는 방식은 사람마다 다르지만 크게 3가지이다.

첫째, 부모나 다른 누군가가 했던 상처 되었던 말이나 생각으로 올라올 수 있다. 둘째, 가슴이 답답하거나 머리가 아파지는 등 몸의 느낌으로 올라오기도 한다. 셋째, 불쾌한 장면 기억으로 떠오르기도 한다.

저항의 메아리가 어떤 형식으로 올라오든 이때 가장 중요한 건 싸우지 않고 고요히 바라보는 것이다. 바람이 불어 지나가듯 그냥 지나가게 하면 된다.

불쾌한 기억이 떠오를 때 사람들이 보이는 반응은 크게 3가지이다. 하나, 스마트폰을 보면서 멍해지거나 딴생각으로 도망친다. 둘, 싫어하거나 부인하면서 몸부림치듯 맞장 떠서 싸운다. 셋, 그 기억 속에 푹 빠져들어가 고통스러운 감정을 다시 경험하거나 또는 신파극을 만들며 고통을 증폭시킨다. 이 3가지 가운데 어떤 반응이라도 보이면 기억에 담긴 불쾌감이 오히려 커지는 역효과가 일어날 수 있다.

지금껏 어떤 방식으로 불쾌한 기억에 대처해 왔든 3단계에서는 저항 메아리를 그저 바라보기만 하면 된다. 다른 사람의 이야기를 경청하는 것처럼 말이다. 메아리에 어떤 식으로든 반응을 하게 되면 자신도 모르게 제발 가지 말라고 바짓가랑이를 잡게 될 수 있다. 그렇기에 반응을 멈추고 바람이 지나가듯 메아리가 지나가는 것을 지켜보기만 하면 된다. 그러면 바람이 불 때 모래를 머금고 가듯 기억에 담긴 힘든 생각과 감정도 모래처럼 쓸려 지나가진다.

하나의 메아리가 바람처럼 지나가면 2단계 선언을 다시 반복한다. '나는 있는 그대로 참 괜찮은 사람이다.' 그리고 잠시 기다렸다가 저항 메아리가 올라오면 다시금 무심히 바라본다. 같은 메아리가 반복해서 올라올 수도 있고 또는 다른 메아리가 올라올 수도 있다. 어떤 메아리가 올라오든 잡지 말고 통과시키며 갈 길 가도록 내버려 두면 된다. 만약 조금 기다려도 별다른 메아리가 일어나지 않으면 2단계 선언을 천천히 반복하면 된다.

3단계의 핵심은 바라보는 것이지만 불쾌감이 큰 메아리로 올라올 때는 바라보기 힘들 때도 있다. 고통으로부터 도망치지 않고 바라볼 수 있으면 힘든 감정이나 과거를 수용하는 힘이 길러진다. 하지만 불쾌감이 커서 바라보기가 힘들 때는 생각 왕의 능력을 아껴 둘 필요가 없다. 앞서 알아봤던 생각 왕의 여러 능력을 사용해 책상다리 무너뜨리듯 불쾌한 메아리를 해체하면 된다.

불쾌한 과거 메아리가 기억 장면으로 올라온다면 액자에 담아 멀리 보내는 액자 기법*을 적용할 수 있다. 상처 주었던 사람의 목소리나 생각으로 올라올 경우에는 속말 편집 기능**을 활용하면 된다. 상처 되었던 말이나 생각을 5배씩 느리게 재생하는 등 속말 편집 기능을 이것저것 적용하다 보면 어느 순간 책상다리가 뽑히는 순간이 올 수 있다. 만약 메아리가 몸 어딘가에서 불편한 느낌으로 올라온다면 감정 뱉어내기***를 적용해 불쾌감의 색을 떠올리고 뱉어내면 된다.

헌법 개정을 하루 만에 하기는 어렵다. 신경 나라가 새로운 변화에 적응하는 21일부터 변화가 안정화되는 100일까지 소요 기간은 사람마다 다를 수 있다. 일단 3달 정도 계획을 잡고 하루 15분씩 해 가면 되는데 시간 여유가 있을 때는 30분이든 1시간이든 오랫동안 해도 상관없다. 단지 몰아서 하루 3시간 하는 것보다 15분씩 여러 날에 걸쳐 하는 것이 더 효과적이다. 그래야 신경 나라가 매일 반복되는 선언을 들으며 S라인 허리를 뚱뚱하게 만들 수 있

---

* 액자 기법은 167페이지에 있음
** 속말 편집 기능은 169페이지에 있음
*** 감정 뱉어내기는 137페이지에 있음

고, 그러면서 새로운 변화에 적응해 갈 수 있게 된다.

밀로 그리는 그림

어느 모임에서 봤던 치과의사가 자신의 실패담을 얘기했다. 서울대학교 치과대학에 들어가고 싶었던 그는 고3 때 신경 나라에 반복해서 메시지를 선포했다고 한다. '난 서울대학교에 들어간다.', '난 서울대학교에 들어간다.', '난 서울대학교에 들어간다.'

정말 간절히 반복해서였을까. 그 선포는 신경 나라에 입력되었고 효과를 발휘했다. 그는 그해 서울대학교에 들어갔다. 농구 하다 공이 서울대 담장 안쪽으로 넘어가는 바람에 담을 넘어서. 그런데 정작 서울대학교 치과대학 입학에서는 떨어졌다고 한다.

이후 그는 무엇이 잘못되었던 건지 신경 나라에 선포했던 진술문을 철저히 검토했다. 그 결과 진술문을 만들 때는 지켜야 할 원칙이 있음을 알아냈다. 그리곤 알아낸 원칙을 적용해 다음과 같은 새로운 진술문을 만들었다.

'나는 19XX년 서울대학교 치과대학에 합격한다.' 이렇게 진술문을 바꾼 후 그는 다음 해 원하던 대학에 합격해 치과의사가 될 수 있었다고 한다.

생각 왕은 자신이 원하는 게 뭔지 안다. 자기 마음이니까. 그런데 신경 나라 백성들이 어떻게 받아들일지는 다른 문제이다. 백성들이 왕의 뜻을 오해해서 받아들일 경우 못 알아먹는다고 백성 탓을 하기 전에, 자신이 어떻게 전달하고 있나 자기 점검이 필요할 때도 있다.

신경 나라는 말보다 이미지에 더 잘 반응한다. 글을 모르는 백성들도 있어

글로 된 선포문을 잘 이해하지 못할 수도 있다. 그렇다고 이미지나 그림으로만 선포문을 작성하면 오해의 소지가 커진다. 그럼 어떻게 하면 좋을까? 가장 좋은 방법은 그림이 그려지도록 말을 하는 것이다.

사람들이 쓰는 단어는 마음의 도화지에 그림을 그린다. 뛰어다니는 아이들에게 '뛰지 마. 뛰지 말라고. 아이 뛰지 말라니깐!' 하면서 화를 내면 아이들은 오히려 더 많이 뛰어다니게 될 수 있다.

이 사람이 사용한 단어는 '뛰다'이다. '아니, 그게 아니잖아. 난 분명히 뛰지 말라고 했잖아!'라고 항변할 수 있다. 그런데 뛰지 말라는 그림은 마음의 도화지에 그려지기 어렵다. 뛰는 그림을 그리고 나서 X표를 하면 될까? 어떻게 그릴 수 있을까?

누군가에게 '빨간색 그리지 마'라고 말하면 듣는 이의 마음의 도화지에는 뭐가 그려질까? 빨간색이 그려진다. 또는 빨간색을 칠하고 거기에 크게 X표를 하거나. 신경 나라 백성들은 '~하지 마.' 등의 부정어를 처리하기 어려워한다. 생각 뇌야 똑똑이니까 문법을 잘 처리하지만, 백성들은 그림이 편하다. NOT은 그림으로 처리하기 어렵다.

그래서 신경 나라 백성들에게 메시지를 전달할 때는 그림이 잘 그려지는 단어를 쓰는 것이 좋다. '뛰지 마' 대신에 '걸어 다녀'로. '빨간색 그리지 마' 대신에 '파란색 그려'로. '문 닫지 마' 대신에 '문 열어 둬'로. '눈 나빠지니까 TV 멀리서 봐' 대신에 '눈 좋아지게 TV 멀리서 봐'로.

운동선수들이 시합 전에 맘속으로 많이 하는 말이 있다. '긴장하지 말자.' 생각 왕은 긴장하지 말자고 말하는데, 왜 긴장이 점점 더 심해져 가는지 잘 모를 수 있다. 신경 나라 백성들은 그림이 그려지는 대로 열심히 긴장한 것뿐인데 말이다.

진술문 작성 원리

그림이 그려지는 단어를 사용해 문장을 작성했다면 그다음엔 몇 가지만 점검하면 된다.

하나, 백성들이 알아듣기 쉽게 구체적인 내용이 담겨 있는가? '서울대학에 들어간다.'라는 진술문은 담을 넘어 들어가든 구경하러 정문을 통과해 들어가든 다 들어가는 것이라 오해의 소지가 크다. 그 대신 '합격한다'라는 단어를 쓰면 생각 왕의 의중이 정확하게 전달된다. 거기다 19XX 합격 연도까지 구체화하면 데드라인까지 명확하니 금상첨화다. 왕이 뭘 원하는지 백성들이 구체적으로 알아들을 수 있게 된다.

둘, 나 소프트웨어를 업데이트할 때는 '~하다.'라는 단정보다 '~되고 있다.'라는 진행형이 잘 먹힐 때도 있다. '난 매력 없는 사람이야.'라고 철석같이 믿고 있는데 '난 매력 있는 사람이야.'라고 단정적으로 선언하면 생각 왕 스스로도 김이 빠질 수 있다. 왠지 자신을 속이는 것 같기도 하고 뭐 하는 짓인가 싶어서. 그래서 처음 시작할 때는 진행형으로 하면 저항감을 줄일 수 있다. '나는 매력 있는 사람이 되어 가고 있다.', '나는 매력 있는 사람이 되어 가는 중이다.' 등으로.

셋, 신경 나라는 갑작스러운 변화를 받아들이기 힘들어 한다. 숱하게 나왔던 S라인 허리 법칙이 있지 않나. 여러 번에 걸쳐 반복해야 허리가 뚱뚱해지면서 받아들이기 좋다. 그래서 진술문에도 부사를 몇 개 추가하면 좋다.

신경 나라는 '나날이', '점점 더'와 같은 부사를 좋아한다. 이런 부사를 추가해 진술문을 만들면 다음과 같다. '나는 나날이 매력 있는 사람이 되어 가고 있다.', '나는 점점 더 매력 있는 사람이 되어 가고 있다.', '나는 나날이 점점 더 매력 있는 사람이 되어 가고 있다.'

직장을 옮기고 싶은데 자신 없어 하던 친구에게 신념 업데이트 방법을 알려 준 적이 있다. 그 친구는 기업 교육 강사였는데 자신이 '그렇고 그런 평범한 강사'라는 신념이 있었다. 그런데 더 나은 강사가 되고 싶은 열망은 큰 듯했다. 그래서 '나날이 점점 더 유능하고 실력 있는 강사로 발전하고 있다.'로 진술문을 수정해 주었다. 친구는 진술문을 마음에 들어 했고 신념 업데이트 작업을 열심히 진행했다. 몇 달 후 연락이 왔는데 자신감이 생겨 처음으로 이직에 도전해 회사를 옮겼고 연봉은 3배가 올랐다며 고마워했다.

나는 착한 사람 독재를 몰아내고 '괜찮은 사람'으로 헌법을 개정한 후 이전에는 엄두도 못 냈을 법한 프로젝트에 도전한 적이 있다. '난 매력 있는 사람이다.'로 신념을 바꾸어 보기로 작정한 것이다. 신념 업데이트를 시작한 지 두 달쯤 지났을 때였던 것 같다. 어느 날 거울을 보는데 내 얼굴이 그럭저럭 마음에 들어 보이는 것이 아닌가. 제 눈에 안경이라는 말은 참 잘 만든 말인 것 같았다. 무슨 뜻인지 애매할 때도 있지만.

생김새가 마음에 드니 사람들을 만날 때도 자신감이 붙는 듯했다. 그렇게 자신감이 올라갈 즈음 아내를 만났고 결혼까지 할 수 있었다. 아내는 나보다 14살 어리다. '도둑놈', '강도' 소리를 많이 들었지만 별로 신경이 쓰이지는 않왔다. 신념이 바뀌어서 그런지 '나이 차가 나는 것이 뭐 대수인가.' 싶게 누가 뭐라 해도 별 신경이 쓰이지 않았다.

못난이 신념이 바뀐 후로는 이상하게 못생겼다 소리도 들어 본 적이 없다. 누가 못생겼다고 했는데 신경이 안 쓰여 기억이 안 나는 건지, 아니면 인상이 바뀌어 그런 소리를 못 들었던 건지는 모르겠다. 그간 겪었던 내 생김새에 대한 피드백 가운데 기억에 남는 게 하나 있긴 하다. 구독자가 100명도 안되던 유튜브 초창기에 어떤 분이 내 얼굴에 대한 자세한 피드백을 댓글에 남긴 적이 있다. 잘생기지도 못생기지도 않은 동네 아저씨 같은 편안한 인상이 유튜브 하기에 딱이라고.

4장

원망과 화 털어내기

나쁜 감정은 없다는데
왜 인간관계에서 상처받을까?
나를 위해 너를 용서한다
의자 기법 4단계

나쁜 감정은 없다는데

"이 아빠가 그랬잖아!" 4살 딸아이가 스마트폰을 보며 소리를 지르고 있었다. 무슨 소린가 싶어 딸이 보고 있던 스마트폰을 들여다봤더니 영상 속에 딸과 내가 등장하는 게 보였다. 딸아이는 모자를 쓰고 풍선을 들고 서 있었는데 뒤에서 내가 살금살금 다가가 모자를 벗기고는 재미있다는 듯 웃고 있었다. 아이는 그 영상을 보며 아빠가 자기 모자를 벗겼다고 화를 내고 있었던 것이다.

한 번 그러고 말았으면 그러려니 했을 텐데 아이는 같은 영상을 계속 틀면서 스마트폰 속 누군가를 가리켜 말했다. "아빠가 내 모자 벗겼잖아! 이 아빠가 그랬잖아!" 그러다 갈수록 화가 더 나는지 고개를 돌려 옆에 서 있던 나를 바라보며 화를 내기 시작했다. "아빠가 그랬잖아!"

처음엔 아이가 화내고 있는 모습이 귀엽기만 했다. 그런데 갑자기 책임 추궁이 들어오니 난감해졌다. 딸아이가 좋아하는 영상을 틀어 주의를 돌려 보려고도 했지만 소용없었다. 아이는 아까 보던 영상을 금방 찾아내 다시 보면서 또 화를 냈다. "이 아빠가 그랬어!"

화를 내고 있는 딸아이를 보고 있자니 옛날 생각이 났다. 괜찮은 사람으로 헌법을 개정하기 전 착한 사람 챔피언이었던 시절이. 그때는 화냈다간 헌법에 걸리니까 화날 만한 일이 있어도 잘 참고 눌렀었다. 아무렇지도 않은 척 티 안 나게. 그러다 멍따 순간이 되면 재방송을 챙겨 보곤 했다. 딸아이처럼 머릿속에서 봤던 장면을 보고 또 보면서 속으로 계속해서 화를 냈다.

그렇게 맘속으로 화를 내는 중에도 늘 궁금한 게 있었다. 착한 사람에게 나지 말아야 할 화가 왜 자꾸 나는 건지. 화가 안 나게 하려면 도대체 어떻게 해야 하는 건지. 왜 이런 나쁜 감정이 일어나는 건지.

착한 사람이든 괜찮은 사람이든 재밌게 영화 보는데 누가 갑자기 뒤통수를 때리면 화가 나기 마련이다. 이럴 때는 어떻게 하면 좋을까? 화가 나도 꾹 참아야 할까? 아니면 화를 내는 것이 좋을까? 누가 갑자기 때린다고 화가 나는 건 나쁜 걸까?

불쾌한 감정의 기능

어렸을 때 자전거 뒷자리에 앉아 형하고 비탈길을 내려가다 사고가 난 적이 있었다. 자동차와 부딪치거나 넘어지는 사고는 아니었다. 자전거 뒷바퀴 살 안으로 내 신발이 쓸려 들어갔는데 한참 동안 탈탈탈탈 소리가 나다 자전거가 멈춰 섰다. 그때 난 아무렇지도 않았다. '왜 이상한 소리가 나지?', '왜 자전거가 멈추지?' 싶었을 뿐이다. 그런데 형이 자전거가 왜 멈췄나 살펴보다 내 다리 쪽을 보고 놀라는 것이다. 왜 그러나 싶어 다리를 내려다보니 내 신발이 피로 흥건히 젖어 있었다.

아버지는 피 묻은 내 신발을 보시자마자 나를 둘러업고 신호등도 무시한 채 황급히 어디론가 뛰어가셨다. 내 기억으론 무섭기만 하던 아버지가 나를 신경 쓴다는 것을 처음 느껴 본 순간이었다. 이후 하얀 옷을 입는 사람들이 내 뒤꿈치에 뭔가를 하고 있었다. 상처가 꽤 컸는지 몇십 바늘을 꿰매었던 것 같은데 아직도 흉터는 선명히 남아 있다.

내가 천만 명 중 한 명 나올까 말까 한다는 통증을 못 느끼는 무통각증도 아닌데 그때는 왜 하나도 아프지 않았는지 알 수가 없다. 만약 통증이 느껴졌으면 멍하니 수십 미터를 탈탈탈탈 내려가다 뒤꿈치가 아작 나는 대신 소리를 질렀을 텐데. 그럼 형이 자전거를 곧바로 멈추었을 거고 덜 다쳤을 텐데.

통증은 고통스러운 감각이라 사람들이 싫어한다. 그런데 통증이 주는 감각이 고통스러우니 통증은 나쁜 걸까? 통증을 좋아하는 사람은 없겠지만 생존을 위해서는 꼭 필요하다. 몸 어딘가에 문제가 생겼으니 빨리 조치를 취하라고 알려 주는 신호 기능을 하기에. 다리가 부러졌는데 통증이 느껴지지 않는다면 어떻게 되겠는가. 멋모르고 계속 돌아다니다 더 이상 손쓸 수 없게 더 악화되지 않겠는가.

통증처럼 불쾌감이 크지는 않지만 배고픔의 경우는 어떨까. 배고픔도 불쾌한 감각에 들어갈 텐데 배고픔을 느끼는 것은 나쁜 걸까? 배고픔이 없으면 다이어트가 쉬울텐데 허기가 느껴져 자꾸 먹게 되니 누군가는 배고픔을 공공의 적이라 부르며 나쁘게 말할 수도 있다. 하지만 배고픔은 몸에 영양분이 결핍되었으니 뭔가를 먹어 결핍을 채우라고 알려 주는 신호 역할을 할 뿐이다.

통증과 배고픔처럼 나쁜 느낌으로 오해받기도 하지만 생존을 돕는 중요한 느낌이 우리 몸에 또 있다. 바로 불쾌한 감정들이다. 불쾌한 감정이 올라오면 기분이 나빠지니 좋아할 사람은 없을 것이다. 그런데 불쾌한 감정은 통증이나 배고픔같이 뭔가를 알려 주는 신호 역할을 할 뿐이다. 불쾌한 감정은 종류가 다양하지만, 공통적으로 2가지 메시지를 담고 있다.

하나, 무언가가 결핍되어 있다.

둘, 결핍된 것을 채워라.

절벽 앞에 서 있으면 무섭다. 이때 느끼는 무서움은 '안전'이 결핍되었으니 안전을 채우라고 알려 주는 신호 기능을 한다. 무서움이 알려 주는 신호를 생각 왕이 감지하고 뒤로 몇 걸음 물러나게 되면 어떻게 될까? 무서움은 사라진다. 안전이 확보되면 무서움이 할 일이 없어지니까. 결핍이 해소되고 안전해지면 더 이상 무서움이 신호를 올려 보낼 필요가 없게 되는 것이다. 밥을 먹고 나면 영양분이 채워지면서 배고픔이 사라지는 것처럼.

화가 날 때는 어떨까? 화는 어떤 결핍을 알려 주는 신호일까? 화는 '공정함'이 결핍되었음을 알려 준다. 여럿이 무리 지어 사냥을 했는데 한 명이 잡은 고기 대부분을 가져간다면 다른 사람들은 먹을 것이 부족해 생존이 불리해진다. 그럴 땐 공정함이 결핍되었으니 부당함을 바로잡고 결핍된 것을 채우라는 신호로 화가 난다. 그런데 고기를 갈취해 간 사람이 순순히 고기를 내줄 리는 없지 않은가. 그러니 싸워서라도 고기를 찾아와 공정함을 채우라고 몸에서 화 에너지가 솟구쳐 오른다. 몸이 알아서 전투 준비를 시켜 주는 것이다.

화의 비극

화가 통증이나 배고픔처럼 생존을 위해 필요한 기능을 한다면 화는 나쁘기는커녕 오히려 고마운 감정일 수 있다. 그런데 화가 날 때는 기분이 나빠지기에 생각 왕이 싫어한다. 왕이 싫다는데 필요한 기능이라고 존중받기를 기대할 수 있겠는가. 존중은커녕 보통은 2가지 영역에서 문제가 터지면서 나쁜 감정으로 낙인찍히는 화의 비극이 시작되곤 한다.

첫 번째 비극은 화나는 기분을 느끼기 싫어 누르거나 무시할 때 발생한다. 생각 왕은 왕이니까 뭐든 맘대로 할 수 있다. 아무리 감정 세계 백성들이 억울한 일을 당했다고 신문고를 울려 대도 듣기 싫다고 무시하면 그만이다. 왜 자꾸 북을 쳐 시끄럽게 하냐고 신문고를 울리는 백성들을 잡아 옥에 가둘 수도 있다. 그렇게 화를 누르거나 무시하면 한동안은 화가 가라앉으며 조용해질 수 있다. 하지만 억울함을 호소하는 백성들을 무시할수록 백성들의 원성은 커지기에 신문고는 갈수록 더 시끄럽게 울리게 될 수 있다.

두 번째 비극은 엉뚱한 데 화풀이할 때 일어난다. 중전이 쪼잔한 왕이라고 말해서 빈정이 상하고 화가 나는데 왕이 아랫것들만 잡고 화풀이하면 어떻게 될까? 화풀이하고 나면 몸의 각성된 느낌이 일시적으로 해소되기에 잠시 기분이 나아질 수는 있다. 그런데 화풀이한다고 해서 쪼잔한 왕 소리를 듣고 화났던 마음이 풀릴 리는 없지 않은가. 중전과 담판을 지어 화를 풀기 전에는 화가 언제든 반복해서 올라올 수 있다. 그런데 화가 올라올 때마다 중전에게는 할 말을 못 하고 엉뚱한 데 화풀이를 반복하다 보면 왕의 갑질 레벨은 점차 높아진다. 그러면 만천하에 폭군이라는 소문만 퍼져 나가게 될 수 있다.

이렇게 생각 왕이 화의 신호를 무시하거나 엉뚱한 데 화풀이를 반복하면 올라왔던 화 에너지가 어떻게 될까? 출구를 찾지 못한 화는 별수 없이 몸 어딘가에 갇혀 쌓이게 된다. 이런 화가 쌓이다 보면 압력이 높아지다 스팀이 터져 나오듯 언젠가 폭발하게 될 수 있다. 중전이 궁녀들과 웃고 떠드는 소리만 들어도 배알이 뒤틀린 왕은 역정을 낼 수 있다. "한 나라의 국모가 모범을 보여야 하거늘 어찌 한가하게 아랫것들과 시시덕거린단 말이오. 그럴 시간이 있으면 서책이라도 한 자 더 봐야 할 것 아니오!!!"

몸 어딘가에 쌓여 있던 과거의 화가 올라올 때는 지금 무언가가 결핍되었음을 알려 주지 않는다. 그보다는 유통기간이 지난 과거의 결핍감을 재방송하는 경우가 대부분이다. 이렇게 시점이 어긋난 과거의 화를 내다 보면 화를 내고도 생뚱맞아질 수 있다. 화를 낼 때는 부당한 게 뭔지 쌍방 간에 공유가 되어야 의사소통이 된다. 그런데 딸아이가 예전 동영상을 보며 '이 아빠가 그랬어!' 하고 화를 내듯 자신만의 머릿속 동영상을 보며 과거의 화를 내면 상대방이 알아듣기가 어렵다.

배가 고플 때는 뭔가를 먹으면 되는데 배고픈 느낌을 무시하거나 물만 들이켜면 허기는 해소되지 않고 반복된다. 그렇기에 배고플 때 그때그때 밥을 먹으며 배고픔을 해소하듯, 화가 날 때 그때그때 알아채고 결핍감을 채워 줄 수 있으면 화는 나쁘지 않다.

만약 생각 왕이 화의 신호를 알아채고 '쪼잔한 왕'이라고 한 말에 빈정이 상해 화가 난다고 말한다면 중전이 계속 그런 말을 쓰겠는가. 부당하거나 억울한 게 뭔지 쌍방 간에 공유될 수 있다면 화는 갈등을 해소하는 도구로 활용될 수 있다.

문제가 되는 건 해결되지 않은 과거의 화이다. 과거의 상처 재방송을 반복해 보면서 트집을 잡거나 덤터기를 씌우면 화는 정당한 분노가 아니라 폭력으로 바뀌어 남용될 수 있다. 그런 화는 사람들 간의 의사소통을 가로막을 뿐만 아니라 또 다른 상처를 재생산하며 나쁜 감정으로 낙인찍히게 된다. 화의 기능은 상실되고 갈등을 해소해 주기는커녕 오히려 악화시키는 주범이 되는 것이다.

● 2 ●

왜 인간관계에서 상처받을까?

생각 왕은 많은 능력을 갖추고 있다. 불안의 크기를 줄일 수도 있고 우울 회로를 바꿀 수도 있다. 그런데 그 모든 능력 가운데서도 가장 으뜸은 자신의 능력을 스스로 업그레이드시킬 수 있는 능력일 것이다.

화가 나쁘지 않다는 것을 알게 된 생각 왕은 화의 신호를 알아채고 그때그때 부당함을 해소하는 대처법을 훈련할 수 있다. 그러면서 화를 건강하게 표현하며 사용하는 능력을 업그레이드시켜 갈 수 있다. 그런데 업그레이드를 하다 보면 예기치 못한 문제가 발생할 때가 있다. 그간에 무시했던 화 신문고에 귀를 기울이기 시작했더니 생각보다 신문고가 너무 많이 울려 퍼지는 것 아닌가. 울려 퍼지는 신문고 유형을 살펴보니 특히나 인간관계에서 상처 받고 화가 난다는 호소가 많았다.

업그레이드 능력이 있는 생각 왕은 또 생각할 수 있다. '왜 인간관계에서 상처를 받고 화도 많이 나게 될까? 화를 줄이려면 사람들을 안 만나고 피하면 될까? 깊은 산속에 들어가 혼자 살면 될까? 그럼 심심할 것 같은데. 사람들을 만나면서도 상처를 덜 받고 화도 덜 날 수 있는 방법은 없을까?'

마음의 안경

예전에 산소통 없이 올라갈 수 있다는 최대 높이인 5,000미터 등반에 도전해 본 적이 있다. 목표로 했던 고지는 히말라야에 있는 안나푸르나였다. 히말라야 하면 떠오르는 눈 덮인 웅장한 설산의 봉우리였다. 등산 장비 없이도 트래킹으로 올라갈 수 있는 코스를 따라 정상까지 오르는 데는 꼬박 7일이 걸렸다.

힘든 산을 오르는 이유는 사람마다 다르겠지만 나에겐 2가지 이유가 있었다. 산소통 없이 5,000m에 올라가도 숨을 잘 쉴 수 있는지 확인하고 싶었고, 숨을 쉴 수 있다면 그곳에서 안나푸르나를 내 눈으로 직접 목격하고 싶었다.

산행은 쉽지 않지만 5,000m 최고봉 바로 밑턱까지는 갈 만했다. 그런데 마지막 고지를 올라가는 순간은 아찔함의 연속이었다. 길도 안 보이는 눈길을 밟아 가노라니 여차하다 미끄러져 굴러 떨어질까 봐 편도체 보스는 연신 불 밝히기 바빴고 심장은 쿵쾅거렸다. 그렇게 어떻게 올라갔나 모르게 한발 한발 땅만 쳐다보며 가다 보니 어느 순간 정상이 코앞에 있었고, 드디어 맨눈으로 안나푸르나 정상을 목격할 수 있다는 생각에 나는 기대에 차올랐다.

그런데 뭔가 이상했다. 분명 정상이 맞는데 사진에서 보던 광경은 어디에도 없었다. 세상은 온통 새벽녘처럼 어둡고 시커멨다. 5,000m 높이에 오르면 원래 이렇게 어두운가 싶었고 실망스럽기 짝이 없었다. 어떻게 올라온 산인데. 그러다 이마에 흐르는 땀을 훔치려다 보니 내 얼굴에 뭔가 씌워진 게 만져지는 것 아닌가. 눈에 반사되는 햇살로부터 눈을 보호하기 위해 선글라스를 썼는데 까맣게 잊고 있었던 것이다. 선글라스를 벗자 안나푸르나가 비로

소 내 눈앞에 펼쳐졌다. 기대했던 것보다 더 밝고 눈부신 모습으로.

닭이 알을 낳듯 경험은 소프트웨어를 낳는다. 어떤 경험을 했는가에 따라 내가 잘났는지 못났는지 스스로를 바라보는 내면의 시선이 생겨날 뿐만 아니라 세상을 바라보는 시선도 만들어진다. 아기가 어렸을 때 엄마가 신뢰감을 주지 못했으면 아기는 커서도 애인이 조금만 카톡 답변이 늦으면 버림받을까 봐 난리가 난다. 어려서부터 만들어진 마음의 시선이 5분 늦은 카톡 답변을 '사랑이 식었어.', '나 버리려는 거 같아.' 하고 바라보게 만들기 때문에.

어려서 피해를 많이 겪었던 사람들은 피해 받는 마음의 시각에 갇힌다. 그래서 왕따를 겪었던 아이들은 다른 아이들이 웃고 떠들고 있는 걸 봐도 '내 얘기 하나?', '또 나 놀리고 있나?' 하고 바라본다.

일단 경험이 특정한 시선을 만들어 내면 이후부터는 인간관계에서 겪는 일들을 같은 시각으로 바라보고 해석하게 만든다. 마음의 안경에 빨간색이 칠해지면 세상은 온통 빨간색으로 보이기 마련이다. 이런 안경은 보이지도 않아서 벗고 싶어도 벗기 어렵다. 그래서 다른 사람들의 말과 행동에 대해 많은 해석의 여지가 있지만 '나 놀리는 거 같아.' 외에는 다른 시각으로 바라보기 어렵다. 보이는 대로 받아들이기 마련이기에.

가장 쉬운 선택

어려서부터 아빠에게 무시 받고 자란 여성은 남편이 아무 말 없이 밥을 먹으면 이렇게 생각한다. '이 인간이 아무 말도 안 하고 또 날 무시하네.' 남편이

말없이 밥을 먹는 이유는 꽤 많이 짐작해 낼 수 있다. '회사 일이 잘 안 되나?', '뭔 근심이라도 있나?', '또 왕 부장한테 깨졌나?', '부하직원이 사고를 쳤나?', '밥이 너무 맛있어서 맛을 음미하나?', '별로 말하고 싶지 않은가?', '할 말이 없나?', '밥 먹을 땐 원래 조용히 밥만 먹어야 한다고 생각하나?'

수많은 가능성이 있어도 이 여성은 '날 무시한다.'라고 받아들일 가능성이 높다. 남편이 자신을 무시한다는 생각 외에 다른 시각을 선택하기는 어렵다. 왜 그럴까? 무시한다고 받아들이는 것이 가장 쉽기 때문이다.

익숙하게 드는 생각 외에 다른 가능성을 생각하려면 애를 써야 한다. 이미 뚱뚱해진 S라인 허리로 전기를 흘려보내는 게 쉽지 평소 쓰지도 않아 얇아진 S라인 허리로 전기를 흐르게 하려면 얼마나 애를 먹겠는가. 마음의 안경에 색이 칠해져 있다는 건 그 색으로 바라보는 신경들의 고속도로가 이미 뚫려 있다는 뜻이다. 그럼 다른 생각을 할 겨를도 없이 가장 넓은 고속도로로 생각의 자동차가 쌩쌩 달려가기 마련이다.

'날 무시해?'라고 해석하는 순간 여성의 몸은 공격 태세에 돌입한다. 결핍감이 감지되었으니 부당함을 바로잡고 정당함을 찾아와야 하지 않겠는가. 이미 몸도 마음도 전쟁 준비를 마쳤는데 멈춰서 '회사에서 무슨 일 있었어? 아무 말도 안 하고 밥을 먹으니 무슨 일 있나 걱정이 돼서.' 요딴 식으로 친절하고 나긋한 멘트가 나가기는 쉽지 않다. 그건 공자왈 맹자왈 성현들의 세계에서나 기대해 볼 얘기이다.

설령 여성이 올라오는 화를 꾹 참고 넘어가더라도 쿠폰은 계속 쌓여 간다. '너 요번에 6번째야. 한 번만 더 그래 봐. 나도 더는 못 참아. 지금껏 모은 쿠

폰 폭탄처럼 다 터트려 버릴 거야.'

여성은 남편과의 관계에서 반복적으로 상처를 받는다고 받아들인다. 남편이 자꾸 자신을 무시하니까. 누가 큰 소리로 욕을 하거나 칼로 그을 때는 상처 주는 사람과 상처받는 사람이 명확해진다. 그런데 감정의 세계로 들어가면 가해자와 피해자를 지목하기 어려울 때가 많다. 남편은 그저 밥을 먹고 있었을 뿐이다. 초능력이 없다 보니 부인이 마음속으로 생각하는 '밥 먹을 때는 말 걸어 주는 게 당연한 거 아냐?'라는 기대에 부응하지 못했을 뿐.

이 여성은 진짜로 상처를 받은 것일까? 생각 왕은 마음대로 할 수 있는 능력이 있다고 했다. 상처받았다고 받아들이면 상처가 된다. 생각 왕이 그렇게 선포하면 감정 세계에서는 열심히 화학 공장을 돌리기 시작할 뿐이다.

인간관계에서 상처받을 때는 화가 난다. 상대가 약속을 어겨도 화가 나고 배신당해도 화가 난다. 억울하게 모함을 받을 때도, 갑질을 당할 때도, 누가 새치기할 때도 화가 난다. 정당함이 결핍되고 부당함을 느낄 만한 결핍감을 현실에서 찾을 수 있으면 그 화는 정당한 분노가 된다. 그런데 딱히 현실에서 결핍감을 찾기 어려울 때는 결핍감의 출처로 마음의 안경을 의심해 볼 필요가 있다. 과거에 상처를 겪으며 만들어진 투명 색깔 안경을 쓰고 있다면 세상이 다 시커메 보일 수 있으니까. 그러면 엄한 화학 공장만 화 주문량 맞추느라 고생할지 모르니까.

재접근 위기

마음의 안경은 취약성 프로그램의 하나이다. 그래서 어떤 사람과의 관계에서든 자극만 주어지면 자동으로 작동하며 상처 반응을 일으키곤 한다. 그런데 때와 장소를 가리지 않고 아무 때나 존재감을 과시하는 마음의 안경과 달리 특수한 조건에서만 모습을 드러내는 까다로운 인간관계 상처 프로그램이 있다. 이 프로그램은 평소에는 꺼져 있다가 친밀한 관계를 맺으려 할 때만 작동하며 사람들의 마음을 들었다 놨다 한다.

누가 결혼한다고 청첩장을 보내 오면 생각 왕은 고민한다. 참석할지 말지. 굳이 가지 않아도 된다고 결정 나면 또 고민한다. 축의금을 보내야 할지 말지. 이때 생각 왕이 판단의 근거로 쓰는 기준이 있는데 보통은 2가지이다. '나에게 얼마나 중요한 사람인가?', '나에게 얼마나 필요한 사람인가?'

경조사가 있을 때마다 고민하기 번거롭다면 미리 인간관계를 분류해 놓는 방법도 있다. 양궁 과녁처럼 동그라미 몇 개를 그려 놓고 사람들의 이름을 적어 보면 된다. 맨 가운데 원에는 나와 가족이나 애인 또는 단짝 등 가장 친밀하고 중요한 사람들이 들어가곤 한다. 이를 인간관계의 1차원이라고 하자. 그다음 2차원 안에는 단짝이 아닌 친구들이나 친한 선후배 또는 자주 왕래하는 동네 아줌마 등이 들어갈 수 있다. 3차원 이후부터는 회사 사람들이나 알고 지내는 사람들을 중요성과 필요성 기준에 따라 분류하면 된다.

인간관계의 원은 한번 분류한다고 끝이 아니라 언제든 바꿀 수 있다. 회사를 옮기면 3차원이나 4차원 명단이 많이 바뀔 수 있는데 이런 수정은 별로 어렵지 않다. 삶에 그리 중요한 사람들이 아니기에 이름만 바꾸면 된다. 그런데 1차원에서 변동이 생기면 사정이 달라진다. 이들은 감정적으로 중요하기에 여기서 변동이 생기면 고민이 깊어지거나 특수 조건에서 발동되는 인간관계 상처 프로그램이 작동될 수도 있다.

이 프로그램은 작동 조건만 까다로운 게 아니라 설치 과정도 까다롭다. 마음의 안경처럼 아무 때나 설치할 수 있는 게 아니다. 특정한 때에만 설치가 진행되는데 그 시기는 아기가 걸음마를 떼고 맘껏 뛰어다닐 즈음이다.

기어 다닐 수만 있었던 아기가 걸을 수 있는 능력이 생기면 마치 슈퍼맨이라도 된 듯 신나게 세상을 탐험하기 시작한다. 엄마 품에 안겨 모든 것을 의존해야만 했던 삶에서 벗어나 내 맘대로 세상을 정복할 수 있는 자율성을 누리게 되었으니까.

처음에 아기는 멀리까지 가지 못하고 멈춰서 뒤를 돌아본다. 엄마 아빠가 자신을 지켜보고 있는지 확인하려고. 그러다 자신감이 생기면 뒤돌아보지 않고 먼 데까지 뛰어가며 탐색을 펼칠 수 있게 된다. 그런데 한참 세상을 정복해 가던 아기는 갑자기 겁을 먹기 시작한다. 내 맘대로 어디든 갈 수 있는 독립성과 자율성을 누리는 건 좋지만 이러다 엄마 품에 안겨 누리던 친밀감을 잃게 되는 것 아닌가 걱정이 된다. 어쩌면 이러다 버림받거나 혼자가 되는 것 아닌가 싶어 겁도 난다.

그래서 다시 엄마에게로 돌아간다. 그런데 이번에는 또 다른 겁이 난다. 혼자서 세상을 탐색하며 펼쳤던 나만의 세계가 있는데 엄마에게 돌아갔다 이 모든 걸 잃게 되면 어떡하나 싶은 걱정이 앞선다.

이도저도 못 하는 재접근 위기를 경험하는 아기는 마음이 수시로 바뀌면서 엄마의 현기증을 유발하곤 한다. 아기는 엄마가 청소기를 돌릴 때도 화장실에 갈 때도 그림자처럼 졸졸 따라다니며 성가시게 한다. 그러다 엄마가 자기를 뒤쫓아 올 것을 기대하며 갑자기 멀리 달아나는데 그러다가 또 획 돌아서 엄마 품으로 돌진하기를 반복한다.

감정이 충전된 경험은 힘이 센 법 아닌가. 이 시기에 겪었던 갈등은 성인이 되어 다른 누군가와 감정적 관계를 맺으려고 폼 잡는 순간에 수면 위로 떠오르곤 한다.

예전 영화나 드라마에서는 주인공들이 연애를 시작하면 그렇게 바다로 떠나곤 했다. 바닷가를 걸으며 어렸을 때 엄마와 하던 '나 잡아봐라~' 놀이를 재현하는 것이 필수 코스처럼 여겨졌다.

여자와 바닷가를 걷게 되면 남자는 정신을 똑바로 차리고 있어야 했다. 여자가 갑자기 '나 잡아 봐라~' 하고 뛰어갈 때는 타이밍이 생명이기 때문이다. 여자가 충분히 뛰어가지 못했는데 너무 빨리 쫓아가 잡으면 여자에게 혼난다. 세상을 맘껏 탐색할 자율성을 침해한 것이니까. 그렇다고 너무 늦게 뛰어가 잡으면 여자에게 또 혼난다. 친밀감을 잃을까 두려운 마음이 커지도록 오랫동안 방치하고 내버려 뒀던 거니까.

모호한 경계선

어렸을 때 엄마와 하던 '나 잡아 봐라~' 놀이가 재밌었던 사람도 있었을 것이다. 타이밍을 귀신같이 감지하는 엄마가 낄 때 끼고 빠질 때 빠지는 낄끼빠빠를 잘해 줬을 수도 있으니까. 그러면 커서도 사랑하는 사람과 같이 있을 때는 친밀감과 안정감을 누리면서도 혼자 있을 때는 또 독립심을 발휘하며 잘 지내게 될 수도 있다.

그런데 놀이가 항상 즐겁기만 할 수 있겠는가? 멋대로 규칙을 바꾸는 사람도 있고 뜻대로 안 되면 버럭 화를 내는 사람도 있지 않은가. 나 잡아 봐라 놀이에서 엄마가 스트레스를 많이 받는다면 놀이가 악몽으로 변하게 될 수도 있다.

엄마가 걱정 근심이 많은 스타일이라면 아기가 맘껏 세상을 탐색하지 못하게 간섭할 수 있다. '뛰지 마! 그러다 넘어져 다치면 어쩔 거야?', '모래 만지지 마! 지저분해. 그러다 병 걸리면 어떡하려고?' 아기가 새로운 탐색을 하려 할 때마다 '하지 마! 하지 마!'라며 간섭하거나 아기에게 집착을 보이면 아기는 자율성을 펼칠 기회를 누리지 못하게 된다. 그러면 맘대로 못하는 부당함에 대해 화가 쌓이면서 일찌감치 친밀감은 포기하고 자율성에 집착하게 될 수 있다.

엄마가 냉담하거나 방치할 경우에는 어떻게 될까? 세상을 향해 탐색을 나갔다가는 그나마 떨어지던 콩고물도 못 얻어먹을 판인데 어딜 가겠는가. 조금만 멀리 가려 했다가도 친밀감과 안정감을 잃게 될까 무서워 곧바로 뒤돌아보게 되지 않겠는가. 그러면 독립적이고 자율성을 누리는 존재가 되기 위해 필요한 탐색과 시행착오를 포기하고 친밀감에만 집착하게 될 수 있다.

헐리웃 영화를 보다 보면 똑같이 생긴 집들이 수십 채 늘어선 동네가 나올 때가 있다. 앞마당 잔디밭도 똑같고 집들 사이에는 울타리도 따로 없다. 모든 게 같아 보이는데, 이 사람들은 술 마시면 집을 제대로 찾아갈 수 있을까 걱정이 절로 들게 하는 동네들이 가끔 영화 속에 등장한다.

어쩌다 이 '다 같은 동네'에 살게 되었다고 해 보자. 아이들이 공놀이하다 우리 집 잔디밭에 자꾸 들어와 잔디를 파헤치면 어떻게 할까? 딴 데 가서 놀라고 아무리 소리쳐 봐야 소용없다. 다음 날이 되면 또 근처에서 공놀이하다가 잔디를 망치고 도망간다. 이런 일이 반복되면 화가 나서 담장 울타리를 높게 세우게 된다. 그래도 자꾸 공이 넘어오면 담장 높이가 갈수록 점점 높아져 갈 수 있다.

재접근 위기를 겪으며 자율성이 침해될까 봐 두려워했던 사람들은 커서도 인간관계에서 겪는 간섭과 참견에 예민하게 반응하곤 한다. 이들도 인간관계의 친밀감을 원하기는 하지만 그딴 거 추구하다 구속당할 것이 두렵기만 하다. 그래서 상처받지 않기 위해 마음의 담장을 높게 쌓고 사람들이 접근하지 못하게 차단하며 혼족 생활을 즐길 수 있다.

일찌감치 '나 잡아 봐라~' 놀이를 포기하고 친밀감에 올인했던 사람들은 어떻게 살아갈까? 이들은 친밀감을 위해 자율성을 포기했기에 혼자서 선택하고 책임을 져 본 적이 별로 없다. 엄마나 의존하는 대상에게 모든 걸 맡기면 알아서 해 줬으니까. 그래서 이들은 커서도 의존할 대상이 중요하다. 의지하는 대상이 나를 버리지만 않는다면 삶의 모든 것이 괜찮다. 울타리 담장 같은 건 필요 없다. 의존 대상에게 모든 걸 맞추기만 하면 알아서 결정해 주고 책임져 줄 테니까.

커서 독립해 엄마랑 살던 옆집으로 이사를 가더라도 엄마와 한집에 살 때와 별반 차이가 없다. 엄마가 사는 옆집과 울타리가 없으니 어디까지가 내

집이고 어디까지가 엄마 집인지 경계가 따로 없다. 엄마는 수시로 초인종도 안 누르고 비밀번호를 눌러 내 집 네 집 상관없이 드나든다. 나도 딱히 엄마 집과 내 집이 같은 건지 다른 건지 모르고 산다.

당연한 것 아냐

친밀감에 올인했든 자율성에 몰빵했든 이들이 재접근 위기로 인해 모든 인간관계에서 상처받는 것은 아니다. 자율성 욕구가 강한 사람은 타인과 감정 교류를 피하기에 상처 방어에 유능한 편이다. 상처받지 않기 위해 웬만한 감정 자극은 차단하고 쳐내 버리니까. 친밀감 욕구가 강한 사람도 친밀감을 나눌 대상이 한 명이라도 있으면 잘 지낼 수 있다. 전적으로 의지할 대상이 있으면 2차원 이상의 관계에서는 나름 경계선을 적절히 조절하며 어울릴 수 있다. 혼자 있는 시간을 힘들어할 뿐.

이들의 삶에서 재접근 상처 프로그램이 클릭 되는 타이밍은 따로 정해져 있다. 바로 인간관계 1차원 명단에 손을 대려고 할 때이다. 지금까지와 달리 누군가와 새로운 친밀한 관계를 맺으려 마음먹는 순간부터 재접근 위기는 수면 위로 올라온다. 한동안 신경 쓰지 않던 울타리 높이가 중요 안건으로 부각되며 경계선 조절 협상이 시작된다. 만약 자율형 남자와 친밀형 여자가 사랑에 빠져 결혼한다면 허니문이 끝나기도 전에 전운이 짙어져 갈 수 있다.

친밀형 여자는 의존 대상을 이제 남편으로 갈아타야 한다. 자신은 어려서부터 친밀감을 위해 눈치 보며 엄마 방식에 다 맞췄다. 엄마가 싫어하는 걸 하다간 버림받을지 모르니까. 엄마와 하나가 되기 위해서는 다른 게 있으면 안 되니까. 여자는 자신에게 익숙한 방식을 남자에게도 적용한다. 남자의 방식에 맞추려 노력하면서도 남자도 여자에게 맞춰야 한다고 요구한다. 사랑한다면 하나가 되기 위해 자기 것을 포기하는 게 당연하지 않느냐며 참견과 간섭을 시작한다. 조금만 서운한 게 있어도 하나 되는 친밀감이 깨질까 봐 두려워하며 화를 낸다.

자율형 남자의 생각은 다르다. 사랑하기에 높이 쌓아 올린 담장을 내리고 친밀감을 선택했건만 그렇게도 싫던 간섭과 구속이 시작된다. 아무렇지도 않게 경계선이 침범당하는 것이 못마땅하고 화가 난다. 사랑한다면 자신의 자율성을 존중해 주고 선을 지켜 주는 것이 당연한 것 아니냐고 생각한다. 자신은 여자가 혼자 있을 시간도 존중해 주는데 여자는 왜 자꾸 경계를 침범하는지 모르겠다고 한다. 스트레스를 받으면 동굴에 들어가 충전해야 하는데 자꾸만 방문을 열어젖히고 친밀한 대화를 하자고 한다. 맘 편히 게임도 할 수 없게시리.

• 3 •

나를 위해 너를 용서한다

인간관계 상처를 들여다본 생각 왕은 인간관계에서 받는 스트레스를 분류할 수 있게 되었다. 인간관계 상처 3종 세트로. 사람들과 어울리다 상처받고 화가 나는 순간은 크게 3가지로 나눌 수 있다.

첫째, 부당한 일을 겪어 정당함이 결핍될 때.

둘째, 취약성이 건드려지며 마음의 안경이 작동될 때.

셋째, 1차원에 속하는 사람과 마음 문을 열고 감정적 교류를 하려고 할 때.

이렇게 인간관계에서 화를 일으키는 자극을 구분해 놓고 보니 생각 왕은 또 다른 고민이 생겼다. 현실에서 겪는 부당함은 그때그때 화의 신호를 알아채고 결핍감을 채워 주면 될 듯한데 해결할 수 없는 화는 어떻게 하면 좋을까?

배신이나 사기를 당하는 등 현실에서 결핍감을 채우기 어려운 화가 있을 수 있다. 해결되지 못한 화들은 시간이 갈수록 미해결 감정으로 화 쓰레기통에 쌓이게 된다. 화 쓰레기통에는 새롭게 쌓여 가는 화뿐만 아니라 예전부터 쌓여 있던 상처나 화도 있기 마련이다. 이렇게 과거에 쌓여 있던 화가 반복되면서 마음의 안경과 재접근 위기를 작동시킨다면 어떻게 해야 할까? 과거를 돌이킬 수 없으니 계속 화를 내면서 살 수밖에 없을까?

감정의 공명

피아노와 기타를 적당히 떨어트려 놓고 피아노 건반 하나를 치면 떨어져 있는 기타의 6개 줄 가운데 하나가 울린다. 이걸 공명이라 하는데 같은 주파수의 소리가 공명하듯 감정도 공명한다. 스트레스 자극이 주어질 때 과거에 겪었던 상처가 공명하면 화는 더 크게 느껴질 수 있다. 만약 미해결 감정이 많이 쌓여 있다면 커다란 스피커를 연결한 전기기타가 굉음을 내듯 별것 아닌 자극에도 화가 과도하게 폭발할 수 있다.

어렸을 때 뭘 하든 엄마가 간섭하거나 작은 실수에도 혼을 냈다면 부당하게 느꼈던 감정이 쌓여 있을 수 있다. 그러면 커서 아내가 조금만 잔소리하고 간섭해도 난리가 날 수 있다. 잔소리가 들려올 때마다 편도체 보스는 불을 밝히며 과거의 상처가 반복되고 있다고 공명할 것이기에. 그 상처가 잘 기억나지 않아도 상관없다. 생각 왕은 기억하지 못하지만, 편도체 보스는 기억하고 있으니까.

편도체 보스는 기억력은 좋지만 4살 지능이라 그리 똑똑하지는 않다. 과거와 현재, 미래도 구분하지 못하고 상상과 현실이 같은지 다른지도 모른다. 그래서 보스는 어렸을 때 혼내던 엄마와 지금의 아내가 다른 사람이라는 것을 구분하지 못한다. 그딴 건 똑똑한 생각 왕이나 생각 뇌 공무원들이 알아서 할 일이다. 보스는 생존에 위협이 됐던 자극을 기억하기에 비슷한 일이 일어나면 위험하다 불을 밝히며 존재감을 과시할 뿐이다. '엄마가 또 혼내고 있어!'라고 난리 치면서.

아내가 잔소리 좀 한다고 어렸을 때 엄마한테 혼날 때처럼 큰일이 나는 건 아닐 것이다. 그런데 그건 어른 생각 왕 혼자만의 생각일 뿐. 어린 생각 왕 은 엄마한테 혼나는 게 엄청 위협적이라고 편도체 보스에게 알려 줬었다. 덜 덜 떨면서 '잔소리는 위험해!' 하고 이미 결재 서류에 서명한 적이 있다. '나 예전에 그딴 결재 한 적 없는데?'라고 해 봐야 소용없다. 편도체 보스는 어린 생각 왕이 서명했던 결재 서류를 가지고 있다고 들이밀 테니까. '네 글씨 맞 지?' 하면서.

그럼 편도체 보스에게 아내의 잔소리가 위험하지 않다고 다시 알려 주면 될 텐데 어떻게 알려 줄 수 있을까?

편도체는 하루 중 경험하는 2만 개의 자극을 유쾌감과 불쾌감으로 구분한 다고 했다. 소개팅을 나가면 편도체는 순식간에 상대를 스캔하고 호감과 비 호감 가운데 한쪽으로 분류한다. 호감은 유쾌감이고 비호감은 불쾌감이다. 상대가 불쾌감 칸으로 분류되면 편도체는 카페 출입문 방향으로 신발을 돌 리며 빨리 집에 가자고 한다. 편도체가 불편해하는 중에 생각 뇌는 바빠진다. 빨리 자리를 뜰 수 있는 핑계를 고안하느라.

아내의 잔소리가 불쾌감으로 분류되지 않게 하려면 편도체의 해석 방식에 변화를 주면 되는데, 그러려면 2가지가 필요하다. 첫째, 과거에 쌓였던 미해 결 감정을 털어내야 한다. 그래야 편도체가 전기기타처럼 굉음을 내면서 과 도하게 공명을 일으키지 않게 된다. 둘째, 잔소리가 위험하다고 과거에 내렸 던 결론을 바꿔야 한다. 그러려면 엄마의 잔소리를 위험하다고 받아들였던 과거의 결재 서류를 다시 검토하는 것이 필요하다.

자기 신념 소프트웨어를 업데이트할 때는 과거의 불쾌한 감정이 올라올 때 책상다리 뽑듯 해체하는 방식을 적용했다. 액자에 담아 보내든 공감각 원리를 적용해 털어내든. 그런데 과거의 화는 감정 쓰레기통에 겹겹이 쌓여 있는 경우가 많아 책상다리 뽑는 방식으로 털어내려면 시간이 꽤 오래 걸릴 수 있다. 그럼 어떻게 하면 좋을까? 과거에 쌓였던 화를 빠르게 털어내면서 결재 서류도 다시 검토할 수 있는 방법이 달리 있을까?

화가 빠져나가는 통로

화가 얼마나 독한 화학 물질로 되어 있는지 궁금했던 게이츠^{Elmer Gaits}라는 심리학자가 있었다. 그는 화의 독성을 확인하기 위해 사람들이 그냥 말할 때와 욕할 때 나오는 침 파편을 모았다. 욕할 때 튄 침 파편은 그냥 말할 때 파편과 때깔부터 달라 갈색 침전물로 쌓였다. 이 침전물을 실험용 쥐에게 주입해 봤더니 쥐는 몇 분 지나지 않아 딴 세상으로 가 버렸다. 그냥 말할 때 튄 침을 주사한 쥐는 아무 이상이 없었는데.

화가 날 때 몸 화학 공장에서 생산된 분노 에너지는 욕하면서 침으로 나오기도 하지만 다른 통로로도 빠져나간다. 몸에서 화 에너지가 빠져나가는 통로는 크게 4가지이다. 하나, 손으로 치기. 둘, 발로 차기. 셋, 소리 지르기. 넷, 이빨로 물기.

동물들이 서로 공격할 때는 이빨로 물어뜯거나 짖거나 또는 발로 차면서 화를 낸다. 대한민국 곳곳에 노래방이 있는 이유가 있지 않겠는가. 흥도 많지만, 화도 많은 우리나라 사람들이 소리 지르면서 흥과 화를 함께 풀 수 있는 곳이 노래방 아니겠는가.

화가 빠져나가는 통로를 알게 된 어떤 아빠는 사춘기 아들에게 이 원리를 적용했다. 사춘기 때 여드름이 한참 올라오는데 한의학에서는 여드름이 화가 화산처럼 분출하는 것으로 보기도 한다. 아빠는 아들의 사춘기 화를 풀어주기 위해 아들에게 못과 망치를 주고 학교 갔다 오면 나무에 못질을 20분씩 하도록 시켰다. 아들은 영문도 모른 채 매일 못질을 했는데 일주일 만에 여드름이 거의 사라졌다고 한다.

세상에서 제일 재미있는 게 쌈 구경이라고 동네가 떠나가라 밤새 싸우는 집에 가 보면 화를 어떻게 털어내나 관찰할 수 있다. 화가 나면 남자는 손으로 벽을 치거나 발로 소파를 차기 시작한다. 여자는 같이 흥분하면서 핸드폰을 집어 던지기도 한다. 누가 목소리 큰가 경연대회 하듯 괴성을 질러 대는 건 기본이다. 이를 질근 물 때도 있고 그래도 화가 안 풀리면 서로 물어뜯기도 한다.

밤새 난리가 나는 집을 보면 얼마 못 살고 헤어지겠다 싶은데도 다음 날이 되면 아무 일 없었다는 듯 지내곤 한다. 그러다 며칠 지나면 또 날 잡아 밤새 동네가 떠나가도록 난투극을 벌인다. 그러면 이웃들은 궁금해진다. 며칠 걸러 저리도 난리가 나면서 어떻게 헤어지지 않고 살 수 있는지.

부부의 속사정은 아무도 모른다고 그들만의 특별한 사정이 있을 수 있다. 하지만 그들은 그렇게 한밤의 육탄전을 치르기에 같이 살 수 있는지도 모른다. 난리가 나는 날은 그들에게 중요한 행사 날이다. 쌓여 있던 분노를 바겐

세일로 대방출하는 날. 싸우는 중에 새로운 감정의 생채기가 생길 수는 있다. 하지만 발로 차고 손으로 치고 소리 지르고 물어뜯다 보면 몸에 쌓여 있던 화가 털어내진다. 그래서 싸우고 난 다음 날엔 화가 풀리고 마음이 진정되니 한동안 조용히 살 수 있는 것이다. 다음 분노 바겐세일 전까지.

그럼 쌓이는 화를 풀고 살기 위해선 육탄전을 즐기는 부부처럼 정기적으로 괴성 지르기 대회를 해야 할까? 부부 사이에 쌓이는 현실적인 화는 굳이 육탄전을 하지 않아도 그때그때 대화하면서 풀고 해소할 수 있다. 육탄전 부부가 난리가 나는 건 현실의 화가 아니라 과거에 쌓여 있던 화 때문일 수 있다.

와이프가 잔소리할 때마다 '또 엄마가 혼낸다! 위험해!' 하고 편도체가 일으키는 화를 아내에게 쏟아붓는다고 과거의 화가 털어내지는 건 아니다. 잔소리 들을 때마다 마음의 안경이 작동되어 상처받았다 느끼며 엉뚱한 대상에게 화풀이하는 것일 수 있으니까.

화 쓰레기통에 과거의 화가 쌓여 있는 디폴트 값은 사람마다 다르다. 어려서부터 쓰레기통에 화가 겹겹이 쌓여 있는 사람들의 경우 기본으로 설정된 값이 높을 수 있다. 그러면 잠을 자거나 밤새 육탄전을 하며 리셋을 해도 높이 설정된 값부터 다시 시작된다.

여유 공간이 별로 없는 쓰레기통은 조금만 스트레스가 차도 금방 넘치기 마련이다. 화 쓰레기통을 여유 있게 쓰려면 표면에 쌓이는 것만 주기적으로 처리할 게 아니라 아래에 쌓여 있는 과거의 화를 털어내는 것이 좋다. 그래야 쓰레기통에 여유가 생기지 않겠는가.

그렇다면 과거의 화를 털어내고 화 쓰레기통의 바닥까지 청소해 내려면 어떻게 하면 좋을까? 과거의 화를 털어내는 방법은 의외로 간단할 수 있다. 화가 빠져나가는 통로로 화풀이를 할 게 아니라 과거의 화가 빠져나가게 하면 된다. 그 방법을 알아보기 전에 하나 더 확인하고 갈 것이 있다.

과거의 화를 청소해 내도 편도체 보스의 생각이 바뀌지 않으면 아내의 잔소리를 계속 불쾌감으로 분류하며 화를 재생산해 낼 수 있다. 그러니 편도체 보스의 분류 방식을 바꿔 줘야 하는데, 그러려면 생각 왕이 과거의 결재 서류를 검토하고 편도체 보스에게 다시 알려 주는 것이 필요하다.

대리 용서

사춘기 자녀가 있는 집 가운데 문고리가 성할 날 없는 집이 있다고 한다. 하도 문을 잠그고 게임만 해 대서 문 열라고 싸우다 엄한 문고리만 뽑히고 고생한다나 어쩐다나. 내가 한참 사춘기를 겪을 나이엔 PC게임 같은 건 없었다. 그래도 방에 박혀 밖에 나오기가 싫었다. 특히나 엄한 아버지와 같이 있는 게 무섭고 불편하기만 했다.

그때 지하실을 수리해 방이 하나 새로 생겼는데 다행히 그 방이 내 차지가되었다. 베니아 합판으로 벽을 만들었고 창문 하나 없는 방이었지만 난 그게 더 좋았다. 외부와 완전히 단절되어 방해받지 않을 수 있었으니까. 그런데 어느 날 학교 갔다 와서 보니 지하실 벽에 아침까지 없던 창문이 하나 생긴 것 아닌가. 1층에서 빼꼼히 내려다보면 안이 훤히 들여다보이게끔.

바깥세상으로부터 도망쳐 간신히 지하 은신처로 피신했건만 감시의 창문이 생긴 것이다. 난 누가 왜 이 창문을 만들었나 한 마디 묻지도 따지지도 않았다. 공부 안 하고 딴짓 하나 아버지가 감시하려고 만든 게 틀림없을 테니까. 그렇게 창문에 대한 원망은 마음 한쪽에 구겨지듯 담겼고 지하실 방에 들어갈 때마다 속으로 화가 났다. 착하니까 겉으로는 화도 못 내면서.

그러다 커서 군대에 갔을 때였다. 훈련소에는 모두가 무서워하는 가스실이 있다. 칠흑같이 어두운 공간에 들어가 최루가스를 마시며 견뎌야 하는 코스였다. 최루가스를 생으로 들이마시다 보면 눈물과 콧물이 범벅이 된다. 생각 왕은 오로지 하나의 생각에만 집착한다. '뛰쳐나가고 싶다!' 그런데 나가면 서슬 퍼런 조교들이 지켜 서고 있을 것 아닌가. 나가는 순간 여기보다 더 지옥이 펼쳐질 게 뻔하다. 별수 없어 뛰쳐나가는 옵션을 제치고 나니 다른 생각이 또 들었다. '창문이라도 하나 있으면 밖이라도 보일 텐데.'

그런 생각을 하는 순간 갑자기 사춘기 때 쓰던 지하실 창문이 번뜩 생각나는 게 아닌가. 그러면서 새로운 생각도 들었다. '아버지가 감시하려던 게 아니었구나. 나 답답할까 봐 애써서 창문을 만들어 주셨던 거였구나.'

감시의 창문에 대한 생각이 바뀌자 울음이 터져 나오는데 최루가스 때문에 나는 눈물과 속상한 마음 때문에 나는 눈물이 뒤범벅이었다. 다행히 다들 가스 때문에 울고불고 난리도 아니어서 마음이 울고 있어도 창피할 일은 없었다.

최루가스를 맡으며 죽네 사네 생사가 오가는 순간에는 살기 위해 바짝 주의를 기울이게 된다. 그럴 때는 임계기도 열리지만, 생각 뇌와 감정 뇌가 살기 위해 긴밀히 대화하는 상태가 된다. 이때 생각 왕이 사태에 대한 해석을 내려 주면 편도체 보스가 받아들이기 좋다. 그게 과거 사건이건 현재 사건이 건 편도체는 신경 쓰지 않는다. 어차피 과거와 현재를 구분하지 못하니까.

뭔가 위험한 일이 일어난 것 같은데 생각 왕이 '창문은 감시가 아니야. 위험한 거 아냐. 안전해.'라고 결재를 해 주니 그렇게 받아들일 뿐이다. 그러면 편도체 보스의 분류 체계는 바뀌고 아버지의 행동을 감시로 받아들이지 않게 된다. 마음의 안경의 색이 바뀌는 것이다.

생각 왕과 편도체 보스가 서로 협상 테이블에 앉아 과거 사건을 재검토할 수 있다면 편도체의 분류 체계를 바꾸는 것은 어렵지 않다. 그런데 안타깝게도 뇌국 정상회담이 늘 일어나지는 않는다. 놀라거나 생존에 위협을 받는 등 특별한 사건이 있을 때나 회담이 열리지 평소에는 생각 왕과 편도체 보스가 다른 곳에서 서로 자기 볼일 보느라 바쁘다. 그래서 생각 뇌와 감정 뇌 사이에 의사소통 에러가 생기는 경우가 적지 않다.

과거에 부모나 다른 누군가에게 받았던 상처로 괴로워하던 생각 왕은 어느 순간 결심할 수 있다. '언제까지 이렇게 옛날 생각만 하며 휘둘려야 하나. 다 지난 일인데. 이제 용서하고 잊어버리자.' 그렇게 고심하다가 부모를 용서한다. 아니 용서했다고 믿고 산다. 그런데 속상했던 옛날 일이 생각나면 화는 여전히 난다. 그러면 '용서했는데 왜 자꾸 생각나지?' 하면서 올라오는 상처 감정을 누르려 하거나 잊으려 애쓸 수 있다. 그러면서 생각 왕은 고민한다. '왜 용서했는데 아직도 괴로운 거지?'

생각 왕은 용서했다. 그런데 편도체 보스나 감정 뇌 백성들은 어떨까? 자식이 사고를 치면 부모가 대신 사과하는 경우는 있다. 부모 된 도리로 자식을 잘못 가르쳤다고 사과하거나 용서를 구할 수는 있다. 그런데 부모가 대신 용서하는 경우도 있을까? 자식이 상처받았는데 내가 부모니까 대신 용서하겠다고 대리 용서를 하면 용서가 성립될까?

생각 왕은 고심해 용서했을지 모르지만 그건 생각 왕 혼자만의 생각일 뿐. 편도체 보스도 감정 뇌 백성들도 용서한 적이 없다면 감정 뇌에서는 과거 상처를 계속 올려보낸다. 생각 왕이 대리 용서를 한 것도 모를뿐더러 알게 되더라도 난리가 날 수 있다. 상처받은 건 감정 뇌 백성들이고 화도 안 풀렸는데 용서는 무슨 개 풀 뜯어먹는 용서냐고. 생각 왕이 무슨 자격으로 대신 용서를 하냐고.

용서가 말이나 생각뿐이 아닌 치유 효과를 발휘하려면 2가지가 필요하다.

첫째, 감정 뇌에 쌓여 있는 과거의 화가 풀려야 한다.

둘째, 감정 뇌가 용서해야 한다.

화가 풀린 후에는 생각 왕 혼자가 아니라 감정 뇌 백성들이나 편도체 보스도 용서해야 한다. 그래야 편도체 보스의 분류 체계에 변화가 일어날 수 있다.

생각 뇌도 감정 뇌도 같이 용서하려면 일단 뇌국 정상회담이 열려야 한다. 그런데 문제가 있다. 뇌국 정상회담은 아무 때나 열리지 않는다고 했다. 정상회담을 열기 위해 생사가 오락가락하는 순간을 만들겠다고 최루가스를 마실 수는 없는 노릇 아니겠는가?

다행히 최루가스를 마시지 않아도 뇌국 정상회담을 언제든 개최할 수 있는 방법이 있다. 알파파 상태에 들어가기만 하면 된다. 그러면 생각 왕이 바겉세상에 정신 팔려 있다가 내면 세계로 관심을 돌리게 되고, 그때는 편도체 보스와 정상회담을 잡을 수 있게 된다.

• 4 •

의자 기법 4단계

알파파 상태에 들어가 생각 왕이 편도체 보스와 정상회담을 잡으면 그다음에는 뭘 하면 좋을까? 뇌국 정상회담 중에 과거의 화를 털어내고 편도체 분류 체계도 바꾸려면 의자 기법을 적용하면 된다. 이 기법을 적용하면 생각 왕과 편도체 보스가 과거 사건의 영향을 함께 수정해 갈 수 있게 된다.

의자 기법을 적용할 때는 상상 속의 빈 의자에 상처 준 가해자를 앉힌다. 그리고 그 사람에게 받았던 과거의 상처를 표현하며 화를 털어낸다. 감정을 표현한 후에는 가해자 입장에 감정이입 해 사과 받고 용서에 이르는데 전체 과정은 4단계로 진행된다.

1단계 몰입하기

2단계 표현하기

3단계 사과받기

4단계 용서하기

기억하기 수월하게 각 단계의 머리글자를 따 '몰표사용'으로 알아 두면 좋다.

1단계 몰입하기

1단계는 몰입 상태에 들어가는 단계다. 방해받지 않을 만한 시간과 장소에 앉거나 누우면 되는데 미리 쿠션 하나만 준비해 두면 된다.

의자 기법 적용을 위해서는 몰입 상태에 들어가야 하는데, 몰입하기 위해서는 자기최면 깊은 이완에 들어가면 된다. 자기최면에 들어가면 알파파 상태가 되면서 내면에 몰입할 수 있게 된다. 잠들기 직전의 순간에도 알파파에 들어가지만, 의자 기법 적용을 위해서는 자기최면에 들어가는 것이 유리한데 이유는 다음과 같다.

하나, 의자 기법에서는 상상 속의 빈 의자에 가해자를 앉히고 쿠션을 치면서 과거의 화를 표현한다. 그런데 잠들기 직전 순간에는 이 작업을 진행하기 어렵다. 분노를 표현하다 보면 잠이 깨서 뇌파가 베타파로 바뀌기 때문이다. 반면 자기최면 깊은 이완 상태에 들어가면 화를 표출하면서도 몰입 상태를 유지할 수 있어 기법 적용에 유리하다.

둘, 화를 표현한 후에는 의자에 앉힌 가해자와 내면 대화를 하게 된다. 그런데 이때 몰입 상태에 들어가 있지 않으면 생각 뇌 공무원들이 이것저것 따지며 방해 공작을 하게 될 수 있다. '전하, 저건 진짜 엄마가 아니옵니다. 그저 상상하시는 것뿐이옵니다. 감정 뇌 술책에 현혹되지 마시옵소서!' 생각 뇌 공무원들이 이렇게 따지고 나오면 생각 왕이 내면 대화에 몰입할 수 없어 뇌국 정상회담이 파토 날 수 있다. 그렇기에 생각 뇌 공무원들이 퇴근하는 시간인 자기최면 깊은 이완에 들어가는 것이 성공적인 회담을 위해 중요할 수 있다.

셋, 3단계에서는 가해자의 사과를 받는데 가해자 입장에 감정이입 할 수 있어야 3단계 진행이 가능해진다. 이때도 생각 뇌 공무원들이 따지고 나서면 몰입이 방해되어 가해자의 사과가 마음에 와닿지 않게 될 수 있다. 하지만 자기최면 깊은 이완에 들어가면 감정이입 능력이 향상되어 가해자 입장에 감정이입 하는 것이 가능해진다.

한 골프 선수는 자기최면 깊은 이완 상태에서 진행한 의자 기법 체험을 다음과 같이 보고했다. "엄마 입장이 되어 얘기하다 보니까 엄마가 이해되는 것 같기도 했고, 엄마가 나를 이해해 주는 느낌도 받았어요. 그리고 엄마가 진짜 용서를 구하는 느낌이 들었어요. 그래서 제가 용서한 것이 실제 상황처럼 느껴졌어요. 용서하고 나니까 엄마한테 느꼈던 나쁜 감정이 사라졌던 것 같아요."

2단계 표현하기

2단계는 과거의 화를 표현하며 털어내는 단계다. 2단계 진행을 위해서는 편하게 느껴지는 방을 떠올리고 그 방에 들어간다고 상상하면 된다. 상상 속의 방은 어떤 방이든 괜찮아서 아는 방을 떠올려도 되고 편하게 느껴지는 방을 상상으로 만들어도 된다. 방 안에는 가구는 따로 없어도 되고 마주보고 있는 의자 2개만 마련하면 된다. 그리고 한쪽 의자에는 자신이 앉고 맞은편 의자는 비워 둔다. 여기까지 하면 2단계 기본 세팅이 끝난다.

기본 세팅이 되면 자신에게 그 누구보다 중요하면서도 가장 큰 상처를 주었던 사람 한 명을 골라 앞의 빈 의자에 앉히면 된다. 처음 할 때는 1차원에

속하면서도 어렸을 때 상처 준 사람을 앉히는 것이 좋은데 가급적 부모님 가운데 한 분을 앉히는 것이 좋다. 부모님이 나빠서가 아니라 마음의 안정이나 재접근 위기가 형성되는 과정에서는 부모님의 영향이 클 수밖에 없기 때문이다. 딱히 부모님에게 상처받은 게 없다면 어렸을 때 가족이나 친척 또는 큰 상처를 주었던 사람 가운데 한 명을 앉혀도 된다.

만약 엄마를 앉혔다면 고맙고 측은하게 느껴지거나 사랑하는 엄마는 다른 방에 모신다고 상상하며 옆방으로 보내 드린다. 그리고 앞의 의자에는 상처 주었던 과거의 엄마만 앉히면 된다. 그것도 가장 상처를 많이 주었던 젊은 엄마 모습으로 앉히는 것이 좋다. 의자 기법의 목적은 가해자에게 받았던 과거의 상처를 풀고 쌓여 있는 옛날 화를 털어내기 위한 것이다. 그렇기에 상처 준 과거의 엄마를 앉힐수록 과거의 화를 털어내기가 수월해진다.

상처 준 엄마를 앉혔으면 엄마에게 받았던 상처를 떠올려 본다. 그리고 과거에 상처받으며 느꼈던 불쾌한 기분이 몸 어디서 느껴지는지 가늠해 본다.

과거의 화는 몸 어딘가에 저장되어 있는데 대부분은 머리와 가슴 또는 배가 불편하다고 한다. 물론 손과 발 등 다른 부위에서 불쾌감이 느껴진다는 사람도 있지만 가장 흔한 건 머리와 가슴부위이다. 보통은 열 개 중에 7~8개 정도 머리나 가슴이 불편하다고 보고하곤 한다.

몸에 쌓여 있는 화를 확인했으면 그 감정이 할 말을 할 수 있도록 자리를 깔아 주면 된다. 감정 표현의 첫 마디는 이렇게 시작하면 된다. "엄마 나 할 말 있어. 엄마 때문에 나 상처받았어. 그 무엇보다도 내가 상처받았던 건 엄마 때문에…." 이렇게 말문을 연 후에는 엄마가 언제 어떻게 했을 때 기분이 어땠는지, 어떤 생각까지 들었는지, 그로 인해 삶에 어떤 부정적인 영향을 받았었는지 자신이 겪었던 상처를 표현하면 된다. 과거의 상처 표현은 마음속으로 해도 되고 방해받지 않는 장소라면 소리 내서 해도 된다.

할 말을 어느 정도 했으면 그다음이 중요하다. 몸에 쌓여 있는 과거의 화를 몸 밖으로 털어낼 차례이다. 화가 몸 밖으로 빠져나가는 통로는 4가지가 있다고 했는데, 의자 기법에서는 손으로 치는 통로를 활용해 화를 털어낸다. 준비한 쿠션 위에 오른손이나 왼손을 올려놓고 주먹을 꽉 쥐면서 머리나 가슴 또는 배 등에 쌓여 있는 화를 주먹에 쥐어짜 모은다고 상상한다. 얼추 주먹에 화를 모았으면 쿠션을 세게 치면서 화를 털어내면 된다. 한의 응어리가 산산조각 나며 부서질 때까지 친다는 느낌으로.

쿠션을 치는 이유는 몸에 쌓여 있던 과거의 화를 털어내려는 것이라 가해자를 때리는 상상을 할 필요는 없다. 때리는 상상을 하며 쿠션을 칠 경우 기법을 적용하면서도 죄책감이 들어 몰입에서 벗어나게 될 수 있다. 그렇기에 엄마를 때리는 게 아니라 내가 받았던 상처의 무게만큼 나의 고통을 엄마에게 알려 준다는 마음으로 쿠션을 치면 된다. 장작을 패듯이 세게. 그렇게 쿠션을 치다 보면 몸에 쌓여 있던 화 에너지가 펌프질하듯 몸 밖으로 빠져나가는데 몸이 편해질 때까지 치면 된다.

3단계 사과받기

3단계는 가해자에게 사과를 받는 단계다. 불편하던 머리나 가슴 등이 편해질 때까지 쿠션을 쳤으면, 쉬면서 가해자가 뭐라 사과할지 가해자 입장에 감정이입을 해 본다. 영화를 볼 때도 몰입하면 마치 주인공이 된 것처럼 감정이입 하게 될 때가 있다. 신경 나라에는 영화나 소설 속의 주인공 입장에 감정이입 할 수 있는 기능이 탑재되어 있다. 이 기능을 활용해 가해자의 입장에 감정이입을 해 뭐라고 사과할지 들어 보면 된다.

이때 주의할 점은 상처 주고 비난하는 엄마가 아니라 사과하는 엄마 입장에 감정이입을 하는 것이다. 서운함을 표현했다가 사과는커녕 오히려 비난을 받았던 경험이 있는 사람은 비난하고 화내는 엄마 입장에 감정이입을 해 이렇게 말하곤 한다. "힘들기는 뭐가 힘들다는 거야? 엄마는 너보다 더 힘든 일도 많이 겪고 상처도 훨씬 많이 받았는데 이까짓 것 가지고 뭐가 힘들다고 징징대고 난리야!"

의자 기법을 진행하는 것은 본인이고 상상 속의 방도 스스로 만들었다. 이 방은 자신이 주인일 뿐만 아니라 마법사이기도 하다. 원하는 대로 뭐든 가능하다는 뜻이다. 과거의 화를 털어내려고 하는 중에 비난하는 엄마에 감정이

입을 할 필요는 없다. 비난하는 엄마가 자꾸 등장하면 그 엄마는 옆방으로 보내 드리고 엄마의 진심을 빈 의자에 초대하면 된다. 그리고 엄마의 진심이 내가 받은 상처를 알게 되었을 때 뭐라 사과할지 들어 보면 된다.

엄마의 진심에 감정이입 하게 될 경우 대부분은 눈물을 흘리며 이렇게 사과하곤 한다. "엄마가 힘들어서 그랬던 것뿐인데, 네가 그렇게까지 상처가 될 줄 몰랐구나. 널 상처 주려고 일부러 그런 게 아니야. 그렇게까지 아프게 될 줄 알았으면 엄마가 그러지 않았을 텐데. 정말 미안하구나."

가해자 입장에 감정이입을 했을 때 나오는 사과의 말은 어쩌면 자신이 평생 엄마에게 듣고 싶었던 사과였을 수 있다. 그렇다고 해도 괜찮다. 생각 왕뿐만이 아니라 편도체 보스와 감정 뇌 백성들도 엄마의 사과를 듣고 있으니까. 감정 뇌는 과거와 현재, 미래도 구분 못 하고 상상과 현실도 구분 못 한다고 하지 않았나. 치유가 일어나려면 감정 뇌가 엄마의 사과를 진정성 있게 받아들이는지가 중요할 뿐이다. 생각 뇌 공무원의 방해가 없고 엄마의 사과가 진정성 있게 다가온다면 감정 뇌의 상처 치유는 빠르게 일어날 수 있다.

과거의 상처는 양파처럼 겹겹이 몸에 쌓여 있는 경우가 많다. 가해자의 사과를 받고 머리나 가슴 또는 배를 확인해 보면 아까보다는 덜할 수 있지만 여전히 불편감이 느껴질 수 있다. 몸이 아직 불편하다면 과거의 화가 아직 남아 있다는 뜻이다. 보통은 쿠션을 한 차례 치고 나면 몸의 불편함이 10개 중에 2~5개 정도 줄어들고 가해자의 사과도 20~70% 정도 믿긴다는 경우가 많다.

상처가 겹겹이 쌓여 있을수록 가해자의 사과가 와닿지 않거나 믿고 싶지 않을 수도 있다. 그러면 아직 몸에 쌓여 있는 화가 많이 남아 있다고 생각하고 2단계를 반복하면 된다. 감정이입 했던 엄마 입장에서 벗어나 자신의 자리로 돌아온 후 엄마를 바라보며 이렇게 말을 시작하면 된다. "엄마 말을 다는 믿을 수 없어. 다는 믿기 싫어. 왜냐하면 엄마 때문에 아직도 몸이 불편해. 왜냐하면 엄마 때문에…."

하고 싶었던 말을 다 하면 다시금 주먹을 꽉 쥐면서 몸에 남아 있는 화를 모아 쿠션을 치며 털어낸다. 그리고 3단계로 넘어가 가해자 입장에 감정이입 해 또 뭐라고 사과하는지 들어 보면 된다. 보통은 화를 털어낼수록 가해자의 사과가 더 진정성 있게 다가오는데 불편하던 몸 부위가 편해지고 사과가 100% 믿어질 때까지 2~3단계를 반복하면 된다.

과거의 화가 다 풀리고 일부러 상처 주려고 그런 게 아니었다는 가해자의 사과가 진심으로 다가올 경우 과거 사건에 대한 해석이 바뀔 수 있다. 가스실에서 최루가스를 마시면서 감시의 창문에 대한 내 생각이 바뀌었던 것처럼 말이다. 사건에 대한 해석이 바뀌면 편도체가 더 이상 관련 자극을 '위험하다'고 분류하지 않기에 마음의 안경 색도 달라진다. 그러면 아내가 잔소리를 해도, 남편이 아무 말 없이 밥을 먹더라도 '그러려니~' 지나가게 될 수 있다. 편도체 보스가 더 이상 공명하며 불을 밝히지 않기 때문에.

4단계 용서하기

가해자의 사과가 100% 믿어지고 불편하던 몸 부위도 편하게 느껴지면 4단계로 넘어가도 된다. 마지막 4단계에서는 가해자를 용서하는데 의자 기법에서 하는 용서는 가해자가 아닌 자신을 위해 하는 용서다.

용서는 꽤 다양한 의미로 사용되곤 한다. 어떤 사람은 용서하면 과거의 상처를 없었던 일로 봐주어야 한다고 생각한다. 용서하면 상처 준 사람과 화해하고 친하게 지내야 한다고 생각하는 사람도 있다. 또는 용서하면 과거 상처가 아무 일도 아닌 것처럼 잊힐까 봐 두려워하는 경우도 있다. 그런데 용서한다고 해서 과거의 상처를 잊거나 가해자를 봐줄 필요는 없다. 가해자와 다시 연락해 만나거나 어울려 지낼 필요도 없다. 그건 본인이 하고 싶은 대로 할 일이지 용서와는 상관이 없다.

용서는 더 이상 과거의 상처에 휘둘리지 않기 위해 그동안 쌓여 있던 응어리와 부정적 영향을 털어내는 것을 뜻한다. 과거에 상처를 겪으면서 고통의 대가를 충분히 지불했을 텐데 생각할 때마다 화가 난다면 아직도 이자를 내고 있는 것일 수도 있다. 용서는 이렇게 자신도 모르게 자동이체로 빠져나가고 있는 감정 이자가 있는지 찾아서 끊어내는 것을 뜻한다. 자동이체를 끊으려면 과거의 상처로 인해 더 이상 고통받지 않겠다고 생각 왕이 용서를 선언하기만 하면 된다. 그리고 편도체 보스와 감정 뇌 백성들도 동의하면 용서는 완결된다.

생각 왕이 용서를 선언한 후 감정 뇌도 용서에 동의했는지 어떻게 알 수 있을까? 확인하는 방법은 간단하다. 가해자에게 받았던 상처를 생각하면서 가해자를 바라보기만 하면 된다. 상처받았던 마음으로 과거 재방송을 돌려보듯 가해자를 바라봐도 원망스럽거나 화가 나지 않는다면 감정 뇌가 용서에 동의한 것이다. 더 이상 화를 올려보내지 않음으로써 가해자를 용서했음을 감정 뇌가 확인시켜 주는 것이기에.

상처받은 마음으로 가해자를 봤더니 계속 화가 나거나 몸 어딘가가 불편하게 느껴진다면 용서가 다 끝나지 않은 것일 수 있다. 감정 뇌 백성 가운데 누군가는 아직 마음이 덜 풀렸거나 용서를 마치지 못한 것이다. 그럼 그 감정들에게 하고 싶은 말을 다 할 수 있는 기회를 주고 쿠션을 치면서 남아 있는 화를 털어내면 된다. 그리고 다시 용서를 선언한다. 감정 뇌 모두가 용서에 동의할 때까지.

3단계를 진행하며 이제 용서해도 되겠다 싶은 마음이 든다면 용서를 어떻게 하면 될까? 용서하는 방법은 간단하다. 가해자에게 받았던 모든 상처에 대해 온전하게 용서할 마음의 준비를 하고 용서할 말만 찾아보면 된다. 그리고 마음의 준비가 되면 앞에 있는 가해자에게 용서를 선언한다. 감정 뇌 백성 모두가 들을 수 있게 '이제 당신을 용서합니다.'라고 말하면서. 물론 마음속으로 말해도 되고 소리 내어 말해도 된다.

이때 주의할 점은 의자에 앉힌 가해자가 현실의 사람이 아니기에 "앞으로 다시는 안 그럴게." 등의 약속을 지킬 수 없음을 알고 용서하는 것이다. 의자 기법의 목적은 가해자에게 재발 방지 약속을 얻어 내는 것이 아니다. 과거의 화를 털어내고 상처에 묶여 있던 내 감정과 마음을 자유롭게 하려는 것뿐이다. 그렇기에 용서할 때는 미래의 재발 방지 약속은 신경 쓰지 말고 과거에 겪었던 상처에 대해 용서를 선언하기만 하면 된다.

용서를 선언한 후에는 가해자의 입장에 감정이입을 해서 용서받은 것에 대해 가해자가 뭐라고 말할지 들어 본다. 대부분은 용서해 주어 고맙다거나 더 미안하게 느껴진다는 마음을 표현하곤 한다. 가해자의 마지막 말까지 들었으면 본인이 마지막으로 하고 싶은 말을 하고 가해자를 보내면 된다.

이렇게 한 사람에 대한 용서를 마친 후 용서할 사람이 또 있으면 앞의 빈 의자에 앉히고 2~4단계를 진행하면 된다. 가장 중요하면서도 큰 상처를 준 사람을 용서하기까지는 보통 1시간 남짓 소요될 수 있다. 그런데 중요성이 떨어지거나 상처 준 게 별로 없는 사람들은 5분도 안 걸려 쉽게 용서가 끝나곤 한다.

의자 기법을 적용할 때는 한 번에 몰아서 해도 되지만 쿠션을 치느라 힘이 빠지면 여러 날에 걸쳐 나눠서 해도 된다. 상처 주었던 사람을 한 명씩 앉히고 모두 용서하고 나면 본인이 앉은 상상의 방 의자가 푹신하게 느껴지는 순간이 올 수 있다. 상상의 방에 처음 들어가면 딱딱한 의자를 골라 앉는 경우가 많은데 마지막에는 대부분 의자가 푹신하게 바뀐다고 한다. 만약 딱딱하게 느껴졌던 상상 속의 의자가 푹신하게 바뀐다면 감정 뇌가 이제 편해졌다는 신호를 보내는 것이라고 생각해도 된다.

■ 의자 기법 4단계

- 몰표사용

1단계 : 몰입하기	방해받지 않는 시간과 장소에 앉거나 눕는다. 쿠션을 하나 준비해 둔다. 자기최면 깊은 이완에 들어간다.
2단계 : 표현하기	마주 보고 있는 의자가 있는 상상의 방에 들어가 한쪽 의자에 앉는다. 맞은편 의자에 상처 준 사람을 한 명 앉힌다. 가해자에게 받았던 감정의 상처가 몸 어디서 느껴지나 가늠해 본다. 가해자에게 받은 상처를 말로 표현한다. 몸에 쌓여 있는 과거의 화를 주먹에 모아 쿠션을 치며 털어낸다.
3단계 : 사과받기	가해자의 입장에 감정이입 해 사과를 받는다. 사과가 몇%나 믿어지는지 가늠해 본다. 몸에 쌓여 있던 과거의 화가 얼마나 남았나 가늠해 본다. 사과가 100% 믿어질 때까지 2~3단계를 반복하며 과거의 화를 다 털어낸다.
4단계 : 용서하기	용서의 마음을 먹고 용서할 말도 준비한다. 준비되면 가해자에게 용서를 선언한다. 상처받았던 마음으로 가해자를 바라보며 감정 뇌도 용서했는지 확인한다. 남아 있는 화가 있으면 2~4단계를 반복하며 용서를 완결한다.

잃어버린 통제력

현실의 가해자가 사과하지 않는 한 용서는 가능하지 않다고 생각하는 사람들이 있다. 가해자가 진심으로 반성하고 사과한다면 결핍감이 해소되고 화가 풀릴 수 있다. 동일한 피해에 대한 재발 방지도 약속받을 수 있다. 그런데 이 방식에는 3가지 단점이 존재한다.

하나, 통제력이 가해자에게로 넘어간다. 가해자가 사과하지 않을 경우 나의 화는 풀리지 않는다. 상처를 준 것도 가해자고 상처를 푸는 것도 가해자니 내가 통제하는 것이 아니라 가해자가 통제하는 상황이 된다. 만약 가해자가 사과를 안 한다면 나는 평생 상처에 묶여 살아야 할까? 상처를 받은 것도 내 뜻이 아니었는데 상처를 푸는 것도 내 뜻이 아닌 가해자의 뜻에 맡겨야 하는 것일까?

둘, 가해자에게 사과 받기 어려운 상황이 있다. 부모님이 돌아가셨거나 가해자가 사기를 치고 잠적해 만나기가 어려운 경우도 있다. 사과 받고 화를 풀기 위해 평생 사기꾼을 찾아 나설 수는 없지 않나.

셋, 사과를 기대하는 이유 가운데 하나는 한쪽으로 기울어진 부당함의 저울추를 맞추기 위해서다. 복구하기 어려운 피해에 대해 사과라도 받아 결핍감을 채워 보려는 것이다. 이렇게 현실의 가해자로부터 사과를 받아 결핍감을 채우려 할 때는 2가지 조건이 충족되어야 한다.

첫째, 상대가 진심으로 잘못을 반성하고 사과해야 한다.

둘째, 동일한 피해를 주지 않겠다는 재발 방지 보장이 있어야 한다.

그런데 이 2가지 조건이 충족되기 어려운 경우가 있다.

상대가 미안하다고 사과해도 내 마음이 풀리지 않을 수 있다. 또는 상대가 다시는 그러지 않겠다고 약속해도 그 말이 믿기지 않을 수 있다. 그러면 또 상대의 사과에 집착하게 된다. 내가 믿을 수 있게 사과를 하라고. 다행히 상대가 내 마음이 풀릴 때까지 다독이고 사과해 주면 좋겠지만 그렇지 않을 경우 내 마음은 풀리기 어렵다. 그러면 나 스스로 상처를 풀지 못하고 가해자가 풀어 줄 때까지 상처에 묶여 있으면서 삶의 통제력을 잃게 될 수 있다.

이런 단점들을 보완하기 위해 의자 기법을 적용하면 현실의 가해자 사과에 의존할 때 발생하는 대부분의 문제가 해결될 수 있다. 뇌국 정상회담을 개최하면 과거의 화를 털어내며 상대의 사과가 진심으로 믿길 때까지 사과를 받을 수 있다. 돌아가신 부모님이나 만나기 어려운 가해자도 의자에 초대해 앉힐 수 있다. 무엇보다 현실의 가해자에게 통제력을 넘길 필요 없이 감정 뇌 상처를 스스로 치유할 수 있게 된다.

더구나 의자 기법을 통해 가해자를 용서한 사람들은 현실의 가해자가 사과하지 않아도 전보다 관계가 더 나아진다고들 한다. 용서하기 전에는 화날 때마다 상대를 비난하거나 쏘아붙여서 화만 낼 뿐 속상했던 심정을 전달하기는 어려웠다고 한다. 상대도 비난을 받고 나면 사과는커녕 화를 내며 방어하기에 급급해 관계는 더 악화될 뿐이었다고. 그런데 용서한 후에는 화내며 비난하지 않아도 속상한 마음을 담담히 전할 수 있어서 전과 달리 가해자가 사과하는 경우가 오히려 많아진다고 한다.

용서의 결과

군대 다녀온 남자들이 자주 꾸는 악몽이 있다. 분명히 군대를 다녀왔는데 뭔가 잘못됐다며 꿈속에서 군대에 다시 끌려간다. 탈북자들은 북한으로 끌려가는 악몽을 그렇게 꾼다고 한다. 나는 꿈속에서 자주 군대에 끌려가곤 했지만 그것 말고도 자주 꾸던 악몽이 하나 더 있었다. 스트레스 받는 날이면 꿈속에서 여지없이 수학 시간이 시작되는 것이었다.

수학 선생님은 열정이 참 많으셨다. 너무도 열정이 넘쳐서 그랬는지 그렇게 몽둥이를 드시곤 했다. 그런데 그 몽둥이는 웬일인지 나를 엄청나게 좋아했다. 수학 시간만 되면 몽둥이는 내 엉덩이와 스킨십을 해 댔고 여지없이 시퍼렇게 부어오른 영광의 흔적을 남겨 주곤 했다. 내 엉덩이는 그때의 몽둥이가 몹시도 그리웠나 보다. 졸업 후 수십 년이 지나도록 잊지 못하고 꿈속에서 수학 시간과 몽둥이를 하염없이 불러들였으니까.

의자 기법을 알게 된 후 빈 의자에 수학 선생님을 앉히고 감정 뇌에게 말할 기회를 주었다. 몽둥이는 나를 좋아했지만 나는 몽둥이를 좋아하지 않았다고. 좋아하지 않은 게 아니라 무지 싫어했다고. 그렇게 화를 털어내고 몽둥이를 용서한 날로부터 수학 시간 꿈은 멈추었다. 수십 년간 반복되던 꿈이 그 후 다시는 등장하지 않았다. 군대에 다시 끌려가는 꿈은 여전히 가끔 꾸지만서도.

어려서 왕따나 학교 폭력을 겪었던 사람들은 의자에 가해자를 앉히는데 용서하고 나면 두려움이 줄어들어 친구들에게 다가가기 나아진다고 한다. 전에는 한번 화나면 며칠 동안 화가 풀리지 않았는데 엄마를 용서한 후 화가 나더라도 잠깐 불쾌하다 말게 되었다는 중년 남성도 있었다. 어떤 여성은 엄마를 용서하고 나니 가슴에 있던 쌈닭이 나간 것처럼 화가 나지 않아 좋다는 경험을 얘기하기도 했다. 남편에 대한 의심이 들어 어려움을 겪던 한 여성은 잦은 바람기로 엄마를 힘들게 했던 아빠를 용서한 후 남편과 사이가 좋아졌다고 보고하기도 했다.

의자에 누구를 앉혀 용서하든 의자 기법을 적용한 사람들은 대부분 비슷한 보고를 하곤 한다. 예전 일을 떠올려도 더 이상 화가 나지도 않고 원망스럽게 느껴지지도 않는다고. 그 사람과 같이 있어도 전처럼 밉거나 불편하지 않다고. 무엇보다 마음이 한결 편해졌다고.

우울증이 있는 사람들은 어려서부터 쌓인 화가 많은 편이다. 부모님이 많이 싸우셨거나 잘 챙겨 주지 못하셨거나. 이들의 경우 부모님을 용서한 후 증상의 절반 가량이 줄었다고 보고하는 경우가 많다. 용서하고 나면 속상했던 생각도 덜 들 뿐만 아니라 우울한 기분이나 무기력감도 덜해진다고 한다. 무엇보다 과거 상처에 묶여 있던 마음에서 풀려나 삶의 통제력을 회복하는 것 같다고 얘기하곤 한다.

그간에 남녀노소 할 것 없이 수천 명의 사람들에게 의자 기법을 적용해 보았는데, 이 기법만큼 빠른 효과를 보여 주는 방법을 본 적이 없다. 하수구는 오랜 세월 동안 침전물이 쌓이며 막힌다. 그런데 뚫을 때는 오랜 시간이 걸리지 않는다. 막힌 하수구를 뚫듯 오랜 세월 동안 쌓여 온 원망과 화도 금방 털어내는 것이 가능하다. 해묵은 원망과 화로부터 자유로워지겠다고 마음먹을 수만 있다면. 그리고 진공청소기 같은 빠른 기법을 적용하기만 한다면 말이다.

· 마치며 ·

　재미있는 소설도 아니고 시험 준비를 위해 읽어야 하는 책도 아니건만 멘탈 관리 책의 마지막 페이지까지 넘겼다면 자부심을 느낄 만하다. 멘탈을 관리해 보겠다고 바짝 주의를 기울였고 끝까지 책을 읽어 내는 끈기도 발휘했기에.

　이 페이지를 마지막으로 책장을 덮으며 끝까지 다 읽었다는 훈훈함을 만끽하며 다 잊어 가도 된다. 에빙하우스의 망각 곡선에 따르면 책을 덮고 1시간만 지나도 고생해 읽은 내용의 50%가 망각의 안개 속으로 사라져 버리니까. 내일이 되면 70%가, 한 달이 지나기 전에 80% 이상이 사라져 버릴 수 있다. 그리곤 '멘탈 관리? 그런 책 읽기는 했던 것 같은데 뭔 내용이었나 통 기억이 안 나네.'라고 말하고 있을지도 모른다.

　새로운 것을 배우겠다고 강의에 참석했던 사람들을 대상으로 설문 조사가 진행된 적이 있다. 집에 돌아간 후 필기했던 강의노트나 교재를 단 한 번이라도 들춰 본 적이 있는지 알아보는 조사였다. 열심히 필기했던 자신의 글씨나 교재에 밑줄 쳤던 내용을 단 한 줄이라도 다시 읽어 본 사람이 얼마나 되었을까? 고작 5%였다.

　만약 이 페이지를 다 읽고 첫 장으로 돌아가 자신이 밑줄 친 문장을 찾아 읽어 본다면 그 즉시로 상위 5%에 들어갈 수 있다는 뜻이다. 내친김에 책에 소개된 기법 가운데 마음에 드는 것을 하나라도 스스로에게 적용해 본다면 상위 1% 진입도 어렵지 않을 수 있다.

1%보다 더 상위 클래스를 원한다면 적용한 기법을 한 번이 아니라 몇 차례 연습하며 자신의 기술로 소화해 가면 된다. 그러면 적어도 멘탈 관리 영역에서는 대한민국 최상위 클래스에 진입한 자부심을 평생토록 누려 갈 수 있을 것이다.

나날이 점점 더 향상되어 갈
생각 왕의 멘탈 관리 능력을
응원 드리는

멘붕박사